Abschiedstour

Expeditionen zu den letzten Dampfloks der Welt und Erlebnisse am Ende einer Epoche

 | KLARTEXT

TITELSEITE: Nach tagelangen Schneestürmen zeigt sich der Neujahrstag des Jahres 1997 dem Fotografen versöhnlich: Bei klirrender Kälte, aber in herrlichem Sonnenlicht passiert der Personenzug Tongliao-Jiningnan die dritte Talstufe von Reshui. (MF)

FOLGENDE DOPPELSEITE, RECHTS: Jahrzehntelang waren die ehemaligen deutschen Kriegsloks der Baureihe 52 auch in der Türkei unentbehrlich. Im goldenen Morgenlicht fährt 56.548 in den Bahnhof Erzincan. 7.9.2012 (MF)

BUCHRÜCKSEITE: Im goldenen Abendlicht glänzt das Triebwerk der 56548 am 7.9.2012 im anatolischen Karasu.

Abschiedstour

Expeditionen zu den letzten Dampfloks der Welt
und Erlebnisse am Ende einer Epoche

Matthias Büttner
Markus Fischer
Berthold Halves

Bildbeiträge von

René Iseli
Dietmar Kramer
Peter Minder
Günter Oczko
Bernd Schurade
Peter Semmelroch
Steffen Tautz
Weltensammler

Impressum

Abschiedstour

Expeditionen zu den letzten Dampfloks der Welt
und Erlebnisse am Ende einer Epoche

Texte: Matthias Büttner, Markus Fischer, Berthold Halves
Bildbearbeitung, Bildtexte, Layout, Prepress: Markus Fischer
Redaktionelle Unterstützung und Lektorat: Martin Bennett

Druck: Himmer GmbH Druckerei & Verlag, Augsburg

© 2019 by VGB Verlagsgruppe Bahn GmbH,
Fürstenfeldbruck, und Klartext-Verlag, Essen
www.vgbahn.de

Bibliographische Information der Deutschen Bibliothek: Die
Deutsche Bibliothek verzeichnet diese Publikation in der Deutschen
Nationalbibliographie; detaillierte bibliographische Daten sind im
Internet über http://dnb.ddb.de abrufbar.
ISBN 978-3-8375-2110-8

Die Verwertung der Texte und Bilder, auch auszugsweise, ist
urheberrechtswidrig und strafbar. Dies gilt auch für Vervielfältigungen,
Übersetzungen, den auszugsweisen Abdruck und die elektronische
Wiedergabe.

POLEN

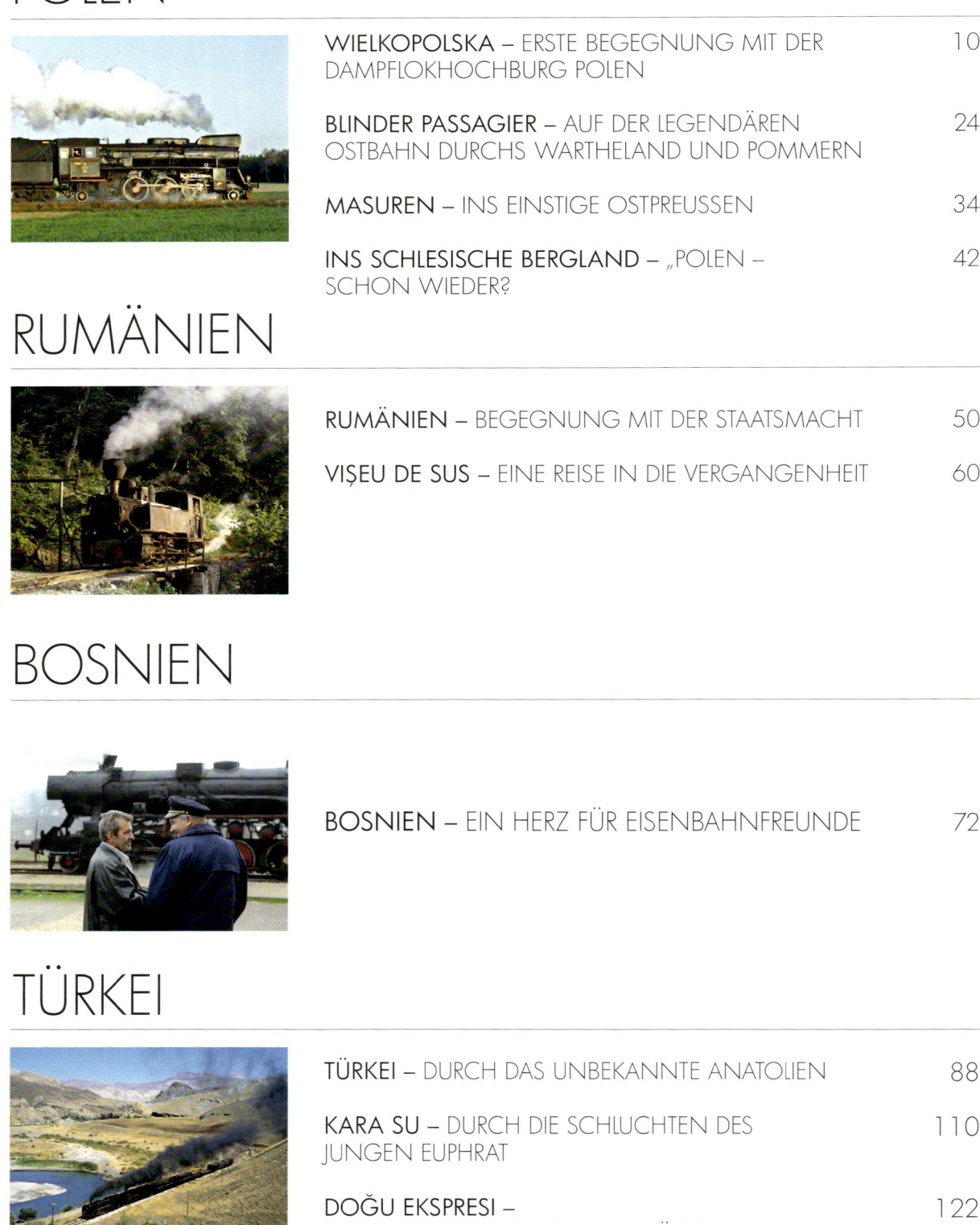

WIELKOPOLSKA – ERSTE BEGEGNUNG MIT DER DAMPFLOKHOCHBURG POLEN	10
BLINDER PASSAGIER – AUF DER LEGENDÄREN OSTBAHN DURCHS WARTHELAND UND POMMERN	24
MASUREN – INS EINSTIGE OSTPREUSSEN	34
INS SCHLESISCHE BERGLAND – „POLEN – SCHON WIEDER?	42

RUMÄNIEN

RUMÄNIEN – BEGEGNUNG MIT DER STAATSMACHT	50
VIȘEU DE SUS – EINE REISE IN DIE VERGANGENHEIT	60

BOSNIEN

BOSNIEN – EIN HERZ FÜR EISENBAHNFREUNDE	72

TÜRKEI

TÜRKEI – DURCH DAS UNBEKANNTE ANATOLIEN	88
KARA SU – DURCH DIE SCHLUCHTEN DES JUNGEN EUPHRAT	110
DOĞU EKSPRESI – IN DEN „WILDEN OSTEN" DER TÜRKEI	122

INDIEN

INDIEN – DAMPF IN DEN LETZTEN ZÜGEN	134
DARJEELING – VON DER LANGSAMKEIT EINER INDIENREISE	148
RAJASTAN – A LESSON IN PATIENCE	156

PAKISTAN

PAKISTAN – VETERANEN AUS DER KOLONIALZEIT	166

CHINA

CHINA – IN DEN NORDOSTEN	130
YEBAISHOU – LÜGUAN UND BINGUAN	194
TUMEN – VERBOTENE FRÜCHTE	202
CHENGDE – KAISERPALAST UND DAMPF IN ALLEN GASSEN	210
NINGXIA – AM RANDE DER WÜSTE	216
MENGYUAN – SILVESTER IN ZENTRALCHINA	228
JI-TONG – MIT DAMPF INS 21. JAHRHUNDERT	238

ANHANG

DIE AUTOREN	258
UNSER DANK	260
BILDNACHWEIS	262
LITERATUR + QUELLEN	263
VERWENDETE ABKÜRZUNGEN	264

EINLEITUNG

Im Jahr 1990 lernten sich die drei Autoren dieses Buches kennen – natürlich an einem Bahndamm, wo denn sonst? Rasch bemerkten wir, dass wir ähnliche Interessen und Vorstellungen über die Fotografie hatten.

Auf einer Gruppenreise zu den letzten Dampfloks in Polen wurde uns schnell klar, dass solche Reisen nicht unseren Vorstellungen entsprachen. Fototouren sollten sich an den Licht- und Wetterverhältnissen, der Suche nach interessanten Motiven und an den Fahrplänen orientieren und weniger an den Standorten guter Hotels und regelmäßigen Essenszeiten. Was lag also näher, als uns zusammenzutun und unsere Reisen selbst zu organisieren? Wir wollten den alltäglichen Bahnbetrieb einer zu Ende gehenden Epoche erleben und dabei auch fremde Kulturen und deren Menschen kennenlernen: Die Lokmannschaften und Personale in den Bahnbetriebswerken, die Schaffner und Schaffnerinnen, die Reisenden in den Zügen – das fremde Land von seiner wahren Seite eben! Oder nach dem Motto von Erhard Blanck: „Für mich ist das Wichtigste beim Reisen das Ankommen. Auch bei den Leuten."

Der Beginn unserer Reisen fiel mit dem Fall der Mauer und dem Zerfall der Sowjetunion und des ganzen Ostblocks zusammen. Die Öffnung der ehemals kommunistischen Staaten machte einen halben Kontinent und dessen Eisenbahnen, während Jahrzehnten abgeschottet und konserviert, plötzlich zugänglich.

Die Faszination des regulären, planmäßigen Dampfbetriebes mit Personen- oder Expresszügen, schweren Güterzügen und Lokdepots mit ständigem Betrieb rund um die Uhr, ließ sich mit keiner Museumsbahn der Welt vergleichen und uns zu immer neuen Horizonten aufbrechen: Nach Polen, Rumänien und der Türkei folgten Indien, Pakistan und China, schließlich Bosnien.

Das Fotografieren von Eisenbahnen in ehemals kommunistischen Ländern war manchmal

UNSERE ERLEBNISSE begannen in Polen, dem letzten Dampflok-Refugium Europas. An einem Sommermorgen dampft Ol 49-85 über die legendäre Ostbahn bei Kostrzyn. 19.8.1995 (MF)

„DIE EIGENTLICHEN ENTDECKUNGSREISEN bestehen nicht im Kennenlernen neuer Landstriche, sondern darin, etwas mit anderen Augen zu sehen". Dieses Zitat von Marcel Proust umschreibt auch die Quintessenz vieler in diesem Buch geschilderter Erlebnisse.
SP/S der Pakistan Railways bei Chak Nizam, 16.3.1995 (BH)

mit Schwierigkeiten verbunden, wie manche der Erlebnisse in diesem Buch verdeutlichen. Häufig reagierten die Personale auch mit einer Mischung aus Verwunderung und Freude, wenn sie uns irgendwo am Schienenstrang erblickten.

Natürlich wurden wir auch gefragt, weshalb wir uns für Dampfloks interessierten. Kindheitserinnerungen mögen eine Rolle spielen, ebenso eine Vorliebe für alles Nostalgische oder einfach der Reiz, Szenen festzuhalten, die in ein paar Monaten oder wenigen Jahren unwiederbringlich der Vergangenheit angehören werden.

Unsere Reisen, und letztlich auch dieses Buch, verbindet die Faszination für die alte Eisenbahn, die Fotografie und das Interesse an fremden Ländern und Kulturen. Dass dieses Buch außer von Dampfloks auch von den Geschichten rechts und links des Schienenstrangs erzählen soll, von Abenteuern, Land

und Leuten, lag deshalb auf der Hand. Wenn auch die Dampflokomotiven der Beweggrund für die Reisen gewesen sind, so sind es nebst den Bildern die Erlebnisse und die Eindrücke der Begegnungen mit den Menschen, die wir mit nach Hause brachten.

„Eine lange Reise hört nicht am Ziel auf. Ein Stück von uns wird im Geist immer weiterreisen." (Andreas Brechstein)

In diesem Sinne wünschen wir allen Leserinnen und Lesern dieses Buchs viel Spaß beim Betrachten der Bilder und beim Lesen der Geschichten!

Matthias Büttner,
Markus Fischer und
Berthold Halves

Erste Begegnung mit der Dampflokhochburg Polen

WIELKOPOLSKA

Wer sich zu Beginn der Neunzigerjahre für Dampflokeinsätze in Polen interessierte, lernte sie unweigerlich kennen: Die Wielkopolska, auf Deutsch Großpolen, eine überwiegend ländliche, flache Region zwischen Warthe, Weichsel und Oder, welche als die Wiege Polens gilt. Von Matthias Büttner

Wie Musik in den Ohren von Dampflokfreunden klangen die Städtenamen Gniezno (Gnesen), Wolsztyn (Wollstein), Jarocin, Zbaszynek (Neu Bentschen) und Międzyrzecz (Meseritz). Alle diese Orte hatten Lokdepots mit zahlreichen Dampflokomotiven, die auf den umliegenden Strecken eingesetzt wurden. 1989, im Jahr der politischen Wende in Polen, hatten die polnischen Staatsbahnen noch 600 Dampfrösser im Bestand, wovon sie 400 täglich einsetzten, rund die Hälfte davon im Verschub. Speziell in den Wintermonaten wurde vermehrt auf die Dampftraktion gesetzt. Zu Beginn der Neunzigerjahre setzte jedoch ein rascher Traktionswechsel ein. Als wir im Februar 1992 die Strecken Jarocin–Leszno und Jarocin–Śrem besuchten, wurden noch fast alle Personenzüge mit Dampf bespannt. Zwei Monate später besuchten wir diese Strecke erneut: Nun wurde bloß noch eine Maschine als Reserve vorgehalten. Mit Ablauf der Winterperiode 1991/92 gingen in nahezu allen polnischen Bahnbetriebswerken die Feuer aus mit Ausnahme des bekannten Bw Wolsztyn!

Bei unserem ersten Besuch im Mai 1991 herrschte noch Hochbetrieb. Über ein Dutzend Dampfloks wurden täglich auf allen sternförmig von Wolsztyn ausgehenden Strecken eingesetzt, schwerpunktmäßig Ol 49 für Personen- und Ty 2/Ty 42 für Güterzüge. Schon damals war es möglich, in einem Nebengebäude des Bahnbetriebswerks zu übernachten und die Atmosphäre eines rein dampfbetriebenen Bws mit Einsätzen rund um die Uhr hautnah zu erleben. Geweckt wurde man frühmorgens vom schrillen Pfiff einer Dampfpfeife, wenn eine Lok auf der Drehscheibe gedreht werden sollte und der Drehscheibenwärter nicht zur Stelle war.

Allabendliches Ritual war der Gang zum ‚Dyspozytor' in sein kleines Büro, welches direkt am achtständigen Lokschuppen angebaut war. Er hatte ein übergroßes Buch vor sich auf dem Schreibtisch liegen, wo alle Einsätze für den nächsten Tag geplant wurden. Stets gab er uns bereitwillig Auskunft über die unregelmäßig verkehrenden ‚Pociąg towarowy' (Güterzüge). Diese waren besonders interessant, da sie auch auf ansonsten nicht oder nur wenig befahrene Strecken führten, so zum Beispiel im Mai 1991 nach Plastowo, einer unbedeutenden Bahnstation an der damals schon stillgelegten Strecke Grodzisk–Koscian. Für diesen Dienst wurde die Ok 1-359 eingesetzt, die letzte betriebsfähige preußische P8. Lediglich ein Stückgutwagen war zu transportieren.

Der erste Tag in Wolsztyn hieß uns mit wolkenverhangenem Himmel und viel Regen willkommen. So ließ ich meine Kamera in der Fototasche und entschloss mich, auf dem Führerstand mitzufahren. Starbespannung des Bw Wolsztyn war der morgendliche Os 4440. Der stets mit Gepäckwagen gebildete Personenzug

DAMPFLOKPARADIES WIELKOPOLSKA: Im April 1991 beheimatet Gniezno (Gnesen) im großen Ringlokschuppen neben zahlreichen Loks der Reihe Ty 2 und Ty 42 auch noch einige der schweren Güterzugloks der Reihe Ty 43. (MF)

kam aus der Woiwodschaftshauptstadt Poznan (Posen) und wurde in Wolsztyn von Diesel auf Dampf umgespannt. Die Dampflok beförderte den Zug dann bis zum 40 km entfernten Sulechów. Im Bw wurde an diesem Tag die Schnellzuglok Pt 47-65 bereitgestellt.

Rechtzeitig ging ich zum Bahnhof und wartete, bis die Maschine angekuppelt war. Schnell wurde ich mit dem Personal handelseinig – für zwei 5-DM-Scheine ging damals noch viel. Ich bestieg die große polnische Maschine mit dem geräumigen Führerhaus. Die Last der vier D-Zug-Wagen schien die kräftige Maschine in dieser ebenen Landschaft kaum zu spüren. Der Lokführer hatte keine Eile; dennoch kamen wir pünktlich in Sulechów an.

Zurück ging es später mit einem normalen Personenzug. Jetzt bestand erst recht keine Eile mehr. Trotzdem war ich erstaunt, als mir der Lokführer auf einer kleinen Landstation den Regler

MALERISCHE WIELKOPOLSKA: Die Strecken um Wolsztyn erscheinen auf den ersten Blick eher unspektakulär. Dennoch läßt sich manch' schönes Motiv finden. Ol 49-69 bei Kębłowo. 21.4.1992 (MB)

ZEIT FÜR EIN KURZES DIENSTGESPRÄCH, ehe es mit dem ‚Pociąg osobowy' weiter Richtung Czempiń geht. Śrem, 1.3.1992 (MB)

EINST ALLGEGENWÄRTIG: Noch Anfang der Neunzigerjahre stehen die Personenzugloks der Reihe Ol 49, eine gelungene Nachkriegskonstruktion mit niedriger Achslast auf zahlreichen Nebenstrecken im Einsatz. Wolsztyn etwa bespannt mit den Loks einen Großteil der Zugleistungen, und das Depot Jarocin setzt sie auf der Strecke nach Leszno und Czempiń ein. Ol 49-17 bei Gola (oben links), Ol 49-77 in Jarocin (oben rechts) und Ol 49-81 bei Okunin. (unten) 4.12.1992 (MB, MB, MF)

DAMPFLOKHOCHBURG WOLSZTYN: Die bestens gepflegten Pt 47-65, Ol 49-81, Tkt 48-143 und Ol 49-59 warten vor dem Ringlokschuppen in Wolsztyn auf ihre nächsten Einsätze. 5.1991 (PM)

PREUSSISCHE LOK UND PREUSSISCHE ARCHITEKTUR: Ok 1-359, eine P 8 von 1917, beschleunigt ihren kurzen Personenzug nach Nowa Sól. Wolsztyn, 4.1991 (unten, MF)

anbot. Das ließ ich mir nicht zweimal sagen! Die Zylinderfüllung war bereits eingestellt, ich brauchte also nur den Regler nach links zu drücken. Wie alle Anfänger war ich viel zu zaghaft. Mit einem breiten Grinsen im Gesicht zeigte er mir, wie es richtig ging. Hart an der Reibungsgrenze fuhr er mit donnernden Auspuffschlägen aus dem kleinen Bahnhof. Am nächsten Haltepunkt durfte ich es noch einmal probieren. Diesmal klappte es schon besser, wenngleich die Räder einmal ‚durchgingen'. Der freundliche Pole überließ mir das Steuer nun ganz. Als wir etwa 60 km/h erreicht hatten, nahm ich den Regler zurück, und wir rollten durch die mit Kiefern bewachsene Ebene. Lokführer und Heizer steckten sich Zigaretten an, unterhielten sich und schenkten mir keine große Aufmerksamkeit mehr. Ich lehnte mit meinem rechten Arm aus dem Fenster und beobachtete die Strecke, so wie es Dampflokführer immer tun.

AUCH DER ABZWEIGBAHNHOF KONOTOP an der Strecke Wolsztyn–Nova Sol zeugt unverkennbar von der preußischen Vergangenheit. Früher kreuzte hier die Strecke Głogów–Sulechów. Ty 45-379, 2.1991 (PM)

EINE WOLSZTYNER ‚STARLEISTUNG' ist Anfang der Neunzigerjahre der morgendliche Os 4440 Poznan–Sulechów, der mit drei Personen- und einem Postwagen wie ein Eilzug aussieht, jedoch an allen Bahnhöfen hält und dank zahlreicher Anfahrten Dampferlebnis pur verspricht. Dennoch sind außer uns kaum Fotografen anwesend! Okunin, 12.1992 (MF)

Doch was war das? In 200 bis 300 Metern Entfernung tauchte neben dem Gleis ein Hüttchen auf und etwas, das wie ein kleiner Bahnsteig aussah. Das wird doch nicht …?

Blitzschnell nahm ich den Regler zurück und betätigte die Zugbremse, anschließend noch zusätzlich die Lokbremse. Auf den regennassen Schienen rutschten wir dahin. Ohrenbetäubendes Quietschen und die verdutzten Blicke der Lokmannschaft blieben mir ins Gedächtnis geprägt.

Etwa fünfzig Meter hinter dem Haltepunkt kam der letzte Wagen unseres Zuges zum Stehen. Einige Fahrgäste wollten aussteigen und kletterten mühsam aus den Waggons, oder besser gesagt, nahmen einen großen Sprung in den abschüssigen Schotter. Gut, dass ich kein Polnisch verstand, sonst hätte ich sicher die ganze Palette an Flüchen, die diese Sprache zu bieten hat, zu hören bekommen!

Dem bösen Blick des Zugführers wich ich aus. Mein Meister rief ihm einige beschwichtigende Worte zu. Ab jetzt passte der Lokführer besser auf mich auf und warnte mich rechtzeitig vor kleinen Haltepunkten. Erst kurz vor Wolsztyn übernahm er wieder den rechten Platz auf der Lok und brachte unseren Zug pünktlich und genau an der richtigen Stelle des überdachten Perrons zum Stehen.

Ich verabschiedete mich und kletterte vom Führerhaus hinab. In dem Moment kam der Zugführer zur Lok und sagte zu mir: „Witaj, jesteś nowicjusz". Dabei zwinkerte er kaum merklich mit dem einen Auge. Seither weiß ich, was ‚Anfänger' auf Polnisch heißt.

Dies war mein erster Kontakt mit dem freundlichen und unkomplizierten Bahnpersonal der mit Kiefernwäldern und kleinen Seen durchzogenen Region Wielkopolska. Unzählige weitere Besuche sollten folgen.

MIT EINER FACKEL INSPIZIEREN die Lokmannschaften nach beendetem Einsatz gewissenhaft die Fahrwerke, schmieren und überprüfen Stangenlager und Gleitstellen ihrer Lokomotiven. Im Bild links steht Ty 2-1279 auf der Untersuchungsgrube, rechts wird Ol 49-11 gepflegt. Ełk, 2.1992 (MB)

DAMPFLOKROMANTIK PUR verspricht das Bw Wolsztyn besonders an langen Winterabenden. Für ein paar Złotys kann man im Depot übernachten, ein Service, den kein Dampflokliebhaber ausschlagen kann. Gegen 30 Dampflokomotiven verschiedenster Baureihen beheimatet Wolsztyn noch Anfang der Neunzigerjahre, und zahlreiche Maschinen stehen täglich unter Dampf. Ok 22-31 (oben) und Ty 3-2 (unten) warten vor dem Rundschuppen auf ihre nächsten Einsätze. 4.1992. (MF)

WIESZCZYCZYN an der Strecke Jarocin–Czempiń versprüht den typisch nostalgischen Charme einer polnischen Landstation. Ein ganzes Dutzend Reisende ist in den Personenzug nach Jarocin gestiegen. 12.1992 (rechts, MF)

ALTE REICHSBAHN-INFRASTRUKTUR bei Srem: Ein Einfahrsignal, ein Vorsignal für Ausfahrt mit K-Scheibe sowie ein Telegrafenmast der Einheitsbauart. Ol 49-6 passiert mit einem Zug nach Jarocin die Szenerie. 1.3.1992 (unten, MB)

IM WINTER kehrten die PKP bei manchen Depots regelmäßig wieder zur Dampftraktion zurück, da zu wenig Dieselloks mit Zugheizeinrichtung zur Verfügung standen. Ein Glück für uns Fotografen, denn die kalte Jahreszeit mit ihrem sanften Licht versprach besonders stimmungsvolle Aufnahmen.

BEI RAKONIEWICE passiert Ol 49-81 die winterliche Woiwodschaft Wielkopolska mit dem Nachmittags-Personenzug nach Wolsztyn. (PM)

NUR FÜR KURZE ZEIT unterbricht TKt 48-143 die Stille am Kanal bei Smolno Wielkie mit dem nachmittäglichen Os 4436 nach Sulechów. 12.1992. (MF)

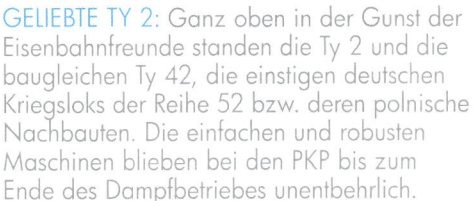

GELIEBTE TY 2: Ganz oben in der Gunst der Eisenbahnfreunde standen die Ty 2 und die baugleichen Ty 42, die einstigen deutschen Kriegsloks der Reihe 52 bzw. deren polnische Nachbauten. Die einfachen und robusten Maschinen blieben bei den PKP bis zum Ende des Dampfbetriebes unentbehrlich.

Wolsztyn setzte sie bis Mitte der Neunzigerjahre im Güterzugdienst ein, unter anderem nach Zbąszynek (Neu Bentschen). Das dortige Bw wurde in den Zwanzigerjahren nach neuesten Baugrundsätzen von der DRG erbaut. Der neue Grenzverlauf als Folge des Ersten Weltkrieges machte einen Grenzbahnhof mit Wende-Bw erforderlich. Als nach dem Zweiten Weltkrieg die polnische Westgrenze erneut westwärts verschoben wurde, lag Neu Bentschen plötzlich in Polen. Das große Bw blieb bestehen und beheimatete noch Anfang der Neunzigerjahre etliche Maschinen der Reihe Ty 2 und Ty 42, die in Zbąszynek, Rzepin und Międzyrzecz im Rangier- und Zugdienst, im Winter auch als Heizloks eingesetzt wurden.

2.3.1992 (linke Seite: MF, diese Seite, Mitte: MB, BH, MB)

NOCH LIEGT DER FRÜHNEBEL über dem weiten, flachen Land, als wir in Tuchorza auf den ‚Pociąg towarowy' nach Zbąszynek warten. Vogelgezwitscher, Hundegebell, sonst nichts. Dann klappt das Einfahrsignal in die Höhe; später erscheint in der Ferne ein Wattebausch, begleitet von einem Rauschen, das allmählich stärker wird. Schließlich taucht die Ty 42 auf. Mühelos poltert sie mit ihrem Zug über das alte, unverschweißte Gleis. 2.3.1992 (oben, MB)

DIE LETZTE UNTER DEN KLEINEN: Während zahlreiche Bahnstrecken in der Region Wielkopolska Anfang der Neunzigerjahre eingestellt worden sind, konnte sich die Schmalspurbahn Środa–Zaniemyśl bis 2001 halten. 4.1992 (Mitte u. oben, MB)

HERRLICHE KLEINBAHNATMOSPHÄRE herrscht auch auf der Strecke von Śmigiel nach Wielichowo. 4.6.2000 (unten, PM)

VORFRÜHLING IN DER WIELKOPOLSKA: Während ein Bauer eine Ladung Mist aufs Feld bringt, nähert sich eine Px 48 Novy Tomyśl. 4.1991 (rechts, MF)

Auf der legendären Ostbahn durchs Wartheland und Pommern
BLINDER PASSAGIER

„Die Ostbahn hat es mir angetan", schrieb Karl-Ernst Maedel in seinem Werk ‚Bekenntnisse eines Eisenbahnnarren', „vereinigt sie doch in so beeindruckender Weise die drei charakteristischen Elemente des Landes: Himmel, Sand und Kiefern." Von Markus Fischer

Den ganzen Tag war ich an der weitläufigen Strecke unterwegs – per Zug und zu Fuß. Denn wie ließe sich der Reiz der alten Ostbahn mit ihren stillen Wäldern, wogenden Feldern und ihren unberührten Flusslandschaften besser erleben als per Bahn und zu Fuß?

Zwischen den Dampfzügen mit einem geeigneten ‚pociąg osobowy' (Personenzug) die Orte zu wechseln und dabei zu einer annehmbaren Fotoausbeute zu gelangen, setzte allerdings etwas Planung voraus.

Die Strecke, welche mit ihren Doppeltelegrafenmasten, Blockstellen, preußischen Backsteinbauten, Stellwerken und Flügelsignalen wie kaum eine andere das Ambiente einer klassischen Hauptbahn aus der Dampflokzeit ausstrahlte, war selbst in Polen einzigartig. Als im Rahmen einer Plandampf-Veranstaltung Dampflokomotiven auf die legendäre Ostbahnstrecke zurückkehren sollten, musste ich mir dies nicht zweimal überlegen.

An einem Sommerabend wartete ich am Einfahrsignal von Strzelce Krajenskie-Wschód, früher Friedeberg Ostbahn, auf einen mit einer Ty 51 geführten Güterzug. Die Sonne stand bereits tief und der Zug war überfällig, ließ aber noch auf sich warten. Es lag in der Natur von ‚Plandampf' mit regulär verkehrenden Zügen, dass Güterzüge auch mal verspätet, mit wenig Last oder ganz ausfallen konnten. Dennoch hoffte ich, dass die Ty 51 mit einem langen Güterzug angedampft käme. Stattdessen folgte einige Minuten später der Personenzug, mit dem ich nach dem Bild mit der Ty 51 hätte nach Gorzów zurückreisen wollen. Danach verkehrte für Stunden kein weiterer Personenzug mehr. Ich wäre somit erst gegen Mitternacht in der Stadt zurück. Ich war müde von den langen Wanderungen entlang der Strecke, und der Magen knurrte. Was tun?

Das Motiv lag jetzt bereits im Schatten. Vielleicht war im Bahnhof noch Licht, falls der Güterzug in den nächsten Minuten folgen würde.

Tatsächlich senkten sich die Schranken beim Bahnhof kurz darauf. Etwas später kam die mächtige Ty 51 mit einem langen Güterzug um die Ecke. Die Ausfahrt war geschlossen. Offensichtlich musste der Zug warten, bis der vorausfahrende Personenzug den Block frei machte. Als die letzten Wagen an mir vorbei in den Bahnhof rollten, hatte der Zug fast nur noch Schrittgeschwindigkeit. Was wäre, überlegte ich mir einen Moment, wenn ich auf dem Güterzug bis Gorzów mitfahren würde? Ich blickte dem langsam rollenden Zug entlang nach vorne. In diesem Moment klappte das Ausfahrsignal in die Höhe. Ich sah mich um und dachte: „Jetzt oder nie!" und sprang auf die Bremserbühne des letzten Wagens. Der immer noch langsam fahrende Zug beschleunigte und wir rollten aus dem Bahnhof.

Ich begab mich auf die gegenüberliegende Seite, sodass

ZAUBERHAFTE OSTBAHN: Doppeltelegrafenmasten beiderseits der Strecke zeugen von der einstigen Bedeutung der Strecke, die von Berlin über Küstrin, Landsberg (Warthe) nach Pommern und Ostpreußen führte. Bei Nowe Drezdenko (Driesen) stampft die Ty 2-406 mit einem langen Güterzug durchs Netzetal. 22.3.1996 (MF)

EINE IDYLLISCHE RUHE liegt frühmorgens über dem flachen Land. Die ersten Sonnenstrahlen dringen durch den Nebel, als sich in der Ferne das vertraute Pfeifen der preußischen P8 ankündigt. Dann erste Dampffetzen am Horizont, etwas später die Umrisse der Ok1-359; ihre großen Laternen leuchten auf. Sekunden später eilt sie mit ihrem Personenzug nach Kostrzyn vorbei. 22.3.1996 (PM)

mich der Stellwerker nicht gleich sehen konnte. Vagabunden wie Jack London kamen mir in den Sinn, die einst als blinde Passagiere tausende Kilometer durch Nordamerika reisten, immer der Gefahr ausgesetzt, von den Bremsern entdeckt und ‚geschmissen' zu werden.

Die Ty 51 beschleunigte nun kräftiger und dampfte in die offene Landschaft des Netzetals hinaus. Sie rauchte kräftig. Offensichtlich legte der Heizer gerade nach. Bei Santok dann der herrliche Ausblick auf den Zusammenfluss von Netze und Warthe, und abermals Stellwerke, sodass ich mich wiederum auf die andere Seiten begab, um möglichst kein Aufsehen zu erregen.

Auf der sanften Steigung aus dem Warthetal hinauf Richtung Gorzów konnte die mächtige Ty 51 zeigen, was in ihr steckte. Im Fahrtwind des warmen Sommerabends genoss ich den Blick auf

den Zug und die auf und ab tanzenden Telegrafenleitungen. Seitlich schweifte der Blick in die Auenlandschaft des Warthetals hinab. In den langgezogenen Bögen konnte ich die Dampflok beobachten, wie sie in der hereinbrechenden Dämmerung der zweigleisigen Strecke entlang dampfte. Die dunklen Rauchwolken zeichneten sich gegen den rötlichen Horizont ab.

Nach einiger Zeit kündigten sich die ersten Häuser von Gorzów an. Als wir beim offenen Einfahrsignal vorbeirauschten, schoss mir durch den Kopf: „Was, wenn der Güterzug ohne Halt bis nach Kostrzyn an der deutschen Grenze durchfährt?"

Der Zug dampfte tatsächlich ohne Halt durch den Personenbahnhof. Erst jetzt erinnerte ich mich, dass der Güterbahnhof auf der westlichen Seite lag. Ein Signal mit ‚Hp 2' für Einfahrt über

STARE KUROWO (ALTKARBE) mit der neugotischen Kirche Petrus und Paulus ist eines der schönsten Motive der Ostbahn. Mühelos beschleunigt Ty 2-406 ihren Os 11121 Krzyż–Gorzów–Kostrzyn. 23.3.1996 (rechts, MF)

MIT EINER DOPPELSTOCKEINHEIT eilt Ok 22-31 Richtung Gorzów. Strzelce Krajeńskie Wschód, 22.3.1996 (unten, MF)

TY 51-223 VERLÄSST KOSTRZYN. Die Lok, anfangs Fünfzigerjahre in Anlehnung an die Ty 246 aus den USA nach modernsten Baugrundsätzen gebaut, hat kaum Anhängelast. Sie wäre in der Lage, bis zu 2500 Tonnen schwere Züge zu befördern. Neben dem Zug ist der sehenswerte Turmbahnhof der Nord-Süd Strecke Szczecin–Wrocław auszumachen. 20.8.1995 (oben, MF)

Ablenkung folgte. Schließlich polterten die Wagen über Weichenstraßen in ein ausgedehntes Gleisfeld, und tatsächlich – die kreischenden Bremsen verrieten es – der Zug hielt an.

Manchmal erhält sogar ein blinder Passagier einen großartigen Empfang. Als ich hinunterstieg, standen zwei ‚Policjanci' vor mir. Mit ihren neu eingeführten Sheriffsternen entbehrte ihr Anblick nicht einer gewissen unfreiwilligen Komik. Für einen Moment musste ich mein Lachen unterdrücken! Der Ältere der beiden begrüßte mich mit ernster Miene und „Dzień dobry, Paszport!"

Nun musste ich ihnen erst mal erklären, dass ich meinen Pass gar nicht dabei hatte – er war im Hotel. Schließlich begnügten sie sich mit meinem Personalausweis. Da sie diesen nicht einordnen konnten und auch die Aussage „This is a Swiss ID, I am from Switzerland" nicht weiterhalf, gab ich ihnen den Hinweis, ich sei aus „Szwajcaria". „Aha, tak!"

Schließlich erhielt ich etliche Belehrungen auf Polnisch und Deutsch. Was ich gemacht hätte, sei ‚zakazany' – verboten und höchst gefährlich obendrein. Was sollte ich sagen? „Tak, tak!", naja – natürlich hatten sie recht! Ich war beinahe erleichtert, als der Polizist mit ernster Miene schließlich verkündete: „Müssen Sie bezahlen Strafe!" Naja, wieviel denn?

Der Polizist nahm seinen Quittungsblock hervor und begann einige Kontrollmarken aufzukleben und abzustempeln. „Müssen Sie bezahlen sechzig Złoty!"

Die Strafe war etwa so viel, wie ich zu Hause für eine Rückfahrkarte erster Klasse für eine vergleichbare Strecke bezahlt hätte. Mir war's recht. Bereitwillig streckte ich die Scheine hin. „Dobry! Dziękuję." Ich packte meine Fotoausrüstung und wollte über das Gleisfeld Richtung Stadt, als mich der Polizist zurückpfiff: „Wenn Sie überschreiten Geleise, müssen Sie nochmals bezahlen Strafe!" Naja, wir standen mitten im Gleisfeld, irgendwie musste ich ja raus!

So überquerte ich eben zusammen mit den beiden ‚Policjanci' die zwei, drei Gleise auf der gegenüberliegenden Seite und machte mich Richtung Stadt davon.

„Gelassenheit, Zuversicht und Humor verwandeln große Sorgen in kleine, kleine in winzige, und die winzigen lösen sich schließlich in Luft auf." (Jochen Mariss)

AM ALTEN SPITAL VON GORZÓW vorbei dampft die Ty 2-406 mit dem gut ausgelasteten ‚pociąg towarowy' 871076 Kostrzyn–Krzyż. 21.3.1996 (PM)

MIT DEM FRÜHZUG 11124 NACH KRZYZ verlässt Ty 42-148 Bogdaniec. Drei Tage lang verkehrten auf dieser Strecke Dampflokomotiven vor zahlreichen Planzügen. 24.3.1996 (MF)

VON BERLIN NACH KÖNIGSBERG verkehren Anfang der Neunzigerjahre regelmäßig Sonderzüge mit dem ehemaligen DDR-Regierungszug. Ol 49-99 und Ok 22-31 haben die Ehre, einen solchen Zug auf der Rückfahrt zwischen Piła und Kostrzyn zu bespannen. Die Aufnahme entstand bei Dabroszyn (Tamsel). 20.4.1992 (MB)

SCHNELLZUGHALT: In Krzyż (Kreuz) trifft die Ostbahn auf die einstige Stargard-Posener-Eisenbahn. Fast alle Züge legen hier einen Halt ein; Dampflokomotiven ergänzten früher ihre Wasservorräte für die nächste Etappe bis Piła (Schneidemühl) oder Kostrzyn (Küstrin). 20.4.1992 (links, MB)

EINEN LANGEN GÜTERZUG am Haken hat die Ty 51-223 bei Stare Kurowo. Weil der ‚pociąg towarowy' die Überholung durch einen Personenzug abwarten muss, erhält er Einfahrt über Ablenkung. 19.8.1995 (rechts, PM)

BLAUER HIMMEL, DOPPELTELEGRAFENMASTEN UND RAUCHWOLKEN über dem Schienenstrang. „Wie viele Stunden habe ich dem stillen Frieden dieser Landschaft gelauscht, auf dem Rücken am Bahneinschnitt liegend, in den Himmel blinzelnd und jene warme, erdige, vom schweren Harzduft der Kiefern betörend duftende Luft in mich einsaugend..." ‚Bekenntnisse eines Eisenbahnnarren', Karl-Ernst Maedel, 1964. Ty 51-223 bei Strzelce Krajeńskie Wschód (Friedberg Ostbahn), 18.8.1995 (oben, PM)

RUHE UND BESCHAULICHKEIT:
Ausgedehnte Kiefernwälder, wogende Felder, ab und zu ein verträumter Ort: Bei Górkie Noteckie eilt eine der legendären Schnellzugloks der Reihe Pt 47 durch Pommern. 8.1995 (unten, MF)

IM WARTHELAND: Das Städtchen Santok (Zantoch) am Zusammenfluss von Netze und Warthe lag über Jahrhunderte an der Grenze zwischen dem Königreich Polen und Pommern. Weil sich die Herzogtümer nie richtig über den genauen Grenzverlauf einigen konnten, wurde der Ort wiederholt in Kämpfe verwickelt. In alten Chroniken wurde Zantoch gar als ‚clavem et terris custodiam' (Wachturm und Schlüssel) des polnischen Königreichs erwähnt. Am 20.8.1995 passiert Ol 49-85 den geschichtsträchtigen Ort mit dem Personenzug 78125 Krzyż–Kostrzyn. (rechts, MF)

DAMPFLOKHOCHBURG KORSZE: Der Bahnknoten im Nordosten Polens beheimatet 1990 noch zahlreiche Ty 2 und Ty 42. Vor 1945 bespannten die hier eingesetzten Maschinen Züge bis Königsberg und Insterburg. 14.9.1990 (MF)

AM POSTEN 202 bei Korsze donnert die Ty 42-22 vorbei Richtung Bartoszyce. Die Strecke der Ostpreußischen Südbahn verband ab 1866 Königsberg mit Lyck. Dort bestand Anschluss an eine Bahnlinie des russischen Kaiserreichs. 15.9.1990 (rechts, BH)

Ins einstige Ostpreußen

MASUREN

Pferdefuhrwerke auf alten Kopfsteinpflaster-Alleen, ab und zu ein Gehöft, verträumte Flur- und Seenlandschaften, barfuß laufende Kinder: Beschaulichkeit, wo man hinblickte. Dass sich in diesem entlegenen Landstrich eines der letzten Dampflokparadiese des Landes halten würde, verwunderte kaum.
Von Matthias Büttner

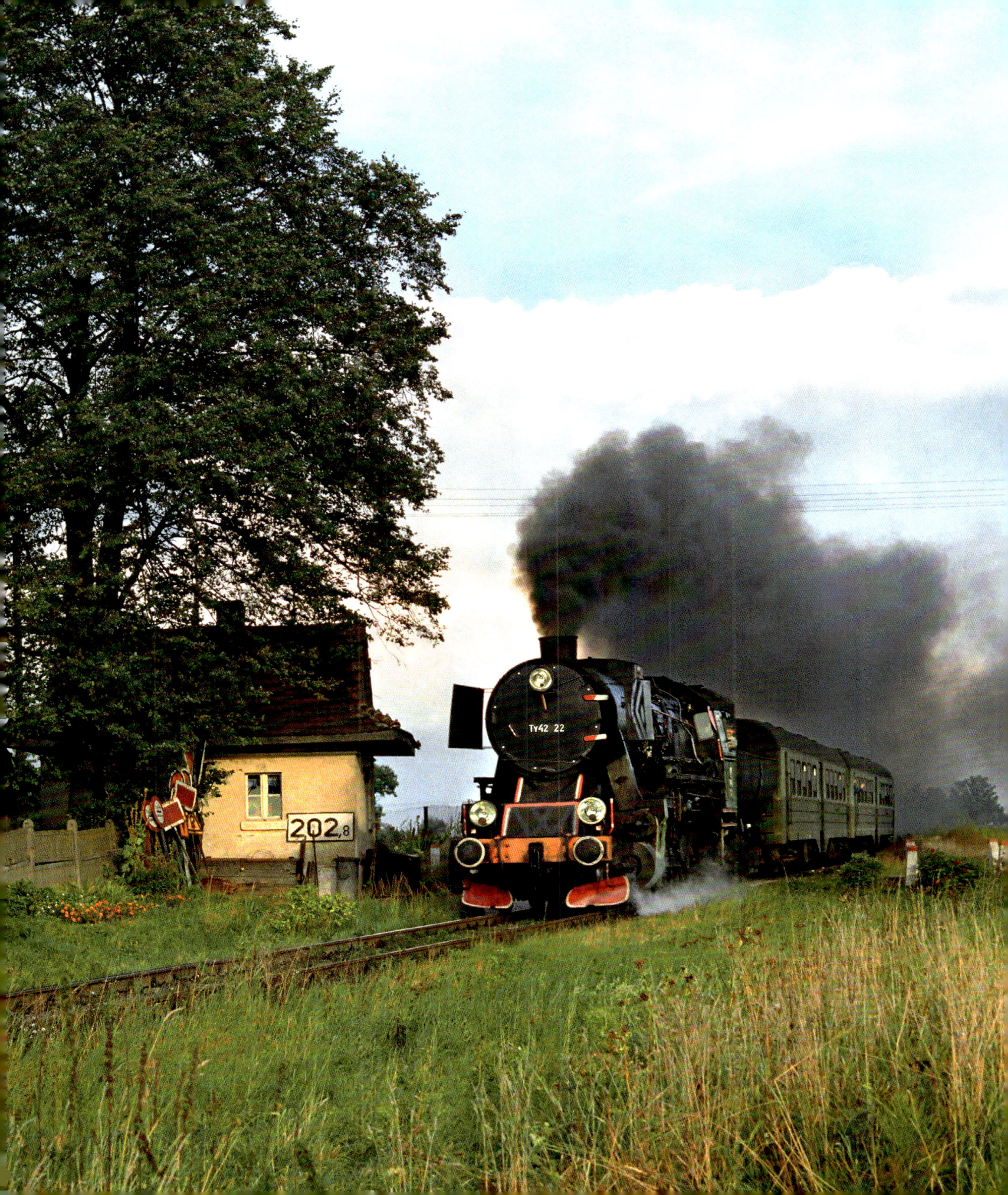

202,8
Ty42 22

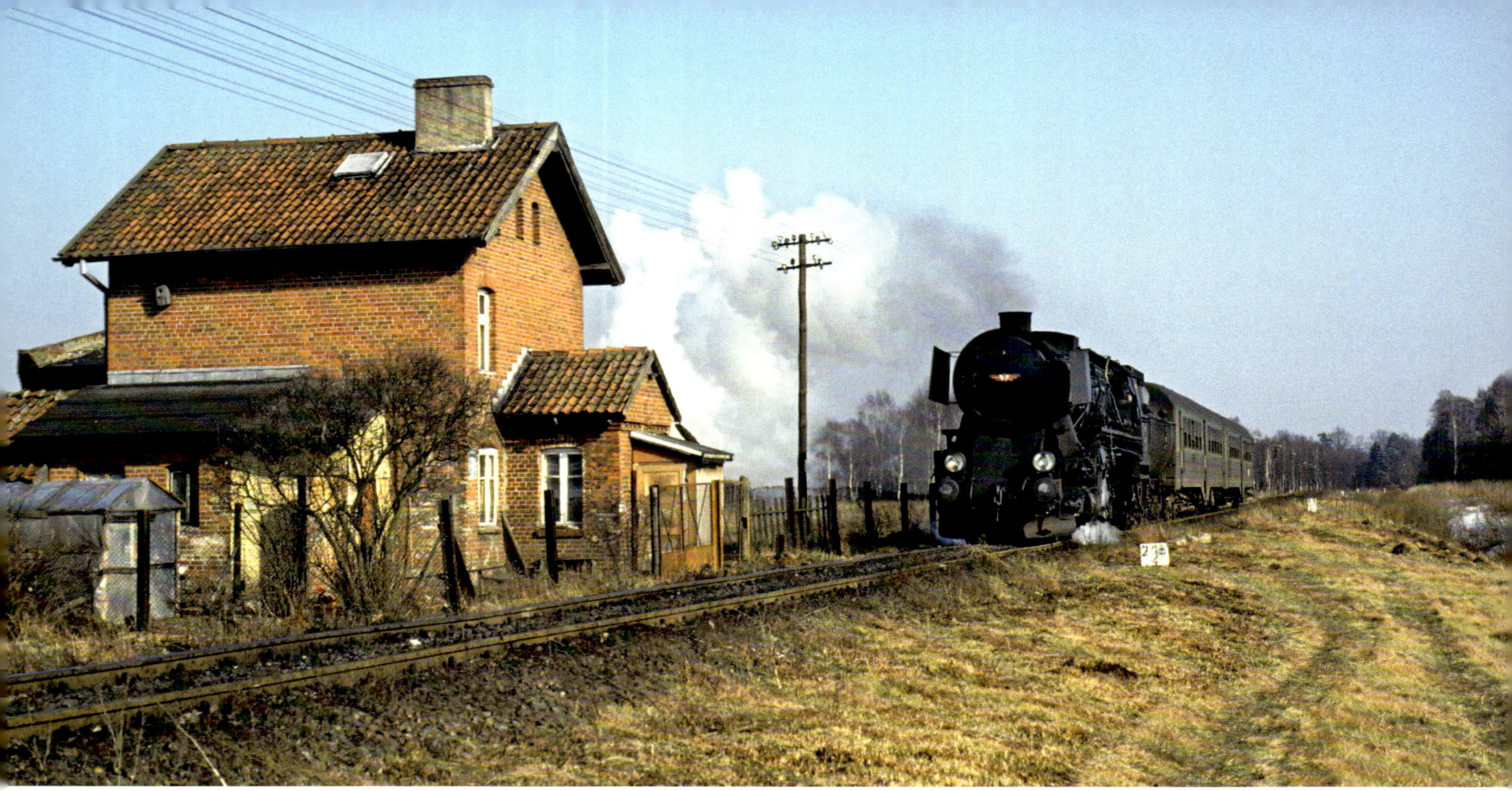

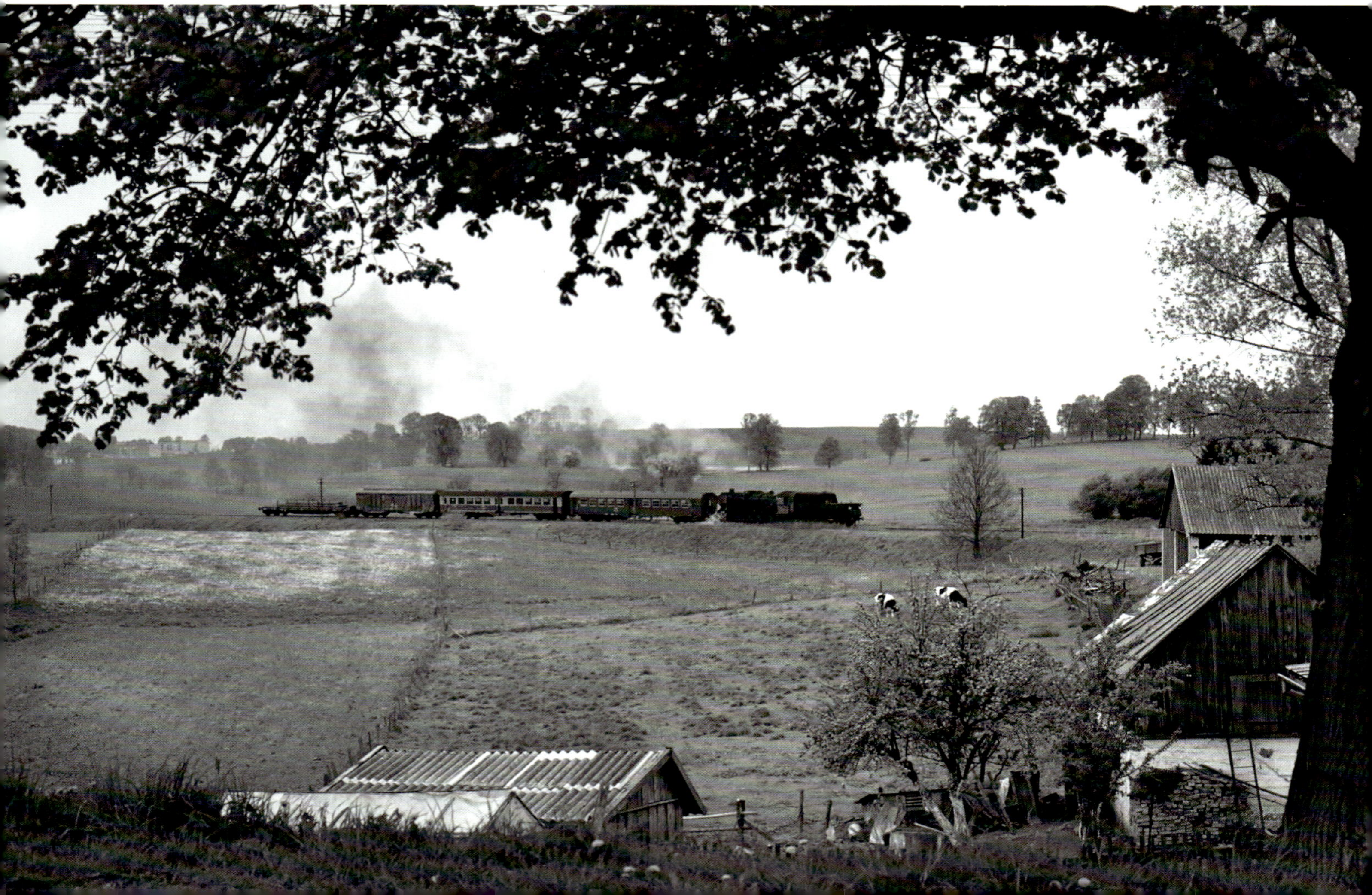

VORFRÜHLING IN MASUREN: Eine Ty 2 dampft mit ihrem Zweiwagenzug an einem Posten vorbei Richtung Bartoszyce. 3.1991 (links, MF)

DAS STÄDTCHEN RESZEL (Rößel) mit seinem Schloss und der hervorragend restaurierten Altstadt lohnt einen Besuch. Es liegt an der Grenze zwischen Ermland und Masuren. 5.1991 (rechts, Toni Breitenmoser †, Sammlung BH)

Auf mit Schlaglöchern übersäten Landstraßen und matschigen Feldwegen erreichten wir nach einstündiger Fahrt das kleine Örtchen Wielkowo Wielkie. Übernachtet hatten wir im masurischen Korsze, Anfang der Neunzigerjahre eines der interessantesten Reiseziele für Dampflokfreunde in Polen. Nicht weniger als fünf von hier ausgehende Nebenstrecken wurden bis 1991 noch mit Dampf befahren. So auch die nach Norden bis zur russischen Grenze abzweigende Strecke nach Skandawa. Für das geringe Fahrgastaufkommen reichten bei allen Personenzügen zwei Mitteleinstiegswagen polnischer Bauart aus. Gezogen wurden diese kurzen Züge von den ehemals deutschen Kriegsloks mit ihren charakteristischen

DAS ENTSCHIEDEN CHARAKTERISTISCHE dieser Welt ist ihre Vergänglichkeit (Franz Kafka). Ein altes Gutshaus in Masuren. 3.1991 (Mitte rechts, MF)

DAS BALDIGE ENDE des Personenverkehrs zwischen Kętrzyn und Węgorzewo ist am Zustand des Bahnhofs Radzieje abzulesen. Schon wenige Monate nach dieser Aufnahme im März 1991 ist hier Schluss. (rechts, MF)

DURCH DIE IDYLLISCHE LANDSCHAFT MASURENS: Ty 42-22 passiert mit einem gemischten Zug nach Węgorzewo ein Gehöft bei Kętrzyn. 16.5.1991 (links, MB)

Wannentendern und den beiden übergroßen Lampen auf der vorderen Pufferbohle. Ansonsten unterschieden sie sich in nichts von den in Deutschland verbliebenen Loks der Baureihe 52.

Der Bahnhof des Ortes Wielkowo Wielkie hieß seltsamerweise Drogosze. Als wir dort ankamen, schien die Sonne von einem makellos blauen Maihimmel. Im Storchennest auf einem nahen Trafohäuschen herrschte Hochbetrieb. Mehrere Jungvögel sperrten ihre Schnäbel auf und forderten Nahrung. Störche gab es viele in dieser mit unzähligen Seen durchzogenen und teilweise sumpfigen Landschaft im Norden Polens. Außer dem Geklapper der Weißstörche lag eine absolute Stille über dem Bahnhofsareal und den angrenzenden Häusern. Wir sahen uns nach einem geeigneten Fotostandpunkt um, denn in Kürze sollte der planmäßige Personenzug aus Skandawa hier durchkommen.

DIE MORGENDLICHE STILLE bei Drogosze durchbricht die Ty 42-33 mit ihrem Frühzug von Skandawa nach Korsze. Noch erkennbar sind die umfangreichen Gleisanlagen der einst zweigleisigen Hauptbahn von Deutsch Eylau nach Insterburg. 17.5.1991 (oben, MB)

RUHE UND BESCHAULICHKEIT herrscht auch in Radzieje (Rosengarten), wo einige Fahrgäste auf den Abendzug nach Korsze warten. Der stattliche Bahnhof mit angebautem Stellwerk, Güterschuppen und Eisenbahnerhaus fungiert nur noch als Haltestelle. 10.9.1990 (unten, PM)

Ein stattlicher Bahnhof und ausgedehnte Bahnanlagen zeugten von der Bedeutung, welche diese Strecke einmal hatte. Tatsächlich führte hier einst die direkte Verbindung von Deutsch Eylau (Iława) über Allenstein (Olsztyn) nach Insterburg (Tschernjachowsk) vorbei. Am Bahnhof fiel uns der verwitterte Schriftzug Drogosze auf. Bei genauerem Hinsehen konnte man noch den darunter hervortretenden, leicht verblassten, ehemals deutschen Namen ‚Dönhoffstädt' erkennen. Der Bahnhof bestand nebst Aufnahmegebäude aus einem typisch preußischen Ensemble – einem alten Eisenbahner-Wohnhaus und einem Wärterhaus in Backsteinbauweise. Das Haus hatte später auf der Vorderseite einen grauen Verputz erhalten, wie dies im Laufe der Zeit vielerorts geschah. Doch was war denn das? Unter dem Verputz und Anstrich schimmerten rote Buchstaben hervor. Die polnische Farbe schien den Witterungsbedingungen nicht standzuhalten und gab den darunter liegenden, zwischenzeitlich fünfzig Jahre alten Schriftzug preis: „Räder müssen rollen für den Sieg". Mir lief es eiskalt den Rücken herab. Geschichte zum Anfassen.

An der südlichen Bahnhofausfahrt erblickten wir ein aufgelassenes Stellwerk. Die Natur hatte sich nicht nur der Gleise bemächtigt, auch das Stellwerk lag schon seit Jahren im Dornröschenschlaf. Durch Gestrüpp bahnten wir uns einen Weg zur zerfallenen Eingangstür. Die Holztreppe, welche nach oben führte, knarrte bedenklich. Oben angekommen, bot sich aus den nicht mehr vorhandenen Fenstern ein grandioser Ausblick auf die umfangreichen Bahnanlagen dieser Landstation. Da tauchte am Horizont ein kleines Dampfwölkchen auf. Kurze Zeit später rollte die Ty 42-33 mit ihrem Zweiwagenzug in den zum Haltepunkt degradierten Bahnhof ein.

Keine Menschenseele stieg ein oder aus. Nach dem kurzen Halt öffnete der Lokführer den Regler. Mächtige Dampfwolken stiegen senkrecht in den blauen Morgenhimmel. Der Zug beschleunigte mit immer schneller werdenden harten Auspuffschlägen. Diese hallten an den Wänden des Bahnhofsgebäudes wider. Mit ohrenbetäubendem Lärm zischte die Lok an unserem Stellwerk vorbei. Wir blickten dem Zug lange nach. Die

DAS GLÜCK DER ALTEN DAME:
Stolz zeigt sie eines ihrer Hühner, die sie unweit vom Bahnhof Radzieje hält. 5.1991 (BH)

DIE ‚LOKOMOTYWOWNIA 1.KL KORSZE'
(Bahnbetriebswerk 1.Klasse Korschen) beheimatet in September 1990 noch zahlreiche Ty 2 und 42. Täglich werden 13 Maschinen für die Bedienung der fünf Nebenstrecken im Personen- und Güterzugdienst sowie für den Rangierdienst in Korsze benötigt. 14.9.1990 (oben und unten, MF) und 15.5.1991 (Mitte, MB)

DIE RASTENBURG in Kętrzyn geht auf das Jahr 1329 zurück. Sie wurde von deutschen Ritterorden als Grenzposten erbaut. Ty 42-69 passiert das markante Bauwerk. 16.5.1991 (BH)

Dampffahne blieb minutenlang über der schnurgeraden Strecke stehen. Der letzte Wagen wurde immer kleiner, bis er als winziger dunkler Punkt am Horizont verschwand.

Erst dann brach Berthold das andächtige Schweigen. Wir klatschten uns in die Hände: Eine solche Anfahrt bekam man nicht alle Tage zu sehen und zu hören. Dazu das Umfeld mit der deutschen Vergangenheit dieses idyllischen Landstrichs. Eine Mischung aus Ehrfurcht und Freude überkam mich, als wir die alte knarrende Treppe hinunterstiegen – Ehrfurcht, ob der Vergänglichkeit menschlichen Tuns und profane Freude über die eben gemachten Fotos. Wenige Monate später wurde die Strecke stillgelegt und die Dampfloks des Bahnbetriebswerks Korsze gingen den Weg alten Eisens.

„SUNSET OF STEAM": Ty 2-363 fährt vor einem beeindruckenden Abendhimmel Richtung Korsze. Wenige Monate später ist dort der Dampfeinsatz Geschichte. Drogosze, 9.1990 (ST)

KLEINOD HEILIGE LINDE (Święta Lipka): Nach der Legende soll ein zum Tode Verurteilter nach seiner Begnadigung und Entlassung aus der Rastenburg (Bild links) bei einer Linde eine Marienfigur aufgestellt haben. Nachdem sich an der Stelle Wunderheilungen ereigneten, wurde eine Kapelle errichtet. 1686 begann der Ausbau zur barocken Klosteranlage, die über Jahrhunderte von Jesuiten bewohnt wurde. 5.1991 (MB)

DIE STRECKE KŁODZKO–WAŁBRZYCH in Schlesien gehört zu Beginn der Neunzigerjahre zu den reizvollsten Dampfstrecken Polens. Die Strecke überwindet einen Gebirgszug zwischen dem Eulen- und dem Riesengebirge und weist zahlreiche Kunstbauten auf. Beim Viadukt von Zatorze unweit von Nowa Ruda (Neurode) eilt eine TKt 48 mit einer Doppelstockeinheit Richtung Wałbrzych. 15.5.1986 (BS)

„Polen – schon wieder?"

INS SCHLESISCHE BERGLAND

Schon wieder Polen? Meine Kollegen waren erstaunt, als sie sich nach meinem nächsten Urlaubsziel erkundigt hatten. „Da warst Du doch erst kürzlich." „Meine letzte Reise führte in die DDR!". „Ach ja, in die DDR. Also wieder in den Osten!" Von Markus Fischer

In den Osten'. Über die DDR, Polen, die Tschechoslowakei und Ungarn konnten sich die meisten Menschen in der Schweiz 1990 kaum eine Vorstellung machen. Und das, was von dort bruchstückhaft zu uns drang, ließ wenig Gutes erahnen: Regimes mit ergrauten Parteisekretären wie Honecker und Jaruzelski mit dicken Hornbrillen und gigantischen Sicherheitsapparaten, welche selbst die eigenen Bürger auf Schritt und Tritt überwachten und Regimekritiker jahrelang hinter Gitter brachten. Wer wollte da schon hin? Zwar hatten wenige Monate zuvor epochale Veränderungen stattgefunden, war die Berliner Mauer ebenso wie der gesamte eiserne Vorhang implodiert, war der gesamte Osten Europas, zuvor jahrzehntelang abgeschottet, plötzlich offen und zugänglich geworden. Aber die Menschen zu Hause interessierte das wenig. Masowien oder Wielkopolska, Malbork oder Wrocław – wer wusste, wo das lag? Es waren Regionen und Ortsnamen, die kaum jemand einzuordnen vermochte. Denver lag auf der geistigen Landkarte deutlich näher als Danzig.

Die Reise ‚in den Osten' führte uns zunächst nach Prag. Von dort wollten wir mit einem Nachtzug weiter nach Wrocław. Wie nervenaufreibend die einfachsten Dinge in den Ländern des real existierenden Sozialismus sein konnten, erlebten wir hier: Der Erwerb einer Fahrkarte mit Reservierung ins Nachbarland Polen war eine Angelegenheit, die uns einen halben Tag beschäftigte. Die Mitarbeiter am Bahnschalter im Prager Hauptbahnhof sahen sich außer Stande, uns ein Ticket zu verkaufen und verwiesen uns ans staatliche Reisebüro Čedok. Dort konnte man uns zwar die Fahrkarten ausstellen, nicht aber die ebenfalls benötigten Bettkarten, da die Schlafwagen vom polnischen Unternehmen ‚Wars' betrieben wurden, wie man uns beschied.

Wir beschlossen, es beim Schaffner im Zug zu versuchen. Wir waren auf eine Nachtfahrt in einem überfüllten Abteilwagen gefasst, aber das Gegenteil war der Fall: Der Zug war so gut wie leer. Wer wollte wenige Monate nach dem Fall des Eisernen Vorhangs schon nach Warschau? Der polnische Schlafwagenschaffner hieß uns einsteigen und sperrte ein Abteil auf. „Rezerwacja?" Machen wir später, meinte er mit einer abweisenden Handbewegung und lächelte. Schnell wurden wir uns einig. 20 DM kosteten damals sowohl eine Privatunterkunft in der Innenstadt von Prag als auch zwei Bettkarten im Schlafwagen Richtung Warszawa.

Als wir frühmorgens in Wrocław ankamen, lag die Stadt noch im Dunkeln. Die Restaurants und Geschäfte im altehrwürdigen Bahnhof waren noch ge-

IM SCHLESISCHEN HÖLLENTAL auf der Strecke Kłodzko–Kudowa Zdrój passiert die TKt 48-18 diese Brücke. Über viele Jahre verkehrten auf dieser Strecke Züge mit Kurswagen aus Warschau, um die Kurorte Polanica-Zdrój (Bad Altheide), Duszniki-Zdrój (Bad Reinerz) und Kudowa zu bedienen. 13.10.1995 (MF)

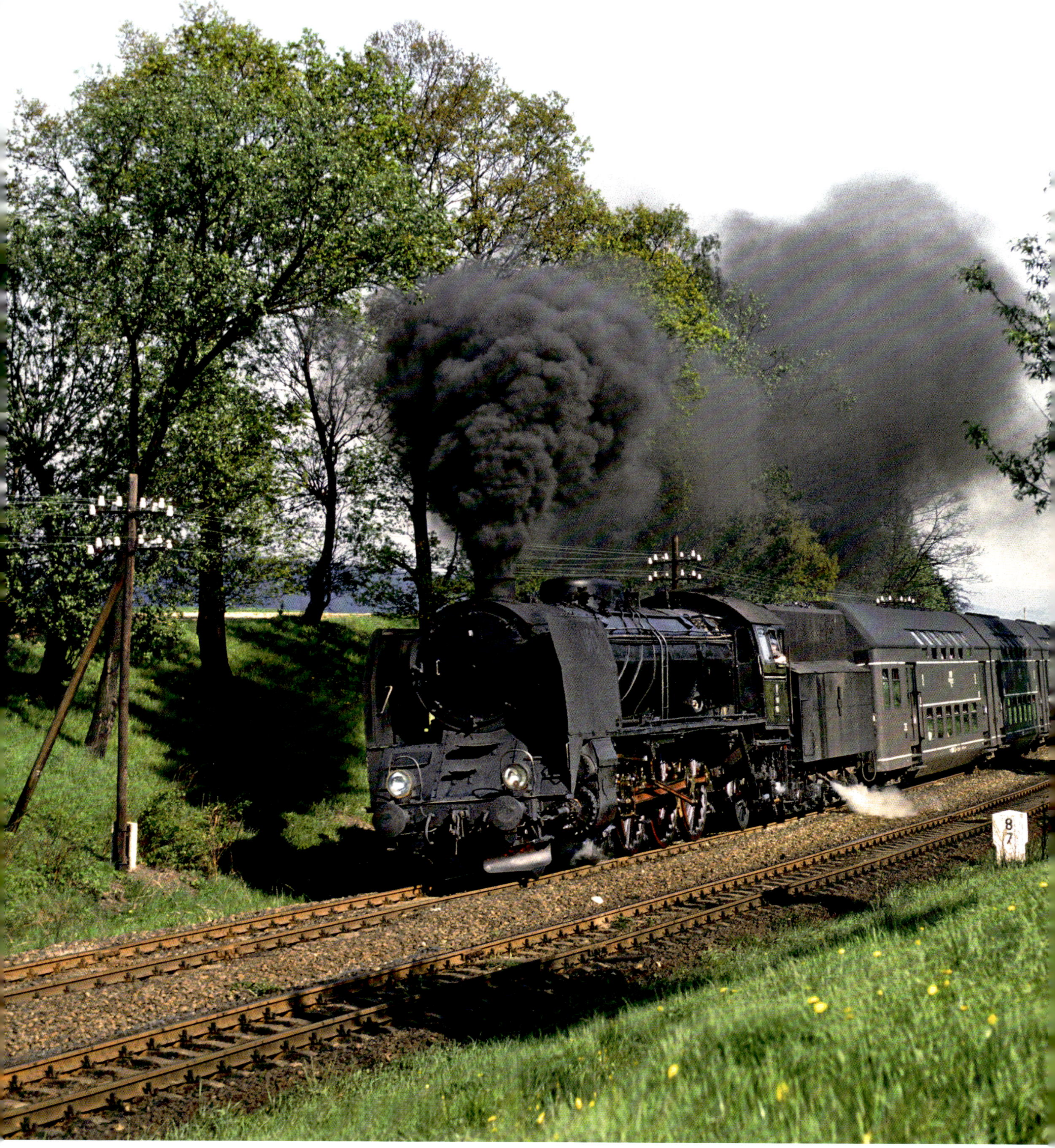

DAS MITTELALTERLICHE Städtchen Bystrica Kłodzka (Habelschwerdt) am Rande des gleichnamigen Gebirges 7.1995 (ganz oben, MB)

EIN BAUER bei der Heuernte. Noch in den Neunzigerjahren sind solche Szenen typisch für Polen. 7.1995 (oben, MB)

MIT EINER DOPPELSTOCKEINHEIT verlässt eine Pt 47 den Talkessel von Kłodzko. Mysliwskie, 15.5.1986 (links, BS)

DIE ALTE HAUPTSTRECKE
Kędzierzyn Koźle–Nysa–Kamieniec Ząbk.–Świdnica–Jaworzyna Śl. verläuft im Flachland am Fuß des Eulen- und Reichensteinergebirges. Die Infrastruktur zeugt von der früheren Bedeutung der einst zweigleisigen Strecke. Ty 2-911, Mościsko Dzierżoniowskie, 26.4.2012 (MF)

RECHNEN IN TAUSENDERN:
Polnische Złotys vor der Währungsreform 1995 (MF)

schlossen — erst recht natürlich jede Bank oder Wechselstube. Wir wollten die Stadt besuchen und danach nach Wałbrzych und Kłodzko weiterfahren, wo noch Ty 2 und die großartigen Schnellzugloks der Reihe Pt 47 eingesetzt waren. Ohne Złotys waren aber weder eine Fahrkarte noch ein Kaffee zu bekommen. Zwielichtige, im Bahnhof herumlungernde Gestalten, die uns schon bei der Ankunft im Bahnhof auffielen und uns ‚Geldwechsel', ‚Change Money' zuraunten, witterten ihr Geschäft. Natürlich hatten wir gelesen, dass schwarz tauschen verboten sei. Aber was sollten wir tun? Schließlich wechselten eine Schweizer Hunderternote und ein Bündel Złoty die Besitzer. Obschon sich die Versorgungslage in Polen seit der Wende 1989 erheblich verbessert hatte, kontrastierten die Auslagen in den Geschäften mit unserer westlichen Konsum- und Überflussgesellschaft: Aufgetürmte, verblichene Konservendosen auf durchgebogenen Holztablaren, ‚Kiełbasa' (Wurstwaren) in allen Variationen und — dies hatte man der polnischen Bevölkerung wohl nicht einmal in den entbehrungsreichen Jahren des Kriegsrechts vorenthalten — Wodka und Alkoholika in rauen Mengen. Wir deckten uns mit Proviant ein. Als ich an der Kasse bezahlen wollte, hielt die Verkäuferin entsetzt den Geldschein in die Höhe und reagierte mit einem heftigen Redeschwall. Dicke Frauen mit ihren Einkaufstaschen schauten auf und musterten mich argwöhnisch. Was hatte ich angestellt? Ich hörte die Wörter 'fałszywe pieniądze' und 'Policija' heraus, konnte mir aber nicht zusammenreimen, was ich verbrochen hatte und stand da wie ein begossener Pudel.

Schließlich stellte sich heraus, dass der Hunderttausend-Złoty-Schein, mit dem ich hatte bezahlen wollen, in Wirklichkeit ein Zehntausender war. Kaum sichtbar war eine Null aufgeklebt worden. Der Verkäuferin war dies natürlich gleich aufgefallen – statt Stanisław Moniuszko, dem Komponisten auf der Hunderttausendernote, war der Künstler Stanisław Wyspiański von der Zehntausendernote abgebildet. Für mich sahen alle Stanisławs gleich aus. Ich versuchte klarzumachen, dass ich das Geld erst vor kurzem getauscht hatte. „Aha, to tak, cinkciarz!" „To jest nielegalny!", – „Ah, so ist das, schwarz getauscht!" „Das ist illegal!"

Wir machten uns aus dem Staub. Daraufhin erkundeten wir die Stadt, deren deutsche Vergangenheit unverkennbar war. Wir setzten uns in ein Restaurant. Das Tagesgericht sei Bigos, erklärte uns der Kellner, ein Eintopf aus Sauerkraut und allerlei Fleisch und Wurstwaren – das polnische Nationalgericht schlechthin. Das Problem mit der polnischen Speisekarte war damit auch gleich gelöst. Also zwei Bigos, dazu zwei ‚Lech', das im Land allgegenwärtige Bier, benannt nach dem polnischen Urvater, dem legendären Herzog der ‚Polanen'. Der Legende nach ruhte sich

DIE ZEIT UM 25 JAHRE ZURÜCKGEDREHT:
Bei Otmuchow hat die Ty 2 einen typischen ‚Ryflaki' Personenzug am Haken. 25.4.2012 (oben, MF)

BEI LUDWIKOWICE KŁODZKIE bietet sich dieser Blick auf die Ausläufer des Eulengebirges. 26.4.2012 (Mitte, MF)

ÜBER DEN DÄCHERN von Gluszyza wird eine weitere Talbrücke überquert. 26.4.2012 (unten, MF)

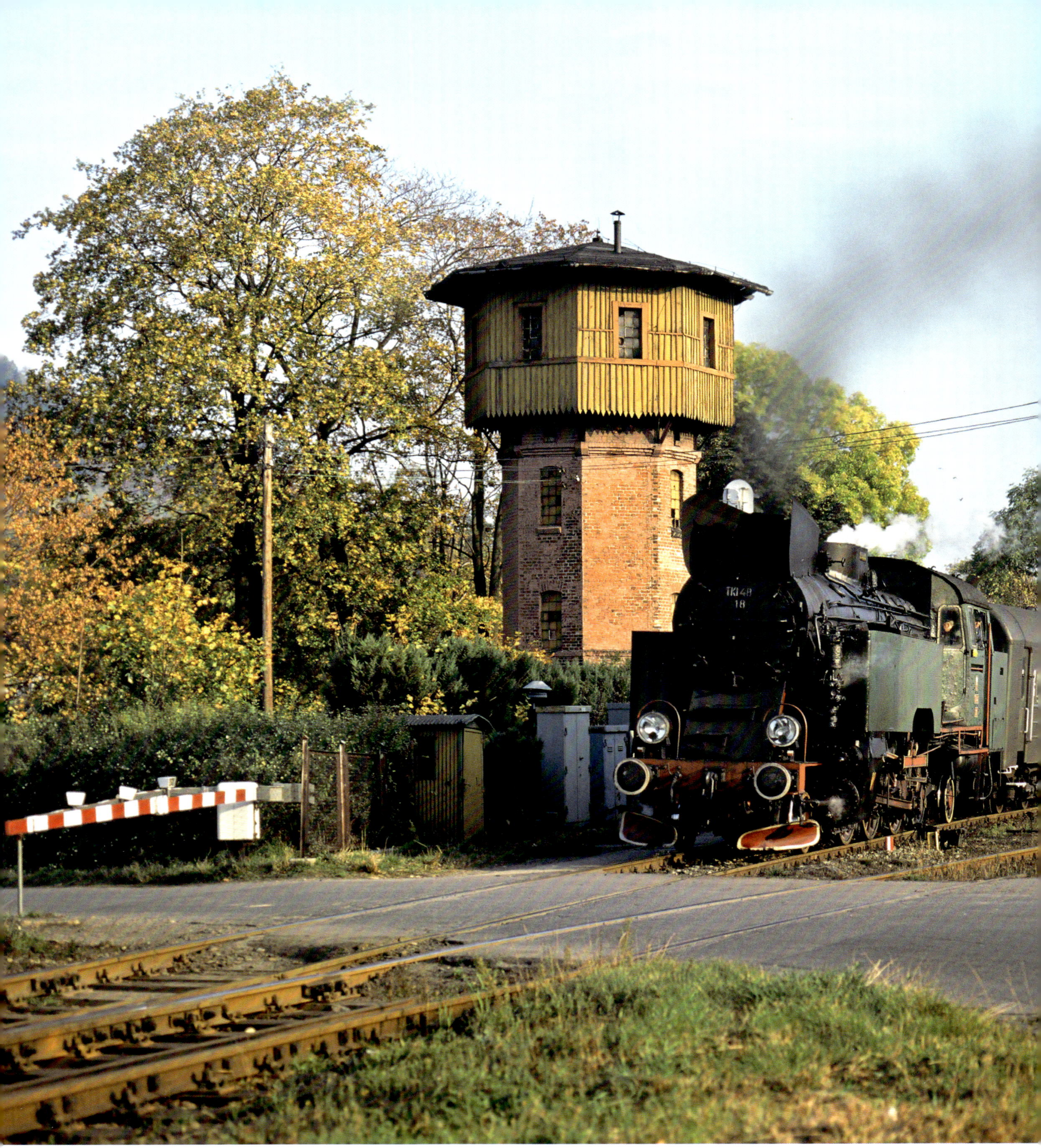
TKt 48
18

Lech im Schatten eines Baumes aus. Dabei sah er einen weißen Adler, der auf der Krone des Baumes über ihm gelandet war. Lech beschloss, sich an diesem Platz niederzulassen und gründete die Stadt Gniezno, abgeleitet vom Wort ‚gniazdo' (Nest). Der weiße Adler ist seither das Wappentier Polens und ziert nebst zahlreichen Gebäuden und Amtsstuben auch sämtliche polnischen Dampflokomotiven.

Wir bestellten die Rechnung. Der Kellner fragte: „Sie bezahlen deutsche Mark?" Wir erwiderten, dass wir Złotys hätten. „Sie wollen tauschen Złoty?" Wir erklärten, dass wir am Geldumtausch nicht interessiert waren und dies obendrein verboten sei – ‚nielegalny', wie wir gelernt hatten. „Nie ma problemu!", raunte er uns zu und meinte, er gäbe uns einen besseren Kurs als den offiziellen. Wir entgegneten, dass wir schon viele Złotys hätten und gar nicht wüssten, wie wir diese wieder loswerden sollten. „Kaufen Sie schöne Dinge!" Wir konnten uns ein Lachen nicht verkneifen ob dieser Bemerkung, die Geschäfte mit den gestapelten Konservendosen, Wurstwaren und Alkoholika vor Augen. Wir witzelten, was wir für unsere 400'000 Złotys alles hätten erstehen können: 160 Dosen Essiggemüse, 80 'Kiełbasa' oder lieber 10 Flaschen mit polnischem Wodka?

Der Kellner verschwand und kam nach ein paar Minuten mit zwei Gläschen wieder. Offensichtlich hatte er das letzte Wort aufgeschnappt und gleich wörtlich genommen. „Dziękuję, na zdrowie!"

UNVERKENNBAR PREUSSISCHEN Ursprungs ist die Architektur des Bahnhofs Szczytna (Rückers) an der Strecke nach Kudowa-Zdrój. TKt 48-13, 13.10.1995. (MF)

Begegnung mit der Staatsmacht
RUMÄNIEN

Ich höre das Schnauben eines Pferdes und im selben Moment die ungehaltenen Befehle des Kutschers. Lautes Klappern und Scheppern. Ein Geräusch, welches von eisenbeschlagenen Rädern auf grobem Kopfsteinpflaster herrührt, das ich aus historischen Filmen kenne. Den schwerfällig stampfenden Schritten nach muss ein stattlicher Ochse dieses Gespann ziehen. Gedämpfte Stimmen einer mir fremden Sprache. Wo bin ich? Von Matthias Büttner

Ich räkle mich, öffne langsam meine Augen und versuche etwas zu sehen im dämmrigen Morgenlicht. Nun kann ich all diese Gestalten, Pferde- und Ochsenfuhrwerke, neben denen armselig gekleidete Bauersfrauen hertrotten, erkennen. Ich bin nicht im 19. Jahrhundert, sondern in Berzasca, Rumänien, Sommer 1993!

Mir schießt alles wieder durch den Kopf: Gestern Abend waren wir hierher gekommen, um die örtliche Waldbahn zu besuchen. Sie hatte ihren Ausgangspunkt an der Donau, die hier ein breiter Strom ist. Das in den Wäldern von Berzasca geschlagene Holz wurde von der 1924 gebauten Bahn im weit verzweigten Netz eingesammelt und ans Ufer der Donau befördert. Etwa einen Kilometer außerhalb des Ortes lag das kleine Depot mit seinem bis zuletzt exotischen Fuhrpark an Dampflokomotiven. Wenige Kilometer stromabwärts wurden die geschlagenen Holzstämme von der kleinen Bahn direkt in Frachtkähne verladen, um sie in holzarme Gegenden Rumäniens zu transportieren.

Es war ein heißer Juliabend, als wir hier eintrafen. Das Depot der Waldbahn war schnell gefunden. Niemand war mehr da, die Eisenbahner hatten schon Feierabend. Also inspizierten wir zunächst die lange Reihe der im Freien abgestellten Lokraritäten. Im besten Abendlicht konnten wir diese, sowie die unter Dampf stehende Reșița-Einheitslok ablichten, welche den

GERADE MAL FÜNF JAHRE ist die 764 412R zum Aufnahmezeitpunkt in Berzasca in Betrieb. Mit Baujahr 1988 ist sie die letztgebaute Waldbahnlok überhaupt. Im Hintergrund die Donau. Drencova, 20.7.1993 (links, MB)

„ROMANIA – IMPROVIZA!" meint der Lokführer auf der Waldbahn Margina lachend, als sich ein Viehdraht im Stangenlager verwickelt hat. Wie andere kleinere Pannen wird das in kürzester Zeit behoben. 22.7.1993 (rechts, MB)

51

ZURÜCKVERSETZT IN EINE LÄNGST VERGANGENE EPOCHE fühlt man sich auf der Waldbahn Covasna–Comandău. Sie betreibt 1993 noch ein ausgedehntes Streckennetz in den Karpatenwäldern, wie man es sich romantischer kaum vorstellen könnte. 26.7.1993 (MB, BH)

Verschub zur Ladestelle in Drencova erledigte. Da es sehr heiß war, entschlossen wir uns, anschließend ein Bad in der Donau zu nehmen. Eine geeignete Stelle war ein paar hundert Meter stromabwärts schnell gefunden. Gerade als wir uns ausreichend erfrischt hatten und dem Donauwasser entstiegen, bog ein Policia-Fahrzeug von der staubigen Piste ab und steuerte direkt auf unseren alten Mercedes-Bus zu.

Mit ‚Pasaport' begrüßte uns der größere der beiden Ordnungshüter. Bereitwillig zeigten wir unsere Papiere. Anschließend wollten sie unseren Wagen durchsuchen. Wir mussten alles ausräumen und neben unseren Bus legen. Irgendwann kamen unsere Kameras und unser Filmmaterial zum Vorschein. Wir waren zu fünft unterwegs, hatten insgesamt sieben Kameras, 140 Diafilme und viel loses Filmmaterial dabei. Irgendwann raunte der eine Polizist seinem Gehilfen etwas wie ‚Spion' zu. Die Mienen der beiden verfinsterten sich. Durch Gestik wurde uns unmissverständlich mitgeteilt, dass wir dem Polizeiauto folgen sollten. Man muss sich die poli-

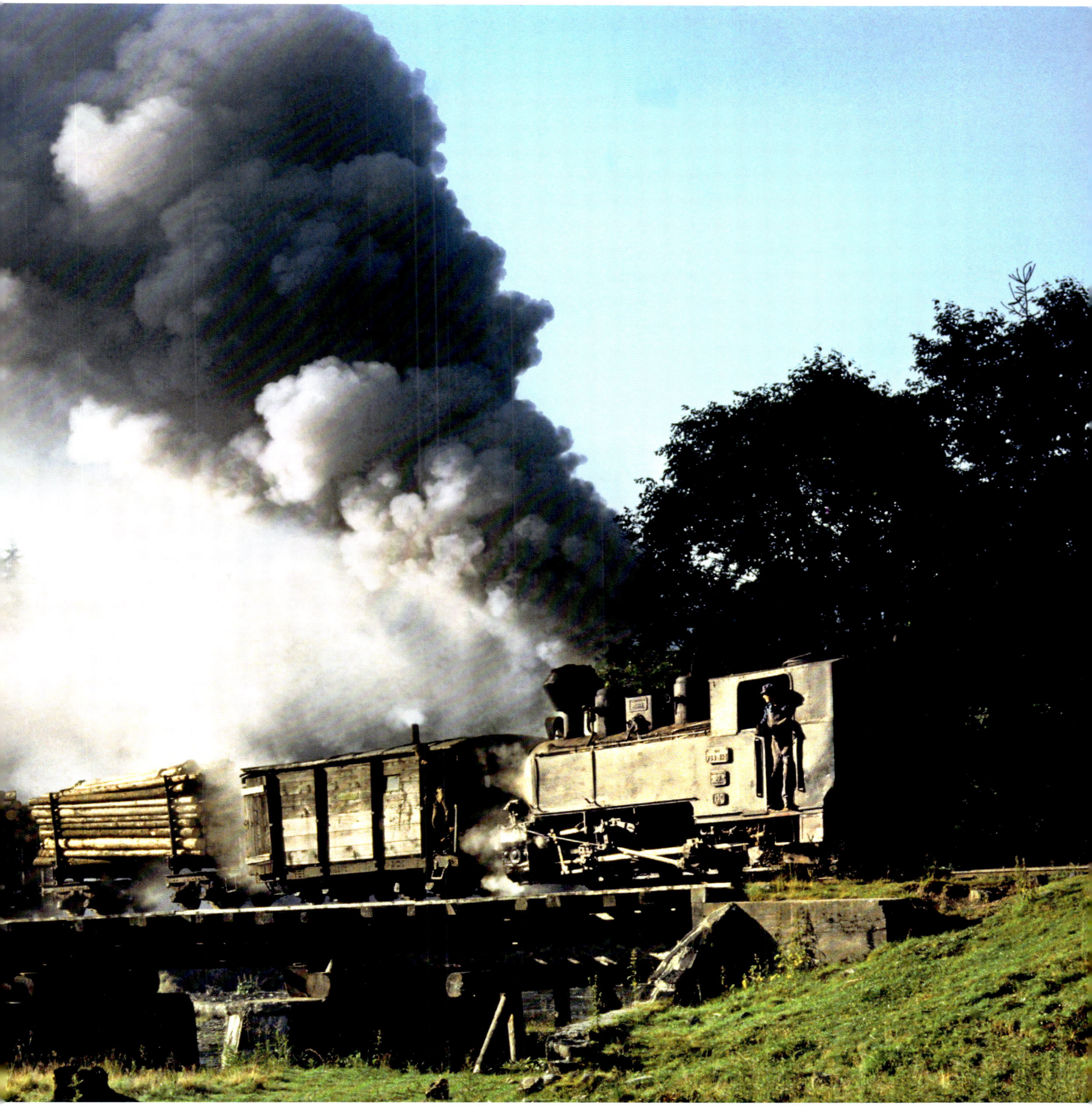

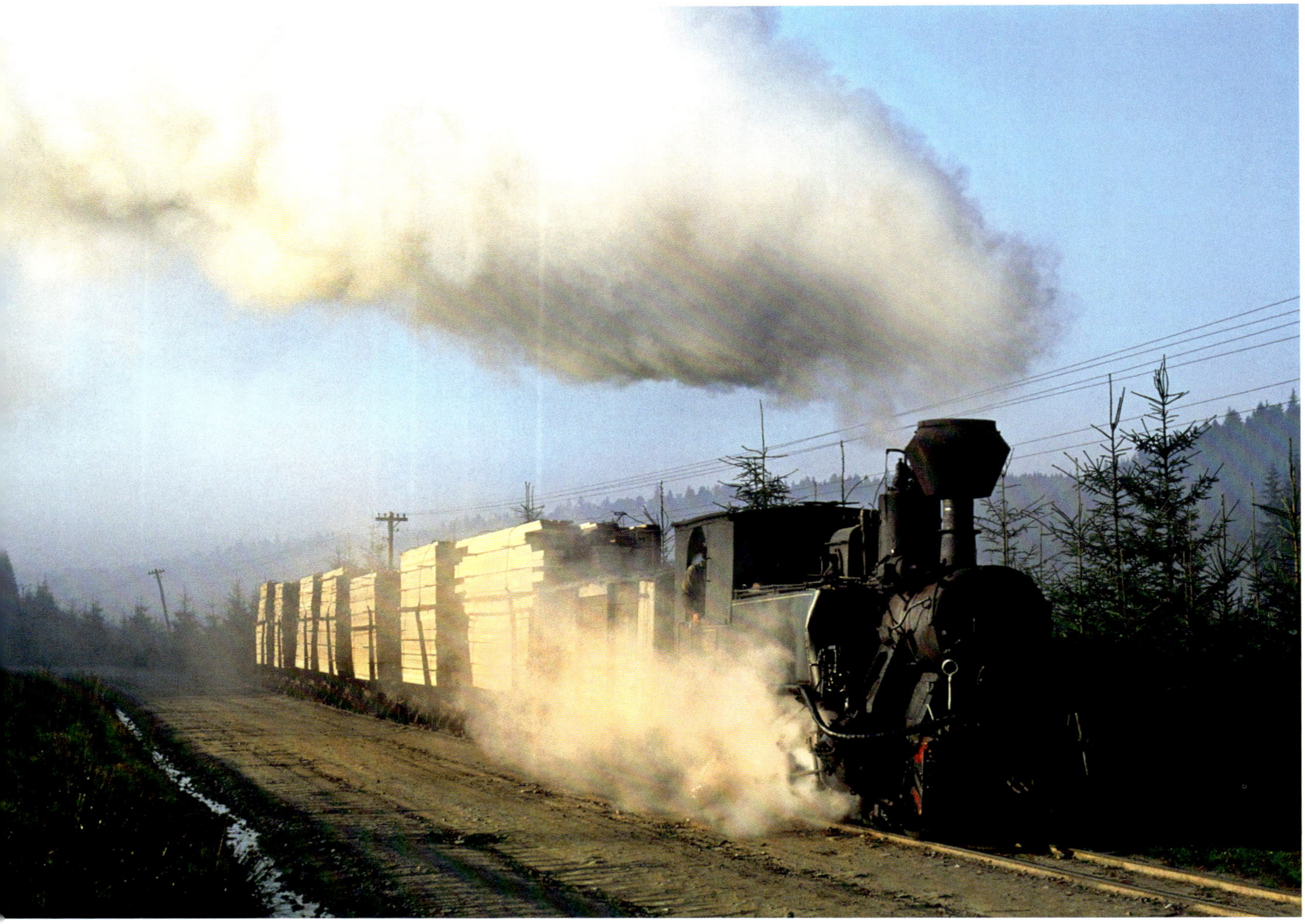

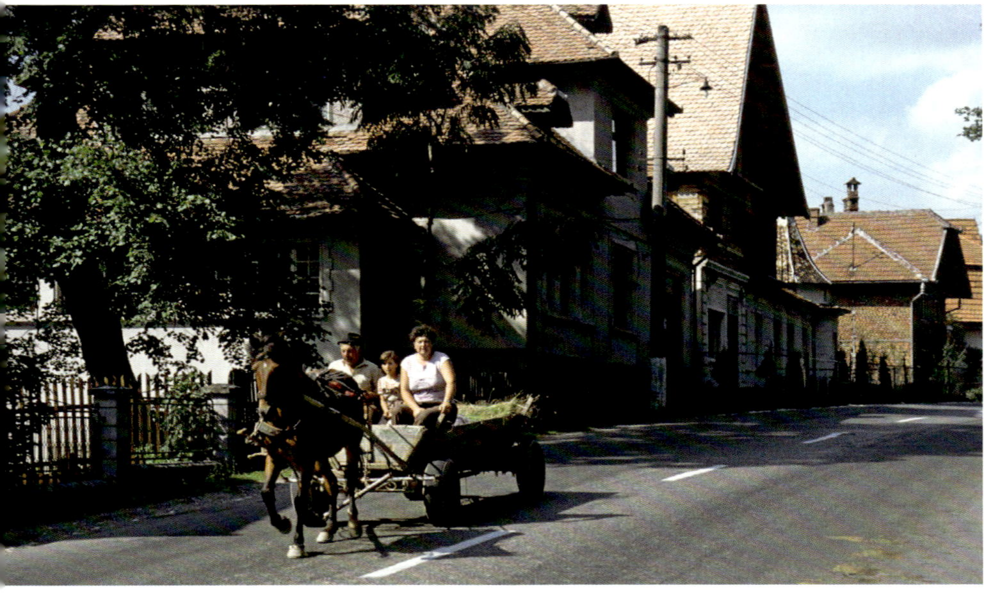

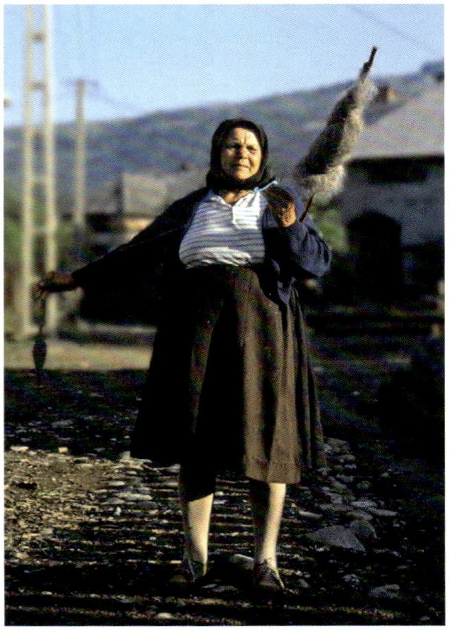

tische Situation jener Zeit in Südosteuropa vergegenwärtigen. Wegen des Bosnienkriegs hatte die EU ein Embargo gegen Serbien verhängt. Die Donau bildete die Grenze zu diesem Land. Hielten uns die beiden ‚Dorfsheriffs' für Waffenschmuggler oder Schlepper?

Wir versuchten gestenreich klar zu machen, dass wir nur die Dampfloks der örtlichen Waldbahn fotografieren wollten. Alles ‚tschu tschu' und Deuten auf das nahegelegene Depot der Kleinbahn nützte nichts. In der Dorfmitte angekommen, mussten wir vor dem Polizeirevier warten. Damit wurden wir zur Attraktion der Kinder von Berzasca. Welch groteske Situation: Mitten auf dem Dorfplatz eines kleinen rumänischen Örtchens kochten fünf Touristen ihr Abendessen, umringt von einer neugierigen Schar Kinder, die feixten, kicherten und sich ob der Abwechslung in ihrem tristen Dorfleben amüsierten. Aus sicherer Entfernung wurden wir vom erwachsenen Rest der Dorfbevölkerung beobachtet.

Einige Zeit später kam der Chef aus dem Gebäude heraus und hieß uns, ihm zu folgen. Vor seinem Haus am Ortsrand sollten wir die Nacht verbringen. Wir ahnten keine bösen Absichten, wenngleich uns die Hinhaltetaktik des düster dreinblickenden ‚Dorfsheriffs' seltsam vorkam. Ich zog es vor, im Freien vor unserem Bus zu nächtigen. So kam es, dass ich von einem mittelalterlichen Pferde- und Ochsentross träumte, was sich als pure Realität herausstellen sollte.

An Schlaf war nicht mehr zu denken. Es mochte vielleicht kurz nach fünf Uhr morgens gewesen sein. Der Tross der Bauern schien kein Ende zu nehmen. Sobald sich das markant laute Abrollgeräusch eines Fuhrwerks entfernt hatte, kam ein neues Gespann hinterher getrottet. Irgendwo musste Markt sein, wo die Bauern Ihre Feldfrüchte feilbieten konnten. Ich wollte aufstehen und langte mit der einen Hand aus meinem Schlafsack in etwas kalt Glitschiges hinein. Was war das? Im schummrigen Morgenlicht erkannte ich einen grasgrünen Laubfrosch, der es sich auf meinem Schlafsack die Nacht über bequem gemacht hatte.

Irgendwann regte sich im Bus neben mir etwas. Wir machten uns Frühstück. Vom Dorfsheriff war noch nichts zu sehen. Ironischerweise hörten wir den Abfahrtspfiff der Waldbahnlok. Sollten wir uns einfach davon machen? Als die Sonne schon mäßig hoch am Himmel stand, kam er aus seinem Haus und bedeutete uns abermals, zur Wache mitzukommen. Dort wartete eine Dolmetscherin auf uns. Ehe wir unser Ansinnen erklären konnten, wurden wir einzeln fotografiert. Frontal, einmal von links, einmal von rechts. Wir kamen uns wie Schwerverbrecher vor. Da die

IM ERSTEN MORGENLICHT bringt die kleine Krauss einen Holzzug zum Schrägaufzug bei Siclau. 9.1992 (links oben, PM)

DORFLEBEN IN SIEBENBÜRGEN, 7.1993 (links, MF)

MIT MUSKELKRAFT UND PFERDEN werden die Wagen wie zur Frühzeit der Eisenbahn zum ‚Plan Inclinat' rangiert und dann mit Schwerkraft zur 330 m tiefer gelegenen Talstrecke heruntergelassen. Auch die Arbeiter und Bewohner des Bergdorfes fahren mit dem Schrägaufzug. 7.1993 (MB, BH, MF)

EIN SCHÄFER UND SEIN HUND in der Wildnis. Ob er den Bären, dessen Fell er trägt, selbst erlegt hat? 26.7.1993 (MB)

MIT WILDEM PFEIFEN rangiert die Lok frühmorgens in Comandău. Der Ortsname geht auf die k.u.k.-Zeit zurück, als hier ganz im Osten der Donaumonarchie ein Militär-'Kommando' bestand. 9.1992 (PM)

Staatsgewalt in diesem entlegenen Ort keine Fotokamera besaß, bediente sie sich paradoxerweise an einer der unseren. Dann folgte, worum es eigentlich ging: Um uns ziehen zu lassen, verlangten die Uniformierten zwei Kameras. Sie dachten wohl, für fünf Personen reichten fünf Fotoapparate!

Als sie Bertholds Leica R3 in den Händen hielten, protestierte ich. Ich verwies auf die Nikon mit Display, die viel moderner sei. Das Argument zog. Und so tauschten sie unwissentlich eine teure Kamera gegen eine um ein Vielfaches wertlosere mit einer kleinen Flüssigkristallanzeige aus. Aber zum Fotografieren braucht man auch Filme. Also bedienten sie sich an der Hälfte unseres Filmmaterials – ob belichtet oder unbelichtet, war ihnen einerlei. So verlor ich meine Aufnahmen von der bisherigen Reise und dem Abend zuvor im Depot der Waldbahn Berzasca. Es ging nun zu wie auf einem Basar. Zum Schluss verlangte ich ein Telefonat mit der deutschen Botschaft in Bukarest. Daraufhin wurde die Dolmetscherin deutlich: „Verschwinden Sie aus Berzasca, verschwinden Sie!" riet sie uns eindringlich. Entweder pochten wir auf unser Recht und mussten damit rechnen, noch für Stunden, wenn nicht gar Tage festgehalten zu werden bzw. uns vor der nächsten Instanz zu verantworten, was unsere Rumänien-Tour grundsätzlich in

1916 BEI KRAUSS IN LINZ GEBAUT wurde die 763 247. Sie befördert mit ihren 100 PS beachtliche Züge auf dem Waldbahnnetz Comandău. 9.1992 (links, PM)

„BEI DER KONTROLLE WURDEN 7 FOTOAPPARATE, 140 Farbfilme, eine militärische Landkarte, ein Ordner für tourstische Landkarten u.a. geunden; es wurden 8 Farbfi me einbehalten (..). Durch fehlerhafte Handhabung wurden die 8 Filme mit einem Schleier versehen, deswegen wurden sie zusammen mit der militärischen Landkarte und dem Ordner für touristische Landkarten verbrannt. (..)"

Offensichtlich war die rumänische Polizei nicht eingerichtet, um D afilme fachgerecht zu entwickeln, wie der nebenstehende Schriftwechsel zwischen der deutschen Botschaft und dem rumänischen Innenministerium zeigt. Für die unrechtmäßig und ohne Quittung einbehaltenen Kameras und die neuen Filme wurden die Polizeioffiziere später zur Rechenschaft gezogen. (Samml. BH)

Frage gestellt hätte. Oder wir schluckten die Kröte des ‚Pfands', um weiterziehen zu können. Wir entschieden uns für die pragmatischere Lösung und verschwanden.

Der finanzielle Schaden hielt sich für uns in Grenzen. Bedauerlicher war, dass uns durch die geschilderten Ereignisse der Besuch der Waldbahn von Berzasca entging. Doch wir wurden mehr als entschädigt. Im Anschluss besuchten wir die idyllische Waldbahn Margina. Die Fahrt bei regennassen Schienen mit sieben oder acht Leuten auf dem Führerstand bleibt unvergesslich.

In Comandău erlebten wir ein urtümliches Bergdorf, wo man sich ins 19. Jahrhundert zurückversetzt fühlte. Täglich fuhren eine oder zwei Dampfloks, um das geschlagene Holz aus den Wäldern zu holen. Dieses wurde dann im Sägewerk zu Schnittholz verarbeitet. Um die Fertigprodukte ins Tal zu befördern, diente der bekannte Schrägaufzug, der fast 330 Höhenmeter überwand. In der Talstation wurde mit einem Pferd rangiert – das zum Zeitpunkt wohl letzte Relikt einer früher üblichen Methode zum Verschub.

Ein Höhepunkt war auch die Waldbahn Moldovița mit dem kleinen, 1921 von Krauss gebauten C-Kuppler, der seit über siebzig Jahren zuverlässig seinen Dienst verrichtete.

„Auf Reisen verwandeln sich selbst Katastrophen, die unterwegs natürlich nie ausbleiben, in Abenteuer." (M. French)

WALDBAHNROMANTIK in Moldovița. Die ältesten Abschnitte gehen auf k.u.k-Zeiten zurück, die jüngsten Strecken in den Wäldern wurden 1986 und 1987 gebaut. Beim Sägewerk. 28.7.1993 (unten, MF)

'NO TI RISCA VIATA' – Die Arbeit auf der Waldbahn ist seit jeher gefährlich und hart. Um 60, 70 Jahre zurückversetzt fühlt man sich beim Anblick von Personal und Waldarbeitern in Moldovița. 28.7.1993 (MF, MB, MF)

PAUSE UNTERWEGS
für den Lokführer mit seiner kleinen Krauss. Die Brennstoffe werden auf dem selbstgebauten Hilfstender mitgeführt. Anders als die Reșița-Maschinen, die häufig nur mit Holz gefeuert wurden, ist die Krauss mit der winzigen Feuerbüchse weniger dafür geeignet, sodass man sie sowohl mit Kohle als auch Holz beheizt.
Auf der Rückfahrt rollen die Holzwagen mit Schwerkraft handgebremst und ohne Lok ins Tal. Wir haben dabei das Vergnügen, im Hilfstender und auf dessen Dach runter zu sausen! 28.7.1993 (rechts, MF)

Eine Reise in die Vergangenheit
VIȘEU DE SUS

Das Ende unserer Tour entlang des Karpatenbogens war zugleich der Höhepunkt unserer Reise. Auf der berühmten Wassertalbahn in Maramuresch im Norden des Landes erlebten wir sowohl den eindrücklichen Waldbahnbetrieb wie vor fünfzig oder gar einhundert Jahren, als auch die Gastfreundschaft der einheimischen Bevölkerung. Von Berthold Halves

Als wir morgens gegen sechs Uhr zum Bahnhof der Waldbahn Vișeu de Sus kamen, herrschte bereits emsiges Treiben. Der erste Zug mit dem Ziel Coman wurde gerade bereitgestellt. Hinter der Dampflok und einem Flachwagen, beladen mit Buchenholzscheiten zum Feuern der Lok, waren zwei vierachsige Personen- und ein Packwagen eingereiht. Danach folgten zweiachsige Schemelwagen für den Transport der gefällten Holzstämme aus den Wäldern. In Rumänien war gerade Sommerferienzeit. Bereits in der Frühe waren viele Frauen und Mädchen mit bunten Kopftüchern und dicken gestrickten Wolljacken unterwegs. Sie saßen eng beieinander im Wagen. Vor ihnen auf dem Boden standen große Blecheimer. Was sie wohl damit vorhatten? Waldarbeiter in hohen Gummistiefeln, der Pöstler mit Briefen, grün gekleidete Jäger mit voluminösen Rucksäcken – sie alle machten es sich auf den Holzbänken bequem.

Dass wir an der Grenze zur Ukraine waren, merkten wir, als noch drei bärtige, finster dreinblickende, bewaffnete Grenzer zustiegen. Da die beiden Personenwagen bereits brechend voll waren, suchten wir uns auf dem

‚BILET DE TREN FORESTIER': Wenn auch manches improvisiert werden muss und Fahrgäste teilweise sogar auf offenen Wagen mitreisen, gibt es dennoch richtige Fahrkarten auf der Waldbahn! (BH)

ZAHLREICHE PASSAGIERE warten in Vișeu de Sus auf die Fahrt mit der Waldbahn. Bis zu drei Dampfzüge täglich verkehrten Anfang der Neunzigerjahre auf dem rund 60 km langen Streckennetz im Wasser- und Novättal. Zusätzlich verkehrten Versorgungs- und Schülerzüge mit Draisinen und Triebwagen. 9.1992 (links, PM)

IM VALEU VASERUL dampft der Schmalspurzug bergan, nachdem die Lok ihre Vorräte mit Wasser aus dem Fluss ergänzt hat. 29.7.1993 (rechts, MF)

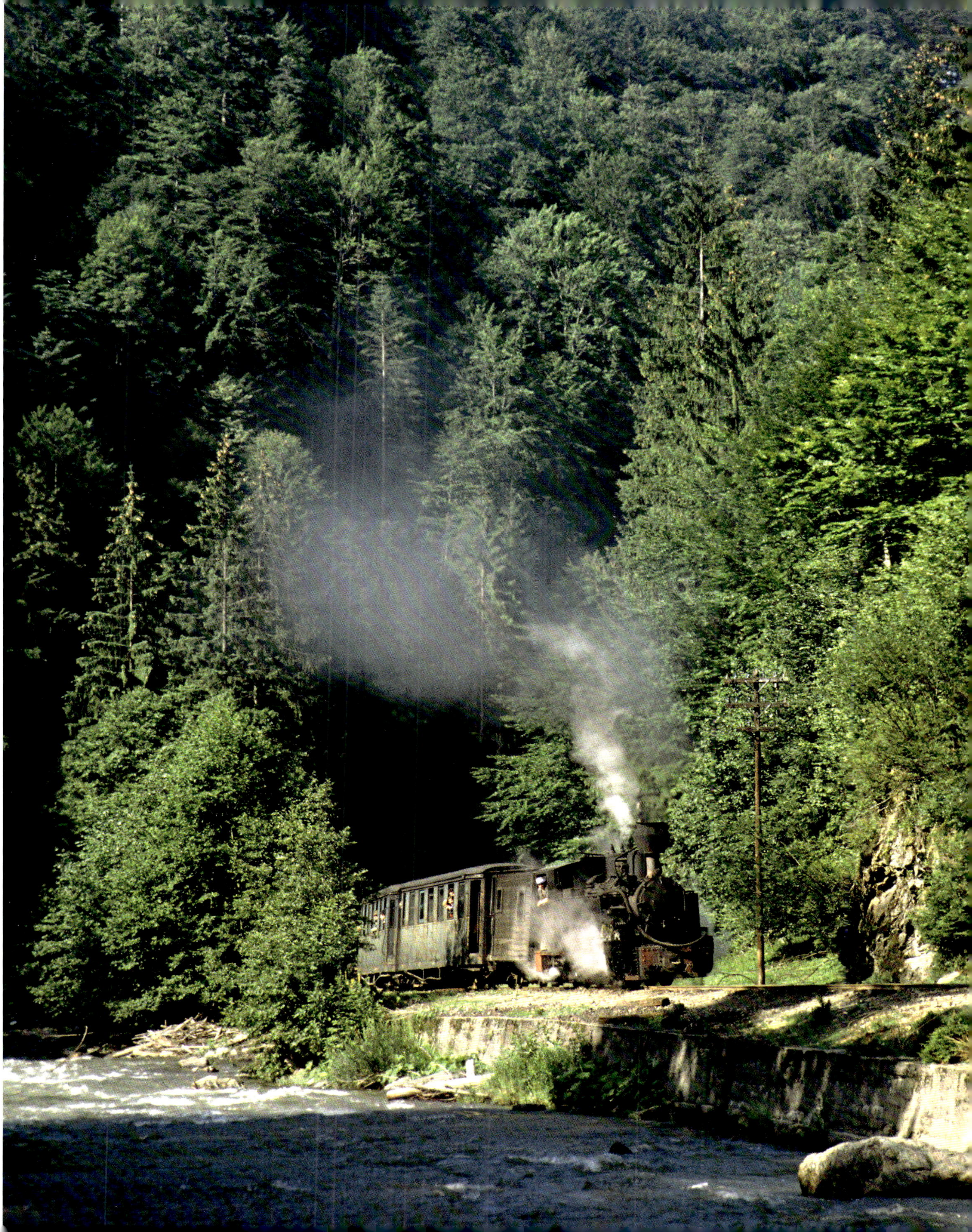

offenen Flachwagen im Freien einen Platz. Für uns Eisenbahnfreunde war dies von Vorteil, da sich von hier ein perfekter Blick über das gesamte Geschehen bot. Ein langer Pfiff der Dampflok – die Reise ins Wassertal konnte beginnen.

Ober-Wischau, wie Vișeu de Sus auf Deutsch heißt, war das Zentrum der Zipser in der Region Maramuresch. Deren Vorfahren wanderten um 1800 aus dem ehemaligen Zips in der Slowakei und aus Oberösterreich in die Gegend. Sie war ihnen nicht fremd: hügelige, dicht bewaldete Berge mit einer Höhe von bis zu 1500 Metern und tief eingeschnittene Täler bildeten die Landschaft. Das Zipser-Deutsch war für uns gut verständlich, oft wechselten die Gesprächspartner untereinander aber ins Ungarische oder Rumänische.

Die Holzwirtschaft hat in Maramuresch eine lange Tradition – besonders in Vișeu de Sus und im Valea Vaserul, durch das die Waldbahn führt. Früher wurden die Baumstämme mit Flößen talwärts befördert. Nachteilig war der jahreszeitlich bedingte unterschiedliche Wasserstand. Deshalb wurde 1932 mit dem Bau der Waldbahn begonnen.

Im unteren Streckenstück war die Steigung moderat. Die Bahnlinie schlängelte sich immer dem Fluss entlang. Nach acht Kilometern musste die Dampflok Wasser fassen. Aus einem kleinen Seitental floss das kühle Nass über hölzerne Rinnen in den Wassertank. Der Heizer machte derweil das Feuer sauber und ölte die Gleitbahnen und Lager der Schubstangen. Joan, unser Zugführer, kam nach einigen Minuten freudestrahlend aus dem dichten Tannenwald – in seinen Händen hielt er riesige Steinpilze.

HALT IN COZIA. Das Gebäude mit dem tief heruntergezogenen Dach ist typisch für das Maramuresch-Gebiet. 29.7.1993 (MF)

Bei Novăt überquerte der Zug eine lange Brücke. Dahinter lag ein Abzweig, der nach Bedarf befahren wurde. Wir folgten der Hauptstrecke. Unterwegs wurden an den Ladestellen immer wieder Schemelwagen abgestellt. Bis zur Rückfahrt am Nachmittag würden die Waldarbeiter die Wagen mit dicken Tannenstämmen beladen. Kräftige Pferde halfen, die Hölzer aus dem Wald zu ziehen. Über hohe, hölzerne Rampen wurden die Stämme mittels Schwerkraft auf die Schemelwagen gerollt. Dass der Beruf des Waldarbeiters gefährlich ist, erzählte uns eine ältere Frau. Ihr Mann war beim Bäumefällen vor Jahren tödlich verunglückt. Jetzt fuhr sie mit dem Zug in das Tal, um in ihren Bienenstöcken den Honig zu ernten. Durch den Honigverkauf konnte sich die Frau ihren Lebensunterhalt knapp verdienen

Eine der mitreisenden Frauen bot uns im Zug selbst gebrannten, frischen ‚Țuică' an – ein aus Pflaumen gebrannter Schnaps, der als Nationalgetränk des Landes gilt. Die Flasche machte so lange die Runde, bis sie leer war.

Das Lokpersonal kannte uns mittlerweile, da wir bei jeder sich bietenden Gelegenheit aus dem Zug sprangen. Besonders interessant waren drei aus den

AUS EINEM WALDTUNNEL, der an einen richtigen Tunnel anschließt, fährt die ‚Reșita' in die ersten Sonnenstrahlen und wird gleich über die Vaserrul-Brücke poltern. 9.1992 (PM)

DIE ‚KOFFEMIEHL', WIE DIE ZIPSER ihre Waldbahn-Dampfloks liebevoll nennen, darf in Bardău eine Verschnaufpause einlegen. Die Bahn dient auch der Versorgung des abgelegenen Tals. Dazu dient der hinter der Lok eingereihte hölzerne ‚Brotwagen'. 29.7.1993 (MF)

Felsen geschlagene kurze Tunnels. In Absprache mit dem Personal liefen wir dem Zug voraus und konnten ihn so im spektakulärsten Abschnitt fotografieren. Der Zug fuhr so langsam, dass wir ihn mehrmals zu Fuß überholen und aufnehmen konnten.

Nach rund fünf Stunden Fahrt verließen wir in Marcalau die Waldbahn. Nur noch wenige Wagen hingen an der Lok. Einer der beiden Personenwagen wurde zurückgelassen. Bis zur Endstation Coman waren es noch weitere zehn Kilometer.

Während die Frauen mit ihren Eimern im Wald verschwanden, setzten wir uns zum Vespern auf eine sonnige Wiese. Das Rauschen des Flusses, die aus Holzbohlen gebauten Blockhäuser, die saftigen Wiesen, auf denen sich Pferde ausruhten, die Gleise der Waldbahn – alles dürfte auch vor fünfzig Jahren kaum anders gewesen sein. Die Waldbahn stellte noch immer die einzige Verbindung zur Außenwelt dar.

Ein schriller Pfiff – wir erwachten aus dem Mittagsschläfchen. Schon kündigte sich die Rückleistung nach Vișeu an. Die Schar der Frauen wartete schon am Stationsgebäude. Ihre Eimer waren jetzt randvoll mit frischen Heidelbeeren. Ältere Männer mit den landestypischen Baskenmützen hatten Spankörbe voller Pilze gesammelt. Da Freitag war, brachte der Zug aus Coman bereits zwei vollbesetzte Personenwagen mit. Die Waldarbeiter fuhren zu ihren Familien ins Wochenende.

TYPISCHE WALDBAHNROMANTIK im Wassertal. Die Telegrafenleitung ist zum Aufnahmezeitpunkt noch durchgehend in Betrieb und dient der Kommunikation und dem Vorausmelden der Züge zwischen den Stationen. 30.7.1993 (BH)

MIT PFERDEN WIRD das geschlagene Holz durch den Wald zur Ladestelle gebracht. 17.5.2010 (RI, RI)

DIE ARBEIT DER HOLZFÄLLER ist seit jeher streng und gefährlich. Hier werden Rundhölzer auf die Drehschemelwagen verladen. 17.5.2010 (RI)

65

MIT VOLLDAMPF BEZWINGT die 764 436 hinter Bardău einen der drei kleinen Felstunnels. Der Zug fährt so langsam, dass wir zu Fuß vorauslaufen und den Zug mehrmals aufnehmen können. 29.7.1993 (links, MF)

Derweil durften wir auf der Lok mitfahren. Da es permanent bergab ging, hatte der Heizer nicht viel zu tun. An den Ladestellen wurden dem Zug immer neue beladene Schemelwagen beigestellt. Auf jeder Bühne der Schemelwagen fuhren Bremser mit – die ganze Verantwortung für den Zug lag bei ihnen. Sobald der Lokführer ein Signal gab, drehten die Bremser an den Kurbeln, damit sich die Bremsklötze an den Radreifen festzogen und den Zug zum Stillstand brachten.

WALDBAHNROMANTIK: Bei einer Ladestelle begegnet 764 436 auf der morgendlichen Bergfahrt drei Waldarbeitern. 9.1992 (rechte Seite oben, PM)

ZUR PILZSUCHE nutzt der Zugführer einen Wasserhalt. Stolz präsentiert er seinen Fund. (rechte Seite unten, MB)

MIT DER DAMPFSTRAHLPUMPE saugt die ‚Reșita' Wasser aus dem Fluss. Alle 8–10 km muss sie ihre Vorräte ergänzen. (BH)

DER HEIZER nutzt den Halt, um Lösche zu ziehen und die Rauchkammer zu säubern. (PM)

67

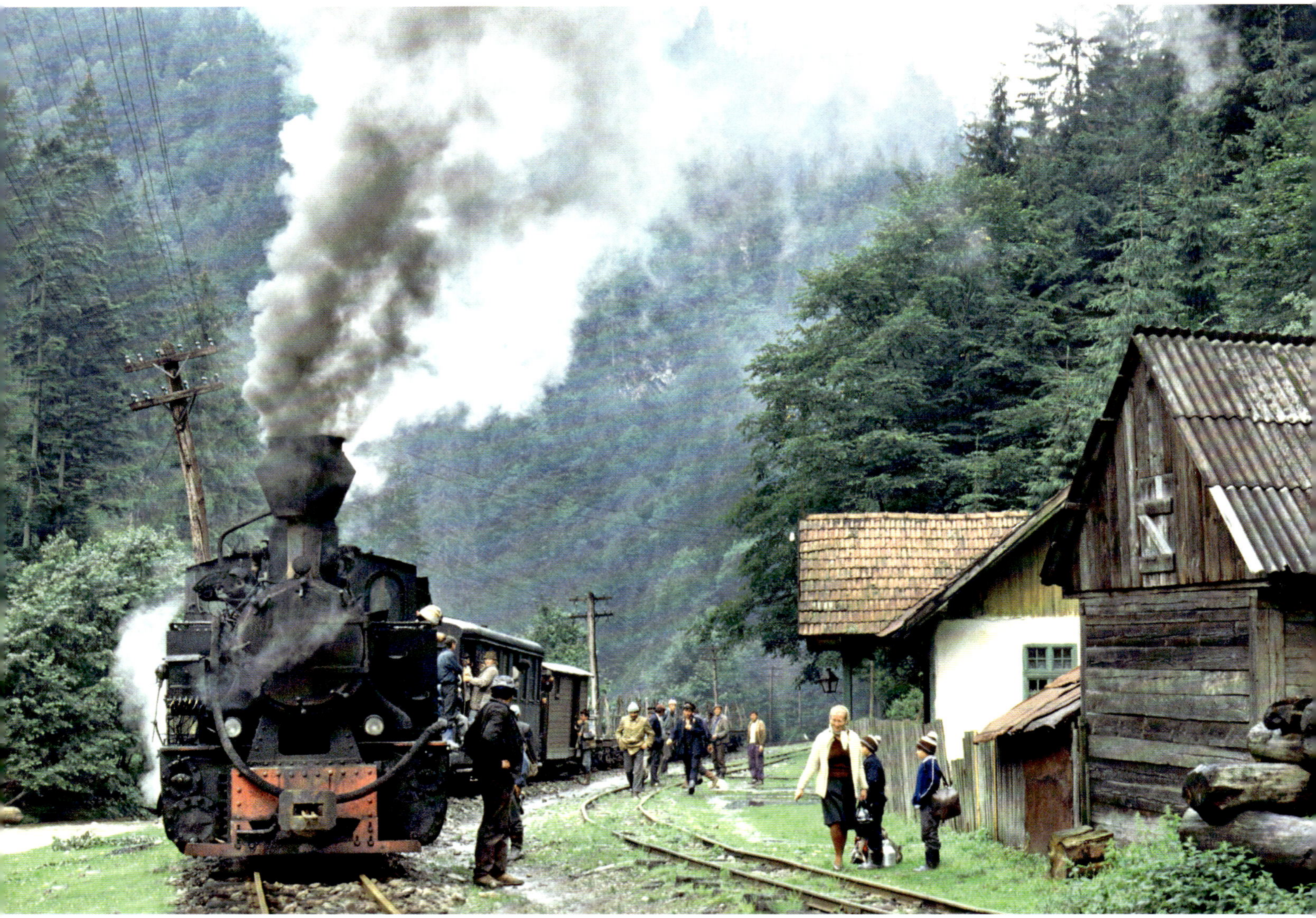

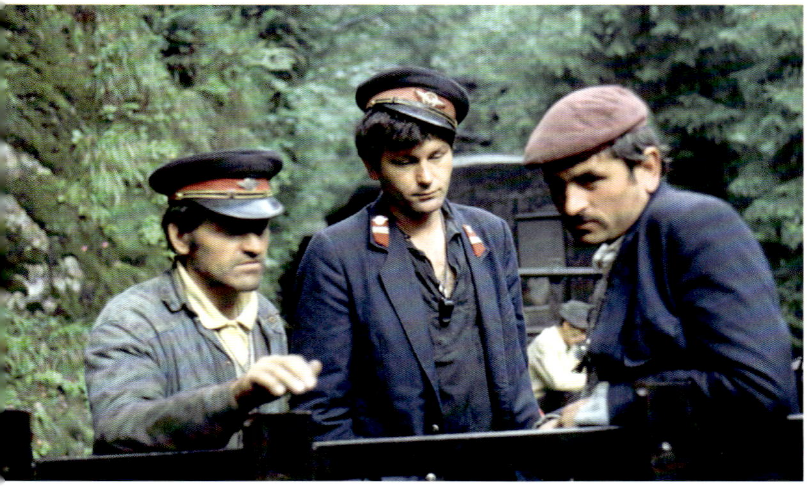

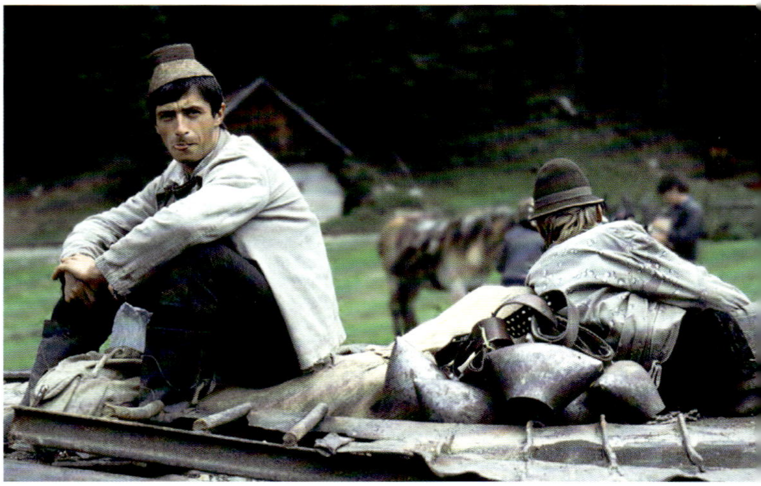

IN FAINA FÜHLT MAN SICH um Jahrzehnte zurückversetzt. Pferdefuhrwerke gehören ebenso wie anderswo im Wassertal zum gewohnten Bild. 29.7.1993 (oben, MB)

IN BOTIZU VERLASSEN zahlreiche Reisende den Zug. Über Fahrgastmangel kann sich die Bahn nicht beklagen. Sie stellt die einzige Verbindung zur Außenwelt dar. Bardău. 29.7.1993 (oben links, BH)

PERSONAL UND FAHRGÄSTE auf dem Waldbahnzug. Die Zeit scheint stehengeblieben zu sein. (unten links, BH, BH)

Plötzlich gab es einen Schlag – was war geschehen? Einer der Schemelwagen war aus den alten, ausgeleierten Gleisen gesprungen. „Nici o Problemă!", kein Problem, meinte der Zugführer. Einige Schwellen wurden übereinander gestapelt und mit Hebelkraft der Wagen wieder eingegleist. Einer der Bremser kam mit einem großen Hammer, um das Gleis und die Schienennägel in die ursprüngliche Lage zu biegen.

Wir rollten in eine Ladestelle. Fünf Eisenbahner trieben mit vereinten Kräften ein fettes, sich sträubendes Schwein in den Packwagen. Dem Quicken nach wusste es, dass es mit der Waldbahn auf seine letzte Reise gehen sollte. Unser Zug bestand jetzt aus sechs voll besetzten Personenwagen, einem mit einer großen Planierraupe beladenen Flachwagen sowie 15 Schemelwagen mit Baumstämmen. Die Wagen waren lediglich durch die altertümliche Trichterkupplung miteinander verbunden.

Mit Einbruch der Dunkelheit erreichten wir Vșeu de Sus. Schnell leerten sich die Personenwagen – die Frauen und Männer verschwanden in die Blockhäuser der Zipsersiedlung.

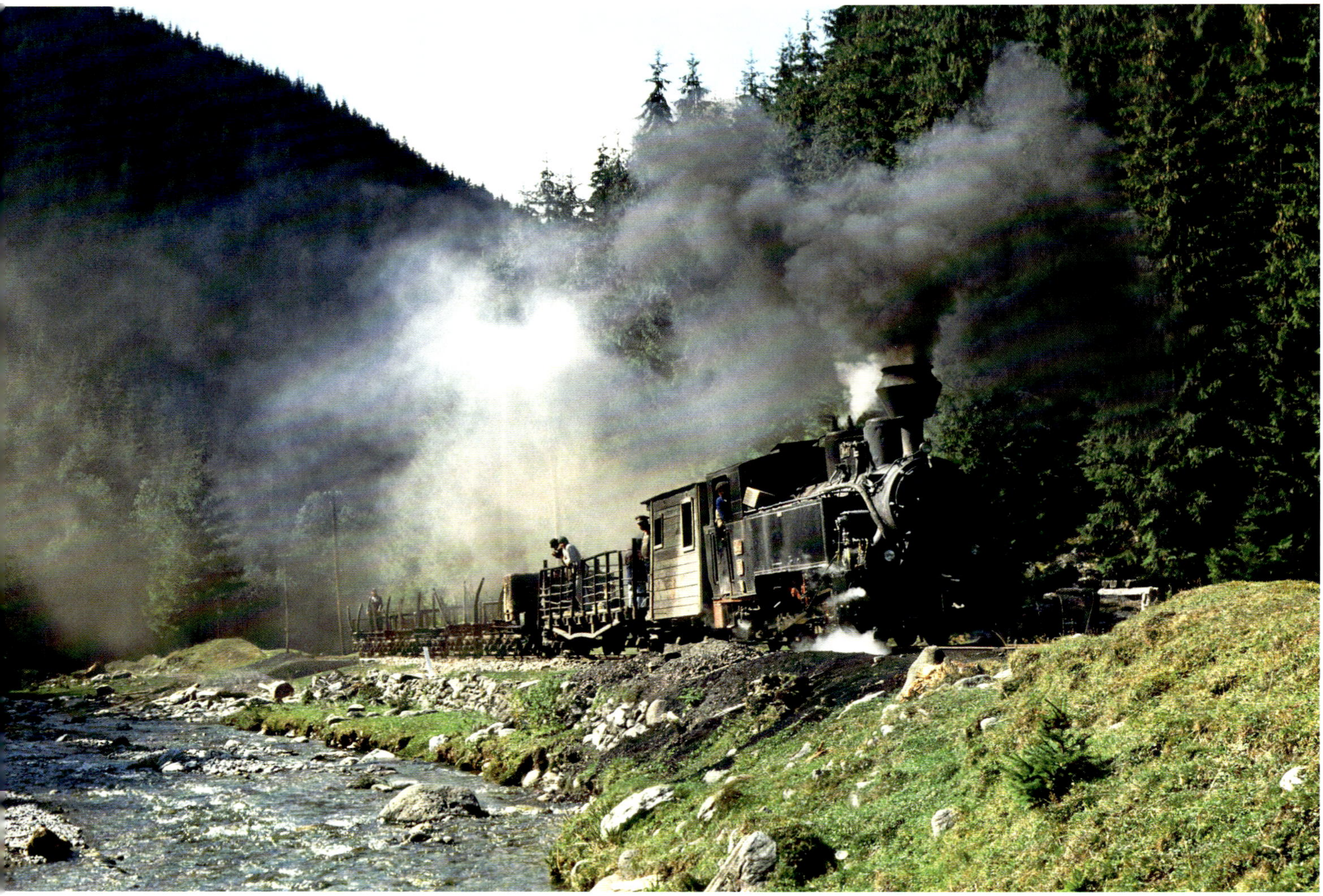

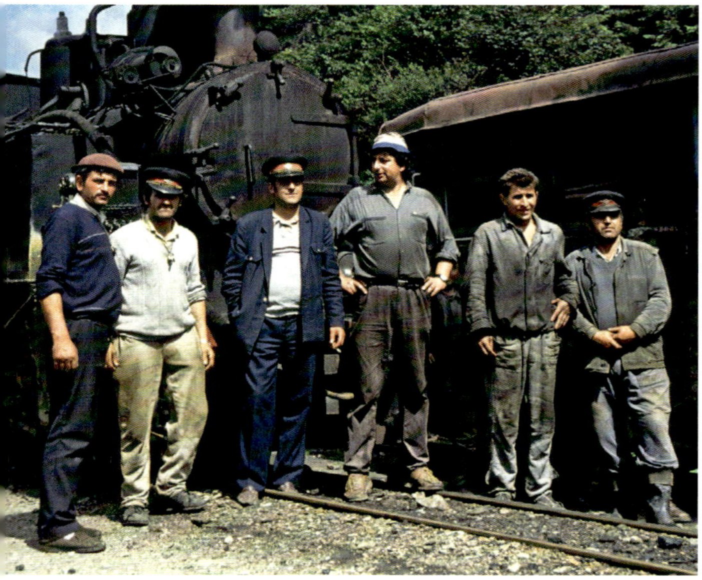

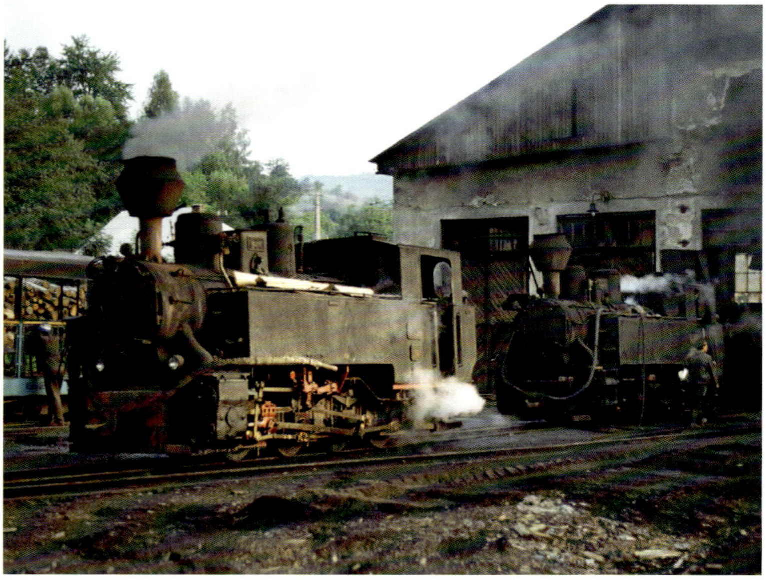

Ein letzter Pfiff, und unsere Dampflok rollte in den Lokschuppen zum wohlverdienten Feierabend.

„Auch mische man sich, wenn es uns ein Ernst ist, unsre Menschen- und Landeskenntniß zu erweitern, unter Personen von allerlei Ständen. Die Leute von gutem Tone sehen einander in allen europäischen Staaten und Residenzen ähnlich, aber das eigentliche Volk trägt das Gepräge der Sitten des Landes. Nach ihnen muß man den Grad der Cultur und Aufklärung beurtheilen." (Adolph Freiherr von Knigge)

DEN HÖCHSTEN PUNKT der Wassertalbahn bei Coman hat die 764 436 hier fast erreicht. Zwischen Valea Babei und Ivăscoaia. 9.1992 (links oben, PM)

DAS ‚ZUGTEAM': Lokführer, Heizer, Zugführer und drei Bremser 29.7.1993 (unten, ganz links, MF)

FEIERABEND IN VIȘEU DE SUS. Die 764 436 wurde 1955 von Reșița geliefert. Dampflokomotiven dieses Typs wurden in Rumänien noch bis 1988 gebaut. Eine für die Waldbahnen konstruierte Dieselloktype war zuvor komplett gescheitert, sodass man nochmals zum Bau von Dampfloks zurückkehrte. 29.7.1993 (links, BH)

PAUSE IN BOTIZU. 1993 sind noch alle Stationen der Strecke bedient. (rechts oben, BH)

ZUM BEEREN SAMMELN fahren diese Frauen von Vișeu in die Berge. (rechts, Mitte, MB)

AUCH DAS SCHWEIN MUSS MIT: Das arme Tier wird bei der Ladestelle Lostun in den Proviantwagen bugsiert. (rechts unten, MF)

Ein Herz für Eisenbahnfreunde
BOSNIEN

Nach der Jahrtausendwende gab es nur noch weinge Länder auf der Welt, wo noch planmäßiger Dampfbetrieb anzutreffen war. Eines davon war Bosnien-Herzegowina. Land und Leute schienen mir wie entrückt aus einer anderen Zeit – eine in der Tradition vergangener Jahrzehnte lebende Bevölkerung, die von Europa und dem Rest der Welt komplett vergessen wurde. Dies hatte negative Begleiterscheinungen zur Folge. Für Eisenbahnfreunde und Fotografen dagegen erlaubte es Begegnungen mit überaus freundlichen Menschen und barg ein wahres Eldorado an Motiven, die an längst vergangene Zeiten erinnerten! Von Matthias Büttner

Morgens kurz nach acht klopfte ich an die Tür der Vorzimmerdame des Direktors. Schon im Flur waren mir unzählige Fotos bosnischer Schmalspurdampfloks aufgefallen. Die Sekretärin empfing mich freundlich und verstand sofort, was ich wollte. „Passport please"! Ja, alles musste seine Richtigkeit haben. Die Dame füllte ein Formular aus und brachte es dem Direktor. Er unterschrieb es und begrüßte mich per Handschlag. Für dreißig konvertible Mark (der heutigen bosnische Währung, etwa 15 Euro) händigte mir die Sekretärin eine Aufenthalts- und Fotografiererlaubnis für das ganze Werksgelände der Kohlebahn Banovici aus.

Es war ein klarer kalter Februarmorgen und der letzte Tag meiner Bosnienreise. Ich hatte

DIE BAUREIHE 83 BILDETE DAS RÜCKGRAT auf dem weitverzweigten bosnischen Schmalspurnetz. Die Lok wurde über einen Zeitraum von 45 Jahren von verschiedenen Lokfabriken in Österreich, Ungarn, Deutschland und Jugoslawien gebaut und war auf fast allen Strecken anzutreffen. Bis heute werden die letzten beiden betriebsfähigen Exemplare auf der Kohlebahn in Banovici eingesetzt. Grivice, 11.2.2018 (rechts, MB)

DER HEIZER MUSS DAS ÖL in eine kleinere Kanne umfüllen, um anschließend das Triebwerk der Lok schmieren zu können. 11.2.2018 (links, MB)

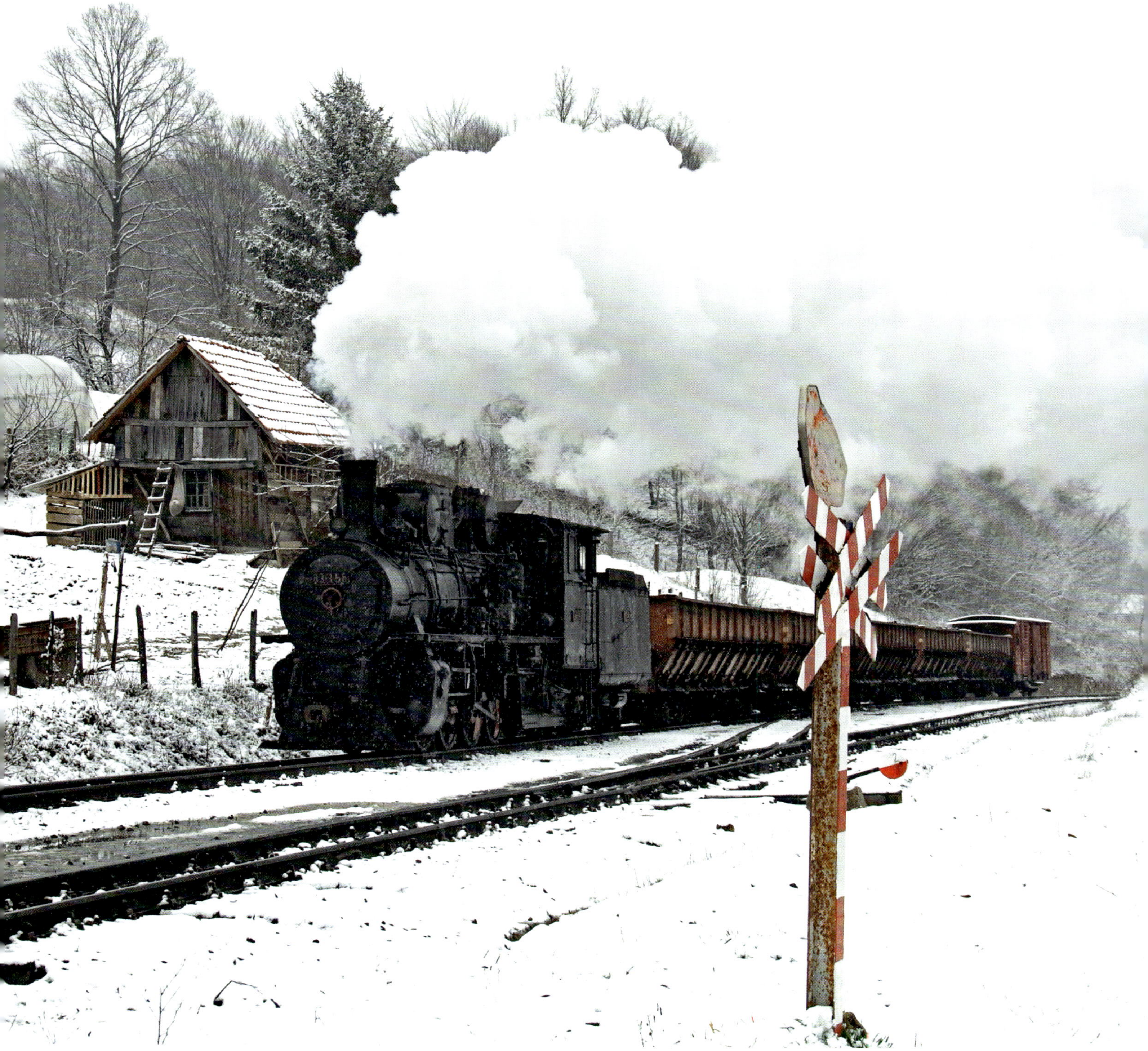

mir vorgenommen, die Werkstatt der Kohlemine Banovici zu besuchen. Aus Erzählungen wusste ich, dass hier alle Wartungs- und Reparaturarbeiten an Diesel- und Dampfloks sowie Waggons der Kohlebahn ausgeführt wurden.

Mit dem „Freibrief" in der Tasche machte ich mich auf den Weg zur Werkstatt. Mein Blick fiel auf einen kleinen von Škoda gebauten C-Kuppler, der vor der Werkstatt vor sich hindampfte. Arbeiter waren damit beschäftigt, den Generator auszutauschen. Da sich dieser auf dem Kesselscheitel befand und keinerlei Arbeitsbühnen zur Verfügung standen, war Improvisationstalent gefragt. Kurzerhand wurde eine Holzpalette auf die Gabeln eines Hubstaplers gelegt. Flugs wurde die improvisierte „Arbeitsbühne" mit zwei mit Gabelschlüssel und Rohrzange ausgerüsteten Mitarbeitern auf die Höhe des Kohlekastens gehoben und der Generator abgeflanscht. Eine Sache von gerade einmal zehn Minuten. Auf dieselbe Weise gelangten die Arbeiter wieder auf den Boden und verschwanden mit dem defekten Bauteil in der Werkstatt.

Auf den nahen Abstellgleisen standen weitere Dampfloks, teils betriebsfähig, teils völlig desolat und ausgeschlachtet. Ein Arbeiter erzählte mir in bestem Deutsch, dass er die ersten drei Jahre seines Lebens in Deutschland verbracht hatte und nach dem Bosnienkrieg hierher zurück musste. Durch ihn erfuhr ich, dass die 83-158 angeheizt werden sollte, um eine defekte Diesellok zu

WINTER IN BOSNIEN: 83-158 an der Verladeanlage in Banovici. Die Kohle wird zunächst mit der Schmalspurbahn nach Oskova gebracht, wo sie gereinigt und auf Normalspurwagen umgeladen wird. (oben, MB)"

IN EINER KURZEN EINSATZPAUSE nimmt die Lok mit der Achsfolge D'1 h2-t Wasser. 11.2.2018 (unten, MB)

GLAVNA REVICIJA PARNE LOKOMOTIVA: Bis heute werden in Banovici Hauptrevisionen an Dampfloks ausgeführt. Bei unserem ersten Besuch im Herbst 2013 steht 83-158 zur Hauptausbesserung in der Halle. 30.10.2013 (oben, MF)

DER MITARBEITER bespricht die nächste Aufgabe mit dem Meister. 30.10.2013 (rechts, MF)

AUSDREHEN DES ZYLINDERBLOCKS mit anachronistischer Technik mit Transmissionsriemenantrieb. Mit althergebrachten Werkzeugen und Vorrichtungen schaffen es die Mitarbeiter in Banovici immer wieder, die betagten Fahrzeuge betriebsfähig zu halten. 30.10.2013 (ganz rechts, MF)

DER VON CKD, PRAG gebaute C-Kuppler verlässt das Werksgelände von Banovici. Die Anlage versprüht eine Atmosphäre fast wie zu Zeiten von Titos Jugoslawien. Freilich wäre der Fotograf damals kaum so unbehelligt geblieben. 12.2.2018 (MB)

ersetzen. Welch Glück, gleich zwei betriebsfähige Dampfloks hier zu erleben! Dass heutzutage überhaupt noch Dampfloks eingesetzt werden, ist ja schon ein Wunder. In einer Welt, die von Rationalisierung, Kostendruck und Digitalisierung geprägt ist, erscheinen Dampfloks, die nur mit Kohle und Wasser, aber ohne elektronischen Schnickschnack fahren, geradezu archaisch.

Die Baureihe 83 war die bosnische Schmalspurlok schlechthin. Im Jahre 1903 erstmals von Krauss in Linz gebaut, erwies sich diese Konstruktion als sehr gelungen für das gebirgige, weit verzweigte bosnische Schmalspurnetz. Bis 1949 bauten u.a. Đuro Đaković, eine jugoslawische Maschinenfabrik, diese Type nach – ein Beschaffungszeitraum von 46 Jahren! Die beiden in Banovici noch betriebsfähigen Maschinen 83-158 und 83-159 gehören zu den letzten einsatzfähigen Maschinen dieser einst in über 170 Exemplaren gebauten Loktype.

Bis der Generator repariert und die alte 83er angeheizt sein würde, sollte es eine Weile dauern. So entschied ich mich, mir in der Zwischenzeit die Werkstatt anzusehen. Sie glich einem Museum. Ein Schweißer war damit beschäftigt, das ausgebaute Antriebsrad einer Diesellok zu bearbeiten. Raupe für Raupe trug er auf, um den Radreifen wieder auf seinen ursprünglichen Durchmesser zu vergrößern – eine Geduldsarbeit. In der Dreherei standen altertümliche Maschinen, mit welchen

MITTELS AUFTRAGSSCHWEISSEN
ist ein Mitarbeiter dabei, die Radbandagen einer Diesellok wieder zu verstärken – ein mühseliges Unterfangen. Aber es ist die einzige Möglichkeit, die betagten Fahrzeuge mit eigenen Mitteln wieder flott zu bekommen. Anschließend wird das Rad auf einer Drehmaschine profiliert. 12.2.2018 (rechts, MB)

DIE MECHANISCHE ABTEILUNG
von Banovici. Auf Dreh- und Fräsmaschinen aus den Fünfziger- bis Siebzigerjahren des vergangenen Jahrhunderts werden alle benötigten Ersatzteile selbst gefertigt. 12.2.2018 (unten, MB)

EINE MASCHINE DER REIHE 62 rangiert im Normalspurteil von Oskova, um Leerwagen zur Beladung bereitzustellen. 23.2.2014 (oben, MF)

ARBEITER IN BANOVICI gönnen sich eine Pause mit einem schwarzen, türkischen Kaffee, wie man ihn auf dem Balkan trinkt. 12.2.2018 (unten, MB)

Ersatzteile in erstaunlicher Präzision hergestellt wurden. Auf einer besonders wuchtigen Maschine war ein Arbeiter damit beschäftigt, das Radprofil eines Kohlewaggons wieder herzustellen. Dunkelblau verfärbte Wendelspäne fielen zischend in das mit Kühlschmiermittel bedeckte Maschinenbett.

Währenddem ich dem Arbeiter zusah, sprach mich ein junger Mann an. In gebrochenem Englisch wollte er wissen, woher ich komme und wie ich heiße. Er stellte sich als Metin vor und lud mich in den Pausenraum ein. Schnell gesellten sich weitere Arbeiter hinzu. Mit kochendem Wasser wurde in den einzelnen Tassen Kaffeepulver überbrüht. So kam ich in den Genuss des starken, typisch bosnischen Bohnenkaffees. Ich bot aus Deutschland mitgebrachte Zartbitterschokolade an, welche allgemeine Bewunderung und Zustimmung erntete. Einer der Arbeiter verschwand, um mir kurze Zeit später stolz bosnische Schokoladenkekse anzubieten. Für meinen Geschmack etwas zu süß, griff ich dennoch erfreut zu. Das deutsche Wort Pause kannten die Arbeiter. Sie witzelten, dass sie selber gerne Pause machten, obwohl sie sich glücklich schätzten, überhaupt eine Arbeitsstelle zu haben, denn in Bosnien lag die Arbeitslosenquote bei vierzig Prozent. Snežana, die Fräserin, erkundigte sich nach meinem Alter, nach Familienstand und ob ich Kinder hätte – Themen, die eher Frauen interessieren.

Ich bedankte mich bei den Arbeitern für ihre Gastfreundschaft und verließ die Werkstatt Zwischenzeitlich waren zwei Mitarbeiter an der kleinen Škodalok dabei, einen neuen Generator zu montieren. Das ging auf dieselbe Art und

AUF DER NORMALSPURBAHN
von Tuzla nach Banovici hat 33-504 (Henschel 1944) ihren Zielbahnhof fast erreicht. Zunächst war der Ort ausschließlich an das bosnische Schmalspurnetz angebunden. Erst ab 1946 erreichte eine Normalspurstrecke von Brcko über Tuzla den Ort Die Bahn wurde in wenigen Monaten von sozialistischen Jugendbrigaden erbaut, um den Abtransport der hiesigen Braunkohlevorkommen in die übrigen Teilrepubliken Jugoslawiens zu ermöglichen. 26.10.2013 (MF)

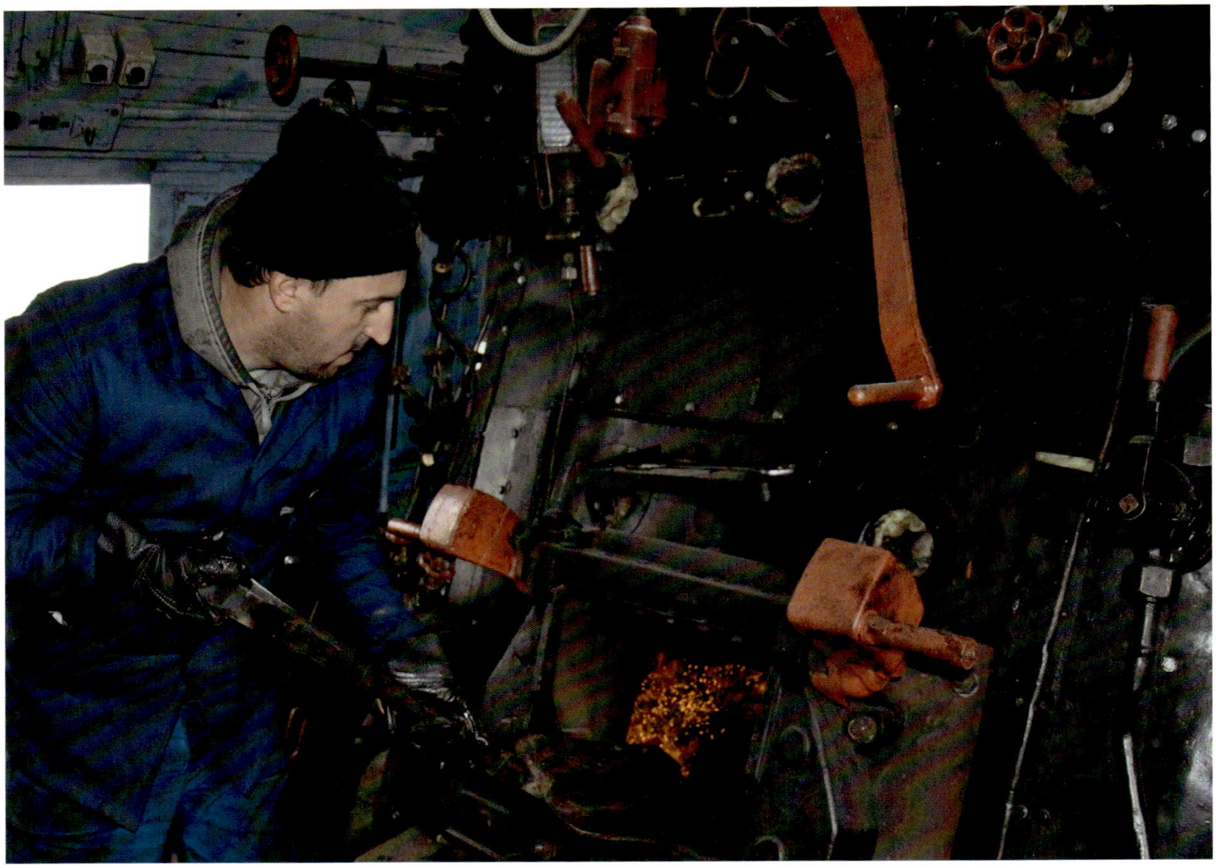

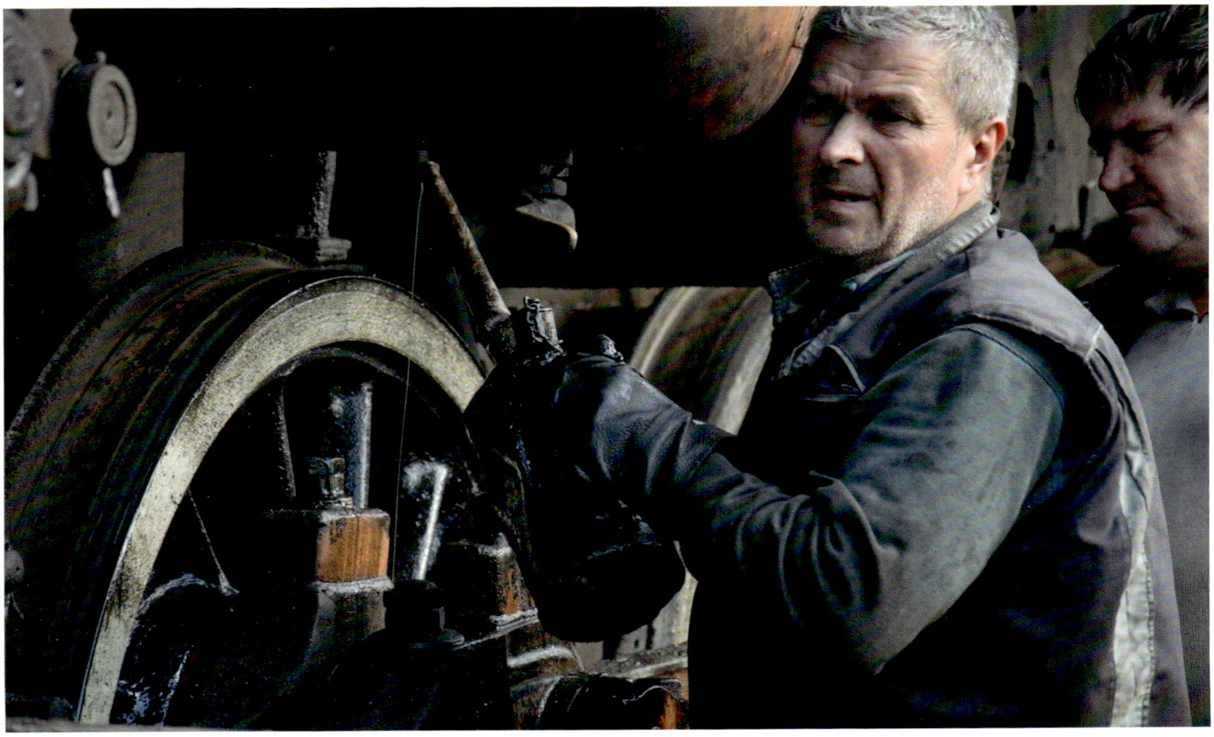

Weise wie die Demontage am frühen Morgen. Anschließend surrte die kleine Turbine hörbar auf. Bei der Funktionskontrolle leuchtete aber nur eine der beiden Frontlampen auf. Schnell wurde eine neue Glühbirne herbeigeschafft und das Problem behoben. Ein Mitarbeiter wartete, bis der Tender der 83er mit Wasser gefüllt war, währenddem der Maschinist die Lok anheizte.

Üblicherweise ist eine Dampflok auf der Kohlebahn im Rangierdienst nur mit einem Mann besetzt. Er ist Heizer und Lok-

DER HEIZER IN ŠIKULJE HAT MIT der schlechten Kohle aus der gleichnamigen Mine zu kämpfen. Die Kohle mit ihrem niedrigen Heizwert wird großflächig abgebaut und muss im Kraftwerk mit höherwertigerer Kohle gemischt werden, damit überhaupt eine effiziente Verbrennung stattfindet. Die Beschickung der Feuerbüchse erfolgt deshalb anders als in Deutschland. 10.2.2018 (links oben, MB)

DIE ÜBRIGEN ARBEITEN unterscheiden sich dagegen kaum von der Praxis anderswo. 10.2.2018 (links, MB)

IN DER KOHLENMINE DUBRAVE rangiert 33-248, eine 1944 von Henschel & Sohn in Kassel gebaute Kriegslok. Die Maschine steht über siebzig Jahre nach ihrer Indienststellung noch immer im Einsatz.
In den Jahren des Bosnienkrieges hat die ‚Termoelektrana' Tuzla mit ihren nahegelegenen Kohlenminen einen Großteil der Stromerzeugung für die von der bosnischen Regierungsarmee gehaltenen Gebiete sichergestellt. Die Stadt war von serbischen Truppen umstellt, wurde aber erfolgreich verteidigt. 8.2.2018 (oben, MB)

DIE KOHLENMINEN UM TUZLA gehen auf k.u.k.-Zeiten zurück. Mit dem Ausbau des Eisenbahnnetzes und der aufkommenden Schwerindustrie stieg die Nachfrage beständig.
Heute wird die Kohle primär zur Stromerzeugung verwendet. Mit einem beladenen Kohlenzug von Šikulje erreicht die 33er Bosanska Poljana. 9.2.2018 (MB)

führer zugleich. Das Durchdrücken eines Zuges durch die Kohleverladung dauert zehn bis fünfzehn Minuten. Je nach Förderung in den Abbaugebieten kommt stündlich oder alle zwei Stunden ein Zug zur Verladung. Der Maschinist muss in der Zwischenzeit alle notwendigen Wartungsarbeiten an der Dampflok ausführen, wie Wasserfassen, Bekohlen, Abschmieren, Ausschlacken und vieles mehr. Der Maschinist lud mich auf den Führerstand ein und ließ mich ein paar Schippen Kohle auflegen.

Nebenan verließ die kleine Škodalok nach einem Pfiff das Werkgelände. Dem Maschinisten entlockte ich, dass beide Dampfloks als Lokzug nach Oskova fahren würden. Ich überlegte mir, wo ich die Fuhre fotografieren könnte. Mir fiel der Bahnübergang mitten in Banovici ein. Das Motiv stellte ich mir etwa so vor: Auf dem Übergang dampfend die beiden Schmalspurloks, davor wartende Passanten und Ladas oder VWs aus den Achtzigerjahren. Den Hintergrund sollten die sozialistischen Plattenbauten bilden.

Zuvor musste die 83-158 noch bekohlt werden. Die große Kohleverladeanlage befand sich direkt neben der Werkstatt. Ein Elektroschalter wurde umgelegt. Über ein Förderband und einen Kohlebunker entlud sich das schwarze Gold innerhalb kürzester Zeit in den kleinen zweiachsigen Tender.

Mein Plan war, mich während des Rangiermanövers der beiden Maschinen zum Bahnübergang in der Ortsmitte zu begeben. Dort würde ich den Zug passieren lasssen, mein Foto schießen und danach der Strecke entlang bis Oskova laufen, was etwa vier Kilometer sind. Als ich den Bahnübergang erreicht hatte, kam auch schon der Lokzug. Keiner der Passanten nahm Notiz davon, gehörte hier ein Dampfzug doch noch zum gewohnten Alltagsbild. Ich drückte auf den Auslöser meiner Kamera, allerdings ohne Lada oder VW im Vordergrund. Anschließend lief ich in Richtung Oskova und bemerkte, dass der Lokzug kurz hinter dem Bahnübergang angehalten hatte. Der Maschinist winkte mich herbei und hieß mich aufsteigen. Das ließ ich mir nicht zweimal sagen. Diese freundliche Geste ersparte mir den einstündigen Fußweg.

Der Führerstand war spartanisch eingerichtet, schmutzig, eng und verstaubt. Jede Armatur und jeder Griff war mit schwarzer klebriger Substanz bedeckt, einer Mischung aus Öl und Kohlestaub. Na ja, ich befand mich auf einer Kohlebahn im Alltagsbetrieb und nicht auf einer Museumsbahn.

Ein Pfiff, eine pfeifende Antwort von der zweiten Maschine, und die kleine Fuhre setzte sich in Bewegung. Da es bergab ging, gab es nicht viel zu tun. Ich genoss die Fahrt im engen

DER HUND BEIM HALTEPUNKT VON BISTARAC ist mit dem lauten Getöse der Dampflok gar nicht einverstanden und bellt dagegen an. Frauchen kann ihn kaum im Zaum halten. Aber das Stampfen der Maschine mit etwa 800 Tonnen Braunkohle am Haken übertönt alles. 9.2.2018 (MB)

OFFENSICHTLICH IST ES NOCH ZU WARM, als dass sich jemand für das Holz des Brennstoffhändlers in Zivinice interessieren würde. Während sich die 62-111 mit dem Leerzug nach Durdevik nähert, macht der Händler ein Nickerchen. Wie die Werkloks der Reihe 62 prägten auch die Lastwagen von TAM (Tovarna Automobilov in Maribor) über Jahrzehnte das Bild Jugoslawiens. Während der Kleinlaster eine jugoslawische Eigenentwicklung war, ist 62-111 ein Nachbau der aus den USA gelieferten Ct'-Loks. Sie wurde bei Đuro Đakovic in Slavonski Brod gebaut. 29.10.2013 (links, MF)

FRISCHE, FARBIGE SCHNITT- BLUMEN und Bananen sind eindeutig der postsozialistischen Ära und den Jahren nach dem Bosnienkrieg zuzuordnen. Während die Obst- und Gemüsehändlerin auf Kundschaft wartet, zischt die 62er mit Höchstgeschwindigkeit über eine vielbefahrene Straßenkreuzung bei Zivinice. Es soll schon vorgekommen sein, dass der Wärter den Zug verschlafen hatte und der Zug mit voller Geschwindigkeit über die ungesicherte Kreuzung donnerte. 29.10.2013 (links, MF)

Führerstand und beobachtete genauso wie das Lokpersonal die Strecke. Kurz vor unserem Ziel waren Bewohner damit beschäftigt, Kohle aus einem der Waggons in Eimer umzuladen, um sie dann zu ihren Behausungen zu schleppen. Die Fahrt blieb mir auf der scheinbar ungefederten Maschine eindrücklich in Erinnerung, denn beim Absteigen spürte ich all meine durchgeschüttelten Knochen. Ich bedankte mich bei den beiden Maschinisten mit einem kleinen Trinkgeld und meiner letzten Tafel Zartbitterschokolade.

EIN BILD, DAS MEHR ERZÄHLT über den Alltag und die Nöte der Menschen in Bosnien–Herzegowina als jedes andere: Im Land mit der dritthöchsten Arbeitslosigkeit weltweit und der Luftverschmutzung Nordkoreas leben heute viele Menschen in bitterer Armut, während Neureiche in protzigen Limousinen hinter abgedunkelten Scheiben über die Straßen preschen. Die 62-111 hat am nebligen Februartag sicherlich nicht zur Luftqualität in Zivinice beigetragen. Die Kohlenmine in Durdevik und das Heizkraftwerk in Tuzla schaffen aber immerhin Arbeit und Lohn für einige hundert Menschen. 21.2.2014 (oben, MF)

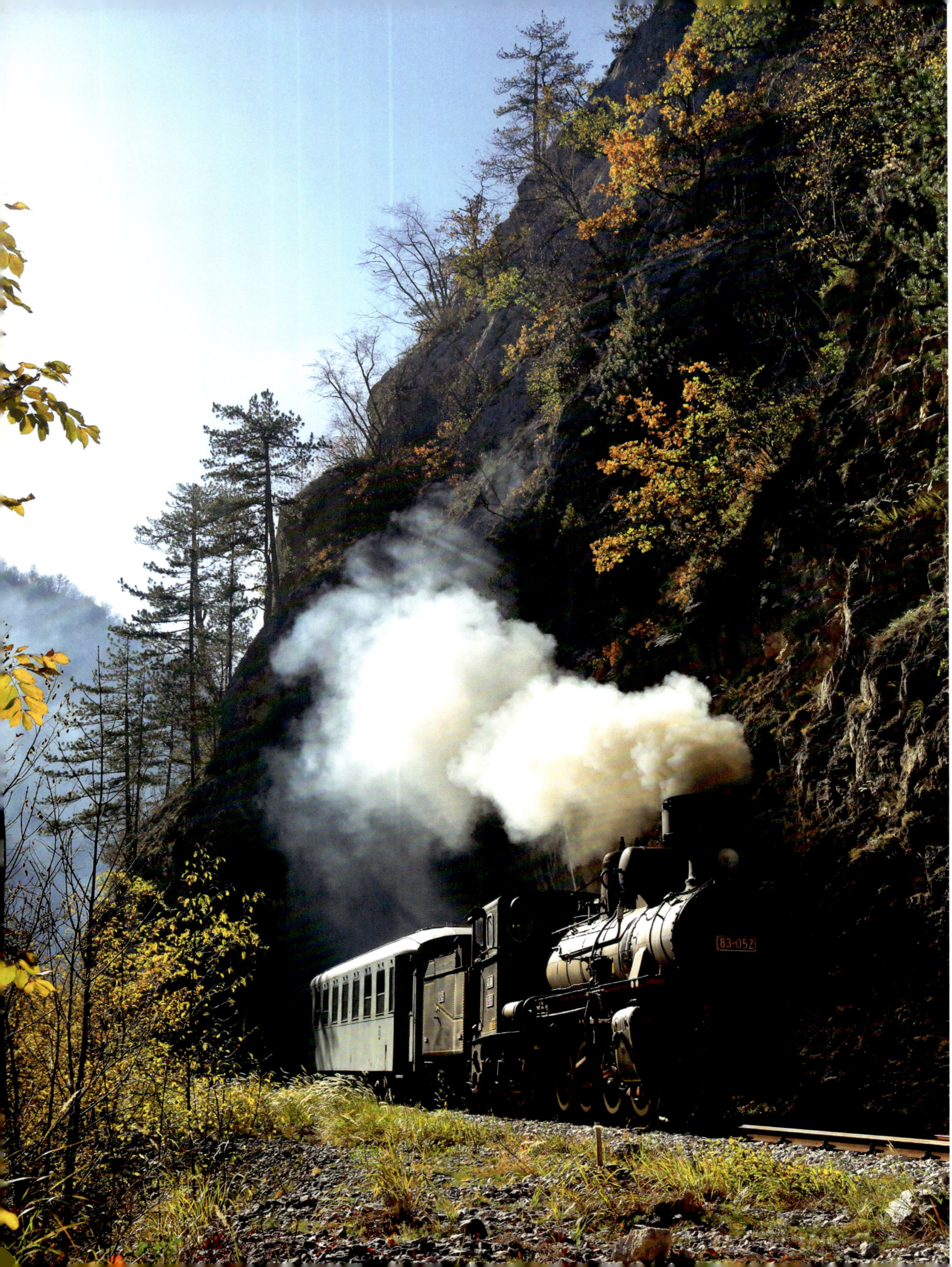
83-052

EINE LOK DER REIHE 83 dampft auch gelegentlich auf der Strecke Višegrad–Mokra Gora. Die Bahn war einst Teil des umfassenden bosnischen Schmalspurnetzes. Als bosnische Ostbahn erntete die Strecke schon zu k.u.k.-Zeiten Bewunderung: „Diese neue Bahnlinie zählt zu den interessantesten Strecken Europas und ist nicht nur wegen der Naturschönheiten der Gebiete, (...) sondern auch mit Rücksicht auf die monumentalen Bauten, die eine natürliche Folge der Terrainverhältnisse der von der Trasse durchzogenen Gaue sind, sehr sehenswert", schrieb ein Reiseführer 1910. 27.10.2013 (links, MF)

DER WIEDERAUFBAU DER STRECKE zwischen Višegrad und dem Šargan-Pass darf als kleine Sensation gewertet werden. Der Abschnitt war einst Teil der wichtigen Verbindung von Belgrad über Titovo Užice nach Sarajevo und weiter an die Adriaküste. Auf der Strecke verkehrten bis zu vierzig Zugpaare täglich. Schnellzüge auf 760mm-Spur führten direkte Wagen bis Dubrovnik und benötigten für die Gesamtstrecke 34 Stunden. Kaum jemand hätte nach Ende des Bosnienkrieges mit dem Wiederaufbau dieser Strecke gerechnet, die an der Grenze zwischen Bosnien–Herzegowina und Serbien verläuft. Der Chef der serbischen Staatsbahn war ein großer Freund der ehemaligen Schmalspurbahn. Als die EU Ende der Neunzigerjahre Mittel zur Verbesserung der Hauptstrecke Zagreb–Belgrad zur Verfügung stellte, zweigte er Geld ab, um die Schmalspurstrecke über den Šargan-Pass wieder aufzubauen. Das hat ihn seinen Job gekostet, der Museumsbahn allerdings den Weg bereitet. Schon Tito hatte den Erhalt der Schmalspurstrecke als technisches Denkmal gefordert.
83-052 bei Dobrun, 27.10.2013 (oben, MF)

Durch das unbekannte Anatolien
TÜRKEI

Die meisten Türkei-Reisenden fliegen in die Ägäis oder in die Marmara-Region. Ins anatolische Hochland, dem jahrhundertealten Schnittpunkt von Orient und Okzident, geprägt von Hetitern, Byzantinern, Persern, Seldschuken und Osmanen, verirren sich nur wenige Besucher. Gar noch seltener wagen sich Eisenbahnfreunde in die ‚unbekannte Türkei'. Dabei sind etliche Strecken des Landes spektakulär und viele Landschaften überwältigend. Von Markus Fischer

„DER WEG FÜHRTE ÜBER NACKTE HÖHEN UND KAHLE STEINFLÄCHEN, durch dunkle Schluchten und melancholische Täler, in denen kaum ein Wässerlein zu finden war. Man sah und fühlte hier so recht deutlich, dass man sich auf Boden befand, den vielleicht noch kein Europäer betreten hatte."
‚Von Bagdad nach Stambul', Karl May, 1892.
Die 56.359 hat das Ende der Schlucht von Yesilhisar auf der Strecke Kayseri–Ulukisla erreicht. 15.9.2001 (PM)

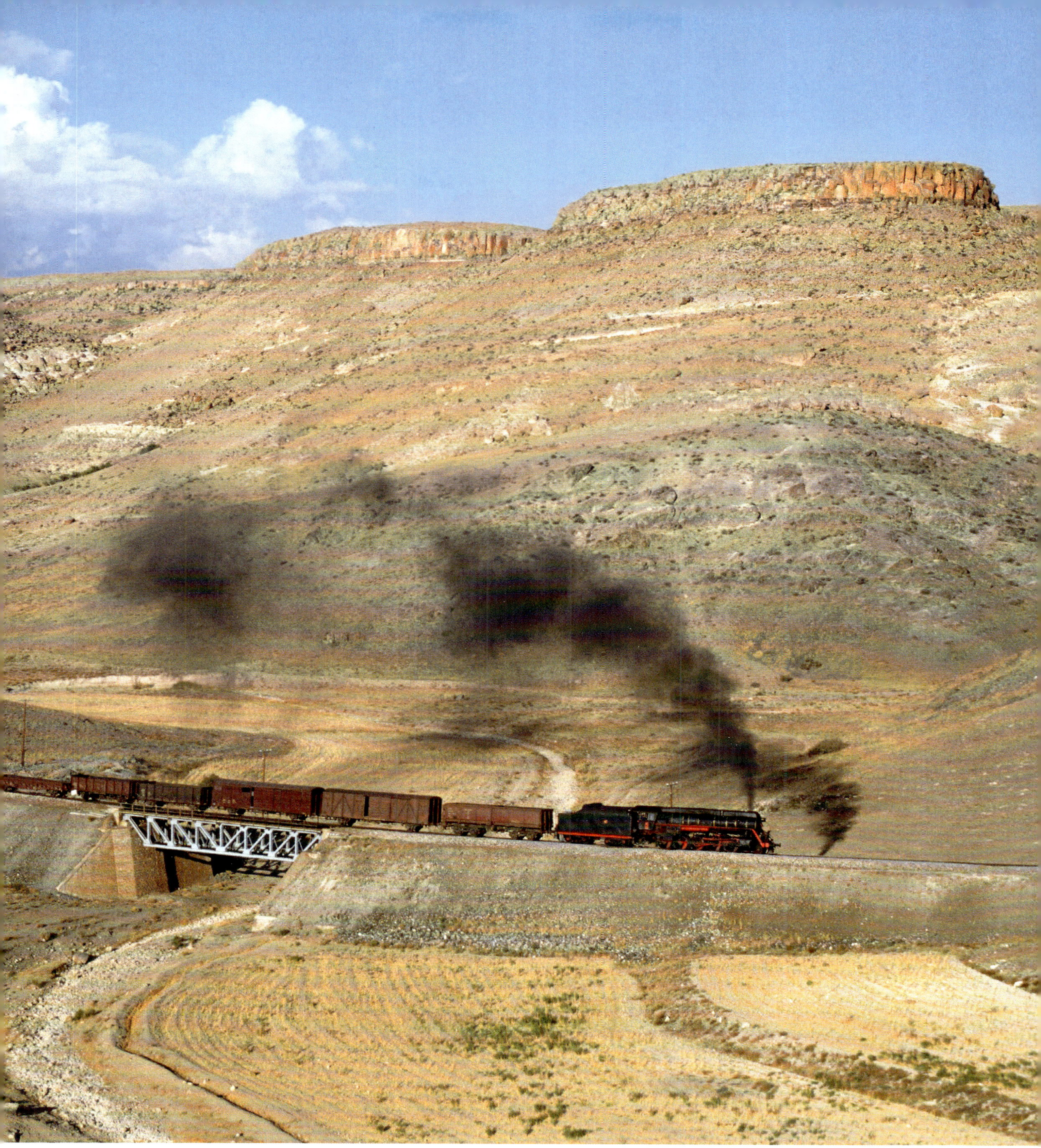

AN DER SCHWARZMEERKÜSTE beginnt die Strecke Zonguldak–Karabük–Cankiri–Irmak. Über viele Jahre wurde die ‚Middle-East' der Reihe 46.2, 1942 von Alco, Baldwin und Lima in den USA für den Kriegseinsatz im Nahen Osten gebaut und später von der TCDD übernommen, auf dieser Strecke eingesetzt. 46.226, Hisarönü, 28.9.1992 (MF)

Es ging alles viel zu schnell. In wenigen Stunden von der vertrauten Heimat in den Orient katapultiert, betraten wir nach der Ankunft am Flughafen Istanbul eine andere Welt. „Merhaba! Istanbul Atatürk Havalimani." – Guten Tag! – Istanbul Atatürk-Airport. Nachdem wir die Zoll- und Einreiseformalitäten erledigt und ein Bündel türkische Lira gewechselt hatten, wurden wir am Ausgang von einer wartenden Menschenmenge in Beschlag genommen.

Wir wollten uns einen Dolmuş, ein türkisches Sammeltaxi, für die Fahrt in die Innenstadt nehmen. Doch ehe wir uns einen Überblick verschaffen konnten, waren wir von einer Horde Taxifahrer umringt. „Taksi, Istanbul merkez – Istanbul Zentrum?" wurden wir von allen Seiten bedrängt. Wir versuchten mit ‚Ottobüs' und ‚Dolmuş' klarzumachen, was wir suchten. Doch dies interessierte niemanden. Während wir mit der Taxi–Meute debattierten, bemächtigte sich

AUCH DIE AMERIKANISCHEN 'SKYLINER' der Reihe 56.3 verkehrten jahrzehntelang auf der Strecke an die Schwarzmeerküste. Sie beförderten schwere Erz– und Kohlezüge zum Stahlwerk Karabük und Güterzüge ins anatolische Hochland. 56.359 beschleunigt aus einem typisch türkischen Unterwegsbahnhof. Tuzhisar, 16.9.2001 (MB)

ein Türke unserer Gepäckstücke und machte sich schnurstracks davon. „Hallo, was soll das, was macht dieser Fahrer mit unserem Zeug?"

Der Typ machte keinerlei Anstalten innezuhalten, sodass wir uns an seine Fersen hefteten. Bei seinem Wagen angelangt, wuchtete er unsere schweren Gepäckstücke in den Kofferraum und setzte sich hinters Steuerrad. Der Versuch etwaiger Preisverhandlungen wurde mit dem Drehen des Zündschlüssels beantwortet. Ehe wir uns umsehen konnten, befanden wir uns auf einer sechsspurigen Schnellstraße Richtung Stadt. Wir machten dem Fahrer klar, dass wir zu einem Hotel in der Nähe des Sirkeci-Bahnhofs wollten, der 'Sirkeci tren istasyonu'. Diese lag direkt am Goldenen Horn, nicht weit weg von der Innenstadt.

Nach einer einstündigen Fahrt durch das Gewühl der Straßen Istanbuls kamen wir zu einem schäbigen Hotel. Uns war's recht – Luxushotels waren auf einer Dampfloktour ohnehin nicht angesagt. Wir bezahlten den Fahrer. Als uns der Rezeptionist auf dem Stadtplan zeigte,

DER HAMMER ALS WICHTIGSTES WERKZEUG auf der Dampflok: Der Heizer der 56.359 nutzt den Unterwegshalt für eine kleine Reparatur. (MB)

UNTER SCHATTEN SPENDENDEN BÄUMEN unterhalten sich Lok– und Zugpersonal bei einem Kreuzungshalt. 6.9.2012 (MB)

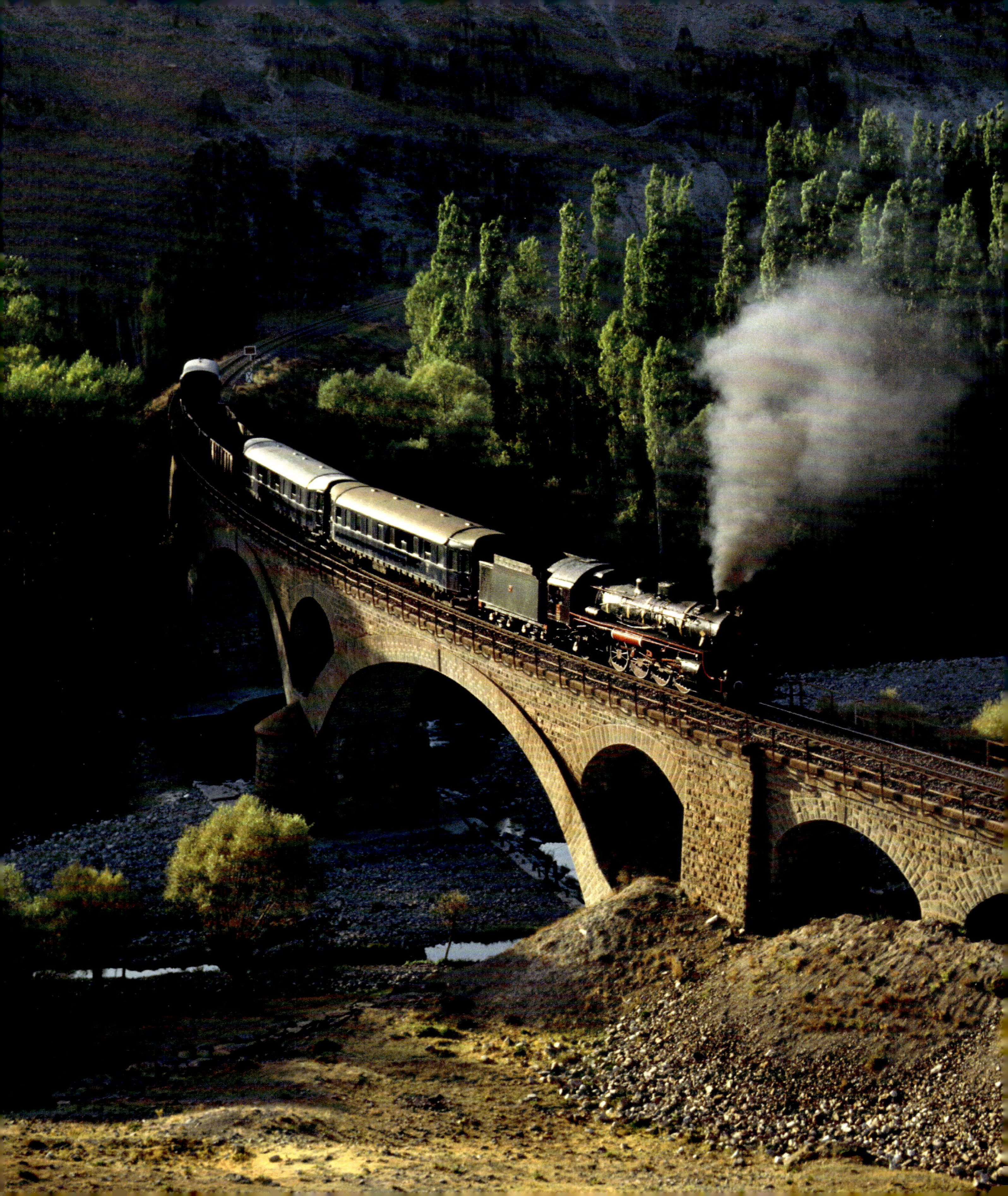

DURCH DIE KARGE GEBIRGSLANDSCHAFT an der Strecke Karabük–Cankiri dampft die ‚Middle-East' über die Sacak–Brücke zwischen Sumucak und Göllüce. 29.9.1992 (oben, MF)

WASSERHALT IN HISARÖNÜ. Dass die Bewohner gerne den direkten Weg über die Gleise nehmen, um von ihrem Quartier ins Dorf zu gelangen, stört hier niemanden. 28.9.1992 (BH)

WO WASSER IST, IST LEBEN. Im Abendlicht dampft die 46.226 bei Sumucak über die Toton-Brücke an der Strecke Karabük–Cankiri. 29.9.1992. (links, BH)

DER AUFSTIEG ins anatolische Hochland zwischen Karabük und Çankiri führt durch abgeschiedene Täler. Oberhalb Sumucak bietet sich dieser schöne Ausblick. 56.513, September 1999 (PM)

WER PAUSEN MACHT, HAT MEHR VOM LEBEN. Orientalische Gemächlichkeit 1985 in Ankara (ganz links, RI) und Kayseri 9.1993 (BH)

DER LOKFÜHRER AUF DER 56.009. Stolz blickt er von der gepflegten Maschine herab. 1940 bei der Maschinenfabrik Esslingen gebaut, kam die Lok zunächst als 58 2824 bei der DRG zum Einsatz. 4.2002 (PM), 9.2001 (MB, links)

wo wir uns befanden, schaute ich Berthold entgeistert an: Wir waren kilometerweit entfernt vom Goldenen Horn in einem völlig anderen Stadtteil Istanbuls gelandet. Der Fahrer hatte uns reingelegt und sich, nachdem er sich die ‚Schlepperprovision' des Hotels eingesteckt hatte, längst aus dem Staub gemacht!

Richtung Schwarzmeerküste

Tags darauf machten wir uns auf zum zentralen Busbahnhof, wo Busse in alle Richtungen des Landes abfuhren. Wir wollten nach Zonguldak an der Schwarzmeerküste, das in zehn bis zwölf Stunden zu erreichen war. Von dort wollten wir mit einem ‚Karma Tren', wie gemischte Personen- und Güterzüge (GmP) auf türkisch genannt werden, mit Dampf durch ganz Anatolien bis nach Adana zur Mittelmeerküste reisen. Zwar waren auch in der Türkei bei allen Depots die Feuer ausgegangen und planmäßige Dampfzugleistungen ein Ding der Vergangenheit. Doch die zu Beginn der Neunzigerjahre vielerorts noch vorhandene Infrastruktur und das weitgehend unveränderte Umfeld ließen bei engagierten Dampflok-Enthusiasten die Idee reifen, die großartigsten Eisenbahnstrecken und Landschaften der Türkei mit authentischen GmP's zu befahren.

Wir hätten von Istanbul auch mit der Bahn nach Zonguldak anreisen können. Dafür wären aber zwei Tage nötig gewesen. Dass die privaten Busgesellschaften der türkischen Staatsbahn längst den Rang abgelaufen hatten, zeigte sich an der Vielzahl von Direktverbindungen, die ab Istanbul bis in die hintersten Winkel der Republik verkehrten. Bei der Bahn gab es ab Istanbul gerade mal ein gutes Dutzend Fernzüge.

Rasch kamen wir mit den Mitreisenden ins Gespräch. Sie wollten wissen, was uns nach Zonguldak lockte – kaum ein Tourist verirrte sich in diese schmutzige Bergbau- und Industriestadt am Schwarzen Meer.

Wir erklärten mit Bildern und unserer Landkarte, dass wir mit einem ‚Kara Tren', einem ‚schwarzen Zug', wie Dampfzüge auf Türkisch auch genannt werden, von der Schwarzmeerküste die Schluchten hinauf nach Karabük und weiter durch ganz Anatolien bis nach Adana hinunter gelangen wollten. Unsere Mitreisenden blickten uns verwundert an. „You better take the bus to Adana!", schlug ein Türke vor. Aus seinen Erläuterungen wurde deutlich,

"FÜNFZIG STUNDEN WEIT BIS NAHE KONIEH sah ich den Giganten hoch über alle anderen Berge emporragen. Die Form dieses Berges ist überaus schön; der schroffe Gipfel spaltet sich in drei Zacken, die mit ewigem Schnee überschüttet sind." So beschrieb der Militärberater Helmuth von Moltke in seinen Aufzeichnungen von 1838 den Berg Erciyes. 2.10.1992 (PM)

DAS ANATOLISCHE HOCHLAND ist karg. Die Ziege ist das Tier der Armut; Schafe sind hier Reichtum. Arapli, 15.9.2001 (MB)

welchen Stellenwert die Eisenbahn in der Türkei hatte: Die Bahn sei langsam, schmutzig, stets verspätet und überhaupt ein Relikt der Vergangenheit. Nur ganz wenige, arme Leute benutzten noch den Zug, führte er aus.

Wie sollten wir ihm erklären, dass wir gerade diese altmodische Form des Reisens, die schwarzen, rauchenden ‚Buhar Lokomotivi', die Bahn mit ihrer Infrastruktur aus längst vergangenen Zeiten so liebten, dass diese anachronistische Eisenbahn der eigentliche Beweggrund für unsere Reise nach Anatolien war?

Kurz darauf wurde Kölnisch Wasser – auf Türkisch ‚Kolonya' – herumgereicht, mit dem sich die Mitreisenden sofort einrieben. ‚Eau de Cologne', ein alter Brauch zur Begrüßung von Gästen, ist in der Türkei ein Volksparfüm und Allheilmittel für alle Lebenslagen: Kopfschmerzen? Ein Spritzer auf die Schläfen! Ein Schnitt beim Rasieren? Kolonya! Selbstverständlich half es auch gegen unangenehme Körpergerüche von Busnachbarn.

Orientalische Klänge stimmten uns auf unsere Reise nach Anatolien ein. Zwischen Fahrer, Fahrgastbetreuer und Fahrgästen herrschte eine klare Rangordnung: Welche Musik lief, bestimmte grundsätzlich der Fahrer. Sie gefiel ihm offenbar, sodass er die eingelegte Kassette unzählige Male abspielen ließ.

Nach einigen Stunden auf einer Schnellstraße ging die Fahrt in eine nicht asphaltierte Piste über. Eine enorme Staubwolke hinter uns herziehend, ‚flogen'

YESILHISAR – GRÜNE FESTUNG
– heißt das Kleinstädtchen am Eingang der gleichnamigen Schlucht. Während der fruchtbare Talboden landwirtschaftlich genutzt wird, ist das Dorf ganz in den schroffen Fels gebaut.
Die 56.513 passiert das Dorf Akköy mit einem klassischen ‚Karma'. 17.9.1993. (oben, PM)

DER ‚MAKINISIT' der 46.226. Man beachte das auf einfachste Weise zugeschnittene Schild mit dem Stern und Halbmond. 29.9.1992 (MF)

KAPPADOKIEN MIT SEINEN TUFFSTEIN-FORMATIONEN ist eine geologisch einzigartige Region. Sie hat auch eine bewegte Geschichte. Nach den Phrygern und Hetitern in vorchristlicher Zeit eroberten die Römer Anatolien. Im 4. und 5. Jahrhundert n. Chr. begann die byzantinische Zeit. Im 7. Jahrhundert folgten die Perser und danach die Araber. Nach der Invasion der Turkvölker aus Zentralasien begann die Zeit der Seldschuken; im 16. Jahrhundert folgte schließlich die Herrschaft der Osmanen.

Die Region liegt an der einstigen Seidenstraße. Immer wieder durch Angriffe heimgesucht, errichteten die Bewohner ganze unterirdische Dörfer. Einige der Höhlen blieben bis ins 20. Jahrhundert benutzt. Die Höhlenbauten von Soğanli befinden sich unweit von dieser Aufnahme in der Schlucht von Yesilhisar. Der Heizer der 56.359 hat mit dem Stokker gerade kräftig nachgelegt, um die anschließende Rampe auf die Hochfläche hinauf zu bewältigen. 15.9.2001
(rechts, PM)

TUFFSTEINKEGEL IM ‚TAUBENTAL'
bei Uçhisar (RI)

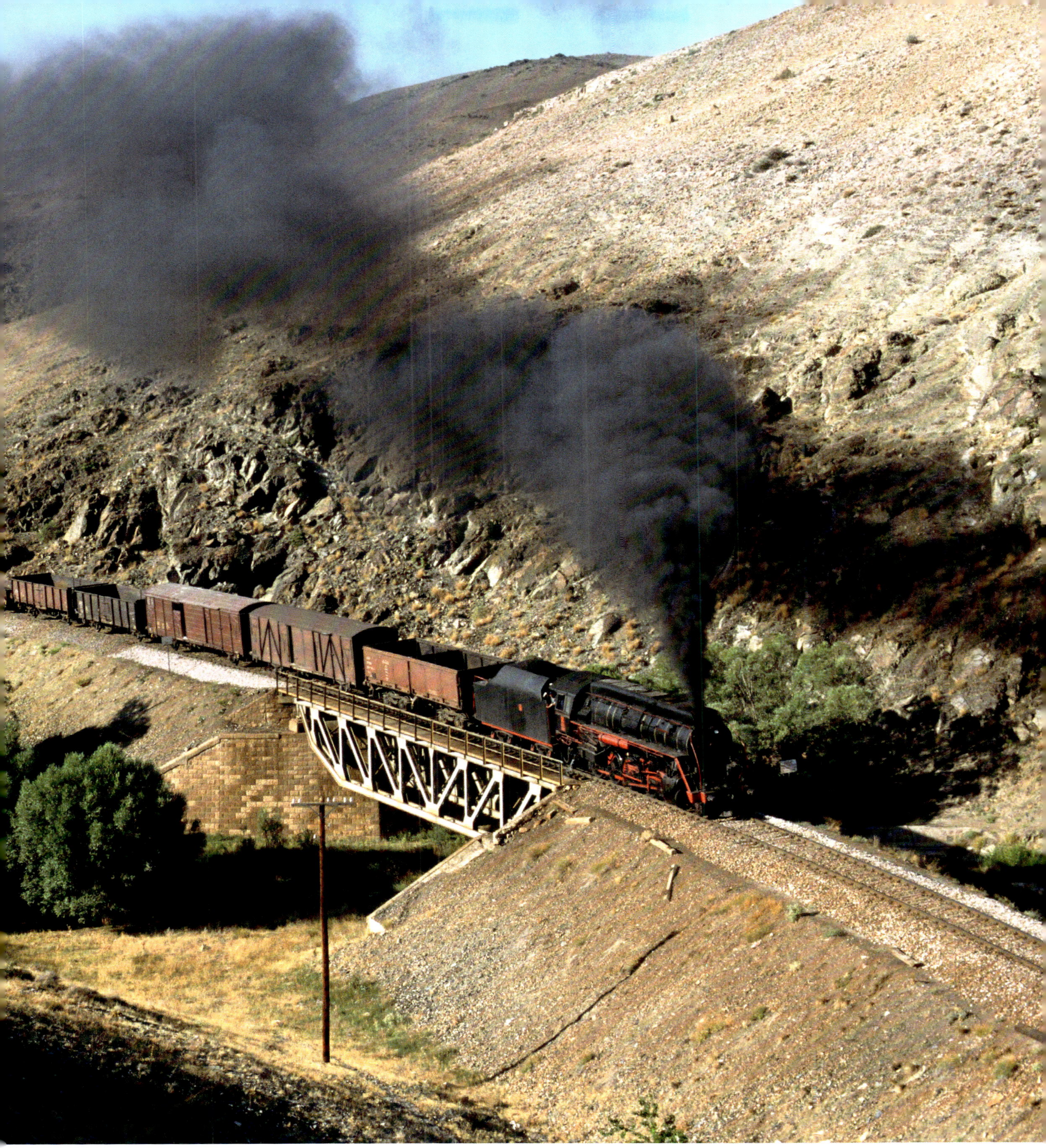

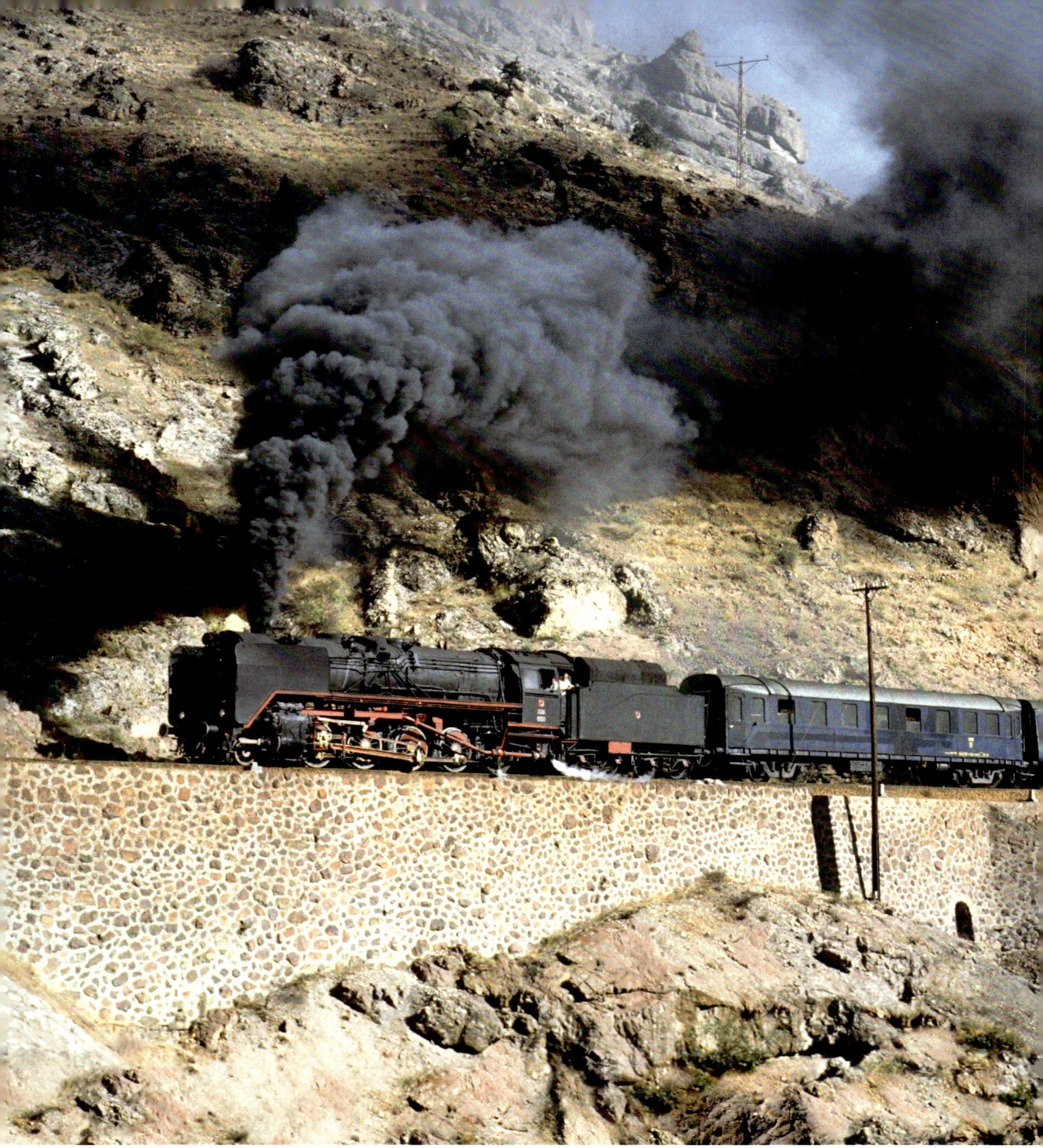

SPEKTAKULÄRER AUFSTIEG: Bei Çiftehan stürmt die ölgefeuerte 56.109 das Taurusgebirge hoch. Zu regulären Dampfzeiten verkehrten hier Dreizylinderloks der Reihe 56.7 (deutsche Baureihe 44), welche in den Fünfzigerjahren gebraucht von Frankreich gekauft wurden. 4.10.1992 (PM)

wir Richtung Schwarzmeerküste. Unser Fahrer kannte keine Angst, außer dass er von der Konkurrenz überholt werden könnte. Menschen, Eselskarren und Pkws stoben zur Seite und brachten sich auf dem Sandstreifen am Straßenrand in Sicherheit. Wer nicht freiwillig auswich, wurde mit einem wilden Hupkonzert, Lichtblitzen oder schierem ‚PS-Geprotze' zurechtgewiesen: Ehre und Vorfahrt galt dem Şoför (Chauffeur) mit den meisten Pferdestärken, dem größten Gefährt. Jeder Bus- und Lkw-Fahrer war ein ‚Bey' (Herr), der respektiert und beachtet werden wollte. Ansehen, Ehre und Respekt – wir lernten, welche Bedeutung diesen Werten im vorderen Orient zukam.

Überraschung in Zonguldak

Tags darauf wurden wir in aller Frühe aus dem Schlaf gerissen. Ein Lautsprecher dröhnte in über die noch im Dunkeln liegende Stadt. Ein Muezzin, verstärkt durch plärrende Audiotechnik, rief zum Morgengebet. Ein Blick aus

„DIKKAT TREN!" – „ACHTUNG ZUG!" ruft der Eisenbahner mit seiner Flagge gestikulierend, während die 56.109 mächtig qualmend in Pozanti einfährt. 3.10.1992 (oben, PM)

VOM KREUZZUG KAISER FRIEDRICH BARBAROSSAS im Jahr 1190 ist folgende Passage überliefert: „Der Durst, den Menschen und Tiere litten, war nahezu unerträglich geworden, als der schwierige Marschweg über das Taurusgebirge bevorstand, der das Heer wieder auf christlichen Boden führen sollte. Während aber das Heer, auf beschwerlichem Weg und über Felsklippen, dazu noch in der Glut der Sommersonne sich durchzukämpfen versuchte, ertrank der Kaiser, als er den Fluss Saleph überqueren wollte".
Unmittelbar neben dem alten Karawanenpfad ins Morgenland dampft die 56.109 bei Pozanti durchs Taurusgebirge. 3.10.1992 (links, BH)

unserem Fenster zeigte, dass unser Zimmer direkt neben einer Moschee lag. Als der Muezzin seinen Weckruf beendet hatte, waren wir hellwach. ‚Günaydin, Zonguldak!' – Guten Morgen, Zonguldak!

Nach dem Frühstück machten wir uns auf zum Bahnhof. Mal sehen, ob unser ‚Karma' schon bereitstand. Tatsächlich standen auf einem Gleis hinten im Bahnhof einige Güterwagen und zwei alte ‚Hechte', gebaut 1935 bei Linke-Hofmann-Busch (LHB) in Breslau.

Aber was sahen wir denn da? Die blauen, altehrwürdigen Hechtwagen mit den genieteten Seitenwänden waren mit roten Streifen über dem Fensterband und am Wagenende ‚verunziert', so wie es bei den Expresszügen der TCDD in der Zwischenzeit üblich war. Während wir diskutierten, was zu tun sei, stießen weitere Teilnehmer und wenig später auch der Organisator zu uns. „Macht Euch keine Sorgen, wir streichen das noch um", beruhigte der Dampflokenthusiast, welcher die Tour zusammen mit einem pensionierten türkischen Dampflokführer organisiert hatte. Normalerweise dauert das Umspritzen von Personenwagen in einer Werkstätte mehrere Tage, aber Not macht erfinderisch. Einige Kollegen hatten bereits enzianblaue Farbe in großen Eimern aufgetrieben und herangeschleppt. Mit Leitern und großen Pinseln wurden die roten Partien der Hechte übertüncht. Wir waren bereits unterwegs, als noch die letzten Flecken vom fahrenden Zug aus in Einzianblau umgestrichen wurden. Für unseren Sonderzug waren nebst zahlreichen Bahnbediensteten auch mehrere Herren der Eisenbahndirektion aus Ankara abdelegiert worden. Wir verstanden zwar kein Türkisch, aber dass der ‚Direktör' der ‚Demiryolu Müdürlügü' (Bahndirektion) in Ankara von unserer Aktion wenig begeistert war, ließ sich unmissverständlich aus seiner Gestik und seinem besorgten Gesichtsausdruck ablesen.

Im ‚Karma' durch Anatolien

Es gibt keine schönere Art, den Vorderen Orient zu bereisen als mit der Bahn. Nicht im neuen, schicken ‚Hizli Treni', der türkischen Variante des ICE bekommt man einen wirklichen Eindruck vom Land, sondern im langsamen, althergebrachten ‚Karma-Tren', dem gemischten Zug, dem nebst Güter- noch ein paar Personenwagen beigegeben werden und der überall hält. Der ‚Karma' als perfekte Art, die Türkei zu erfahren und zu erleben.

Menschen auf der Straße, Bauern auf ihren Feldern und Hirten bei ihren Herden winkten uns zu, und die Eisenbahner empfingen uns freundlich, wo immer wir hielten. In Yeniköy schien unser Zug direkt auf dem Dorfplatz zum Stehen zu kommen. Die Männer unterbrachen ihre angeregte Diskussion im Teehaus und strömten auf die Straße: Unser ‚Kara-Tren', der ‚schwarze Zug', war die Attraktion des Tages. Offensichtlich war er auch in der Türkei ein ungewohnter Anblick geworden.

**ISTASYON ŞEFI –
DER BAHNHOFVORSTEHER** und seine beiden ‚Eleman' (Mitarbeiter) einer Station 1.10.1992 (oben, PM)

VON HAND BEDIENT werden die Weichen der meisten Kreuzungsbahnhöfe. 1.10.1992 (unten, PM)

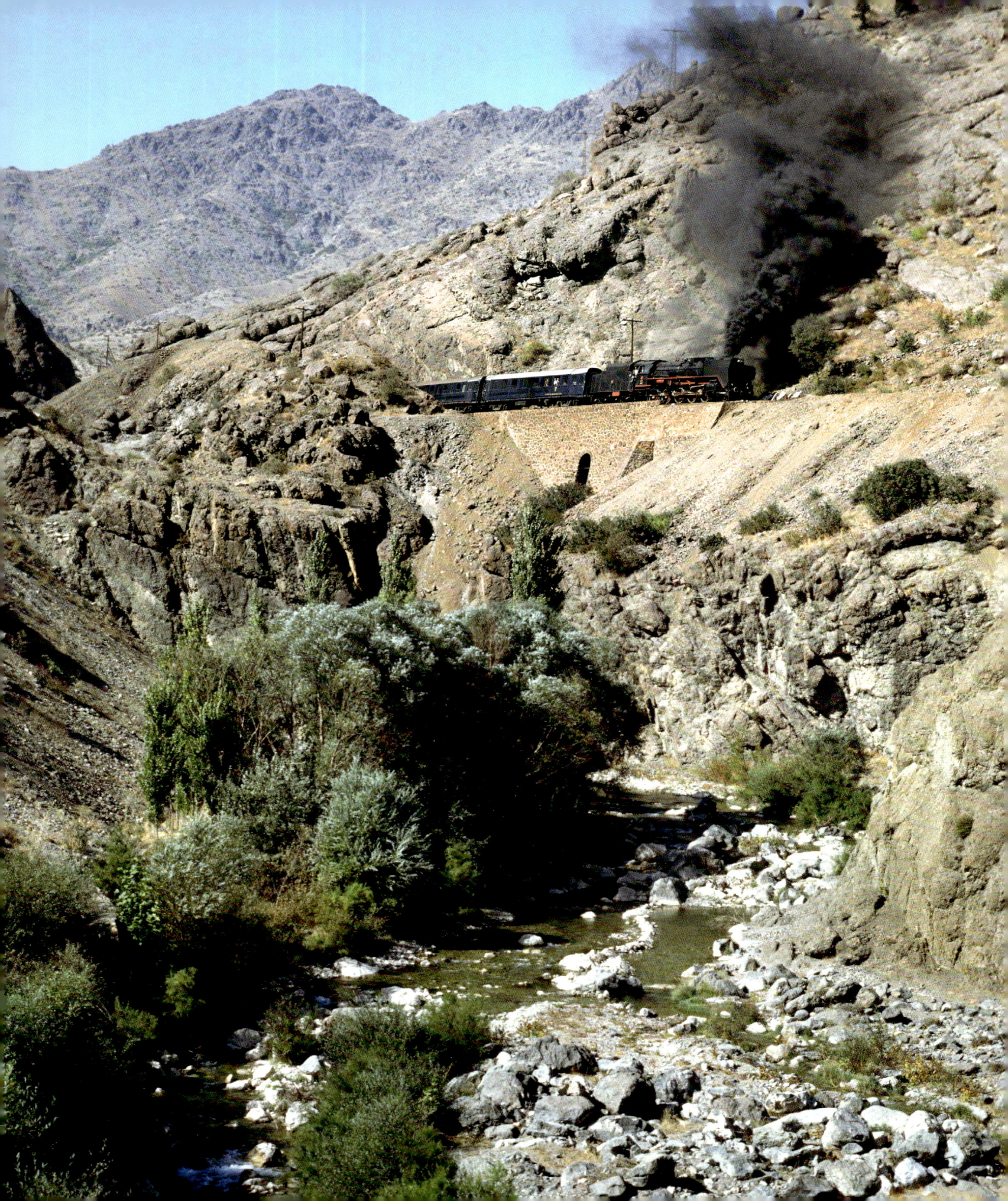

"BALD JEDOCH HÖRTE DAS LIEBLICHE GRÜN AUF, wir ritten ans andere Ufer und gelangten an einen Engpass, der nur Raum für unsere Pferde und das Flussbett hatte. Die Wände der engen Schlucht stiegen steil an." ‚Von Bagdad nach Stambul', Karl May, 1892.
56.109 in der Felslandschaft bei Çiftehan, 3.10.1992 (links, PM)

Unser Lokpersonal war besorgt. War es mit dem technischen Zustand der 46.2 nicht zum Besten bestellt, platzte zu allem Übel bei der vorgespannten 56.5 noch ein Einströmrohr. Bedrohlich quoll Dampf an ungewohnter Stelle aus dem Zylinderblock heraus. Ob wir mit den zwei Maschinen bis Karabük kommen würden? Wir schafften es. Dort zeigte örtliches Personal, wie es mit Improvisationstalent auch ungewöhnliche Situationen meistern konnte. Über Nacht wurde die ‚Middle-East' mit einfachsten Mitteln so weit repariert, dass wir mit ihr alleine weiterfahren konnten. Auch die 56.5 war wieder einsatzfähig.

Hinter Karabük begann der Aufstieg ins anatolische Hochland. Bei den zahlreichen Halten auf den Bahnhöfen wurde sichtbar, dass bei der türkischen Eisenbahn eine klassische, streng hierarchische Organisation herrschte. Die Rangfolge zwischen dem ‚Istasion Şefi' und seinen Bediensteten war sowohl an der Uniform als auch an den Büros auf der Station erkennbar. Hierarchische Verhältnisse herrschten auch bei den Zügen: Wenn der tägliche ‚Ekspresi' aus Ankara angesagt war, hatte alles andere hinten anzustehen. Für unserer GmP bedeutete dies erst ma Warten. Zeit, um Wasser zu nehmen, das Feuer zu putzen und für eine kleine Pause fürs Zugpersonal. Ein orientalisches Sprichwort besagt: "Gott schuf

BEI HACIKIRI hat die Bahn den Taurusdurchbruch geschafft. Der Wasserkran und die Schienen mit der Aufschrift ‚Krupp' verraten die Herkunft der Ausrüstung der Bagdadbahn. 18.9.1993 (BH)

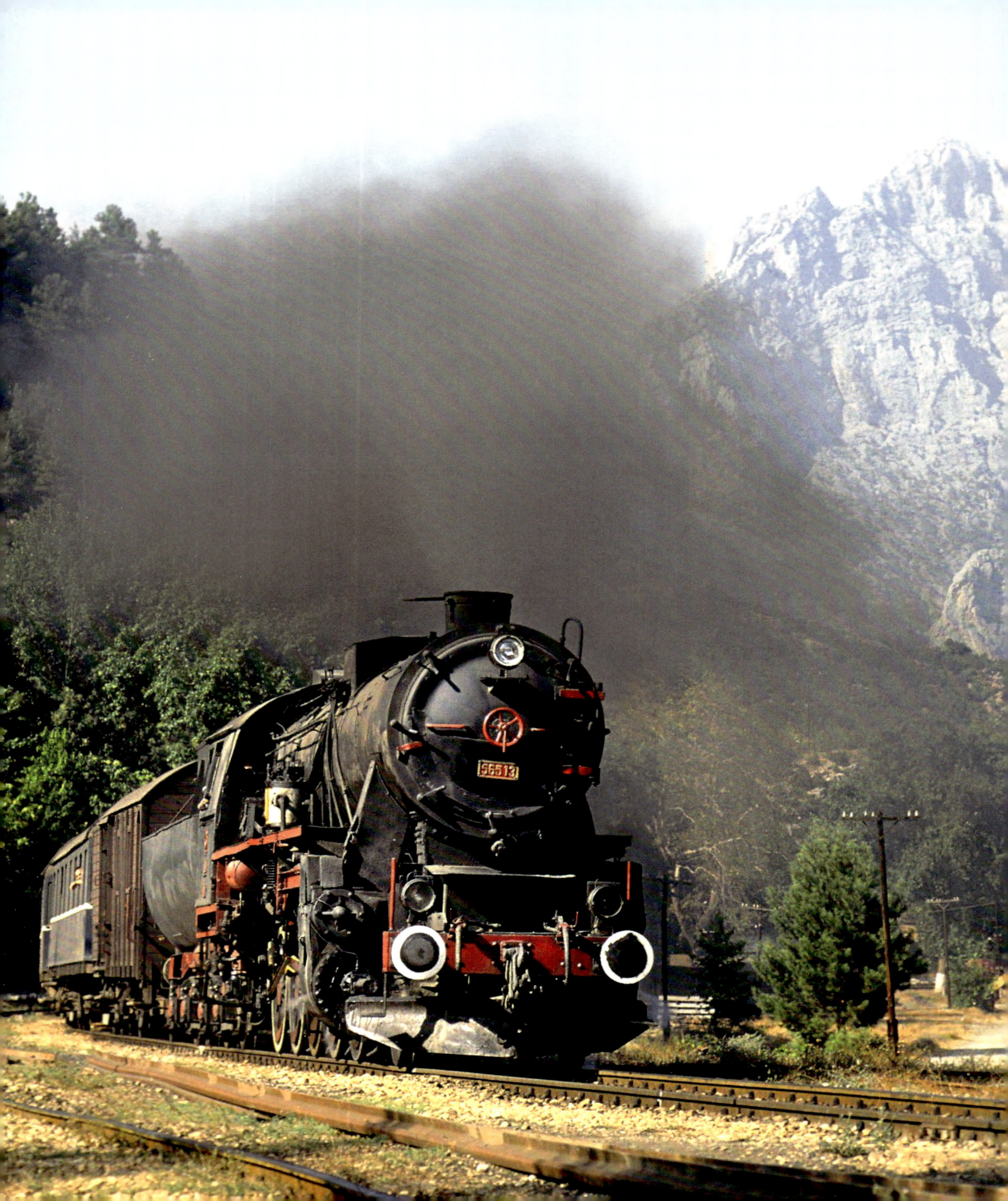
56513

die Zeit, von Eile hat er nichts gesagt". Eineinhalb Stunden konnte es dauern bis zur Kreuzung. Wer wollte schon verantwortlich sein, sollte der wichtige Express wegen unseres ‚Karmas' irgendwo verspätet werden?

Dass es manchen Teilnehmern schwer fiel, sich auf das Zeitgefühl im Vorderen Orient einzustellen, zeigte folgende Begebenheit: Wir hatten einen Wasserhalt in Yesilhisar, einem kleinen Unterwegsbahnhof auf der Strecke Kayseri–Ulukişla und warteten auf einen kreuzenden Güterzug. Danach folgte eine großartige Schlucht. Es war spätnachmittags und die Sonne lag bereits tief. Aber der Güterzug kam nicht. Endlich, nach drei Stunden traf er schließlich doch noch ein. Auf den Umläufen der Lok waren zahlreiche Säcke aufgeschichtet. Es sprach sich herum, dass die Personale unterwegs angehalten und auf einer Plantage Wassermelonen geklaut hatten!

Auf der Fahrt durch die Schlucht sahen wir die Motive, welche uns entgangen waren – das Licht war längst weg.

In Nidge stand ein Bus für den Transfer zum Hotel bereit. Ein unbeteiligter, zufällig anwesender türkischer Reiseführer musste einiges an Hohn und Spott über sich ergehen lassen, als er die aufgebrachten Fotografen auf Deutsch fragte, ob sie einen schönen Tag gehabt hätten. „Einen schönen Tag? Ja, großartig! Besonders der Nachmittag in Yesilhisar!"; es folgten schallendes Gelächter und sarkastische Bemerkungen. Der verdutzte Türke meinte: „Der Tag hat Ihnen nicht gefallen? Aber Sie hatten doch Sonne, und Sie hatten eine Dampflok! Was wollen Sie mehr?"

„Die wahre Quelle für Gelassenheit und Wohlbefinden ist nicht das Erlangen dessen, was ich möchte, sondern das Annehmen dessen, was ich bekommen habe." (Autor unbekannt)

IN BELMEDIK gab es zur Zeit des Bahnbaus umfangreiche Gleisanlagen und Installationen. Für die deutschen Bahnbauer entstand hier ein ganzes Städtchen mit Kirche, Schule, Kino und sogar ein Krankenhaus mit deutschem Personal. 18.9.1993 (links, MF)

HINTER BELMEDIK BEGINNT DER TAURUSDURCHBRUCH. 31 Tunnels mit einer Gesamtlänge von 14 km waren hier erforderlich. Erst 1918 konnte dieser schwierige Abschnitt nach siebenjähriger Bauzeit fertiggestellt werden. 56.513, 18.9.1993 (PM)

DIE ‚KILKINISCHE PFORTE', ein schmaler Felsdurchbruch im Taurusgebirge, durch welchen die Assyrerkönige ebenso wie Alexander der Große auf seinem Weg nach Jerusalem zogen, stellt seit jeher ein Hindernis auf dem alten Weg vom Orient ins anatolische Hochland dar. Auch beim Bau der Bagdadbahn verursachten die tiefeingeschnittenen Schluchten auf der Südseite des Taurus große Schwierigkeiten. Die 89 Meter hohe Wárda-Brücke bei Hacikiri ist das bedeutendste Bauwerk der Strecke. Ein deutscher Ingenieur, der seine Aufsichtspflicht beim Bau der Brücke etwas allzu wörtlich nahm, stürzte ab und soll noch während des Sturzes „Wárda!" (Vorsicht!) gerufen haben.

Eine andere Legende handelt von der Eröffnungsfahrt. Alles war mit Fahnen und Blumen geschmückt. Aber als der Zug den Viadukt erreichte, weigerte sich der türkische Lokführer, weiterzufahren: „Diese Brücke ist so hoch, dass einem schwarz vor Augen wird, wenn man hinunterblickt!" 56.513, 18.9.1993 (MF)

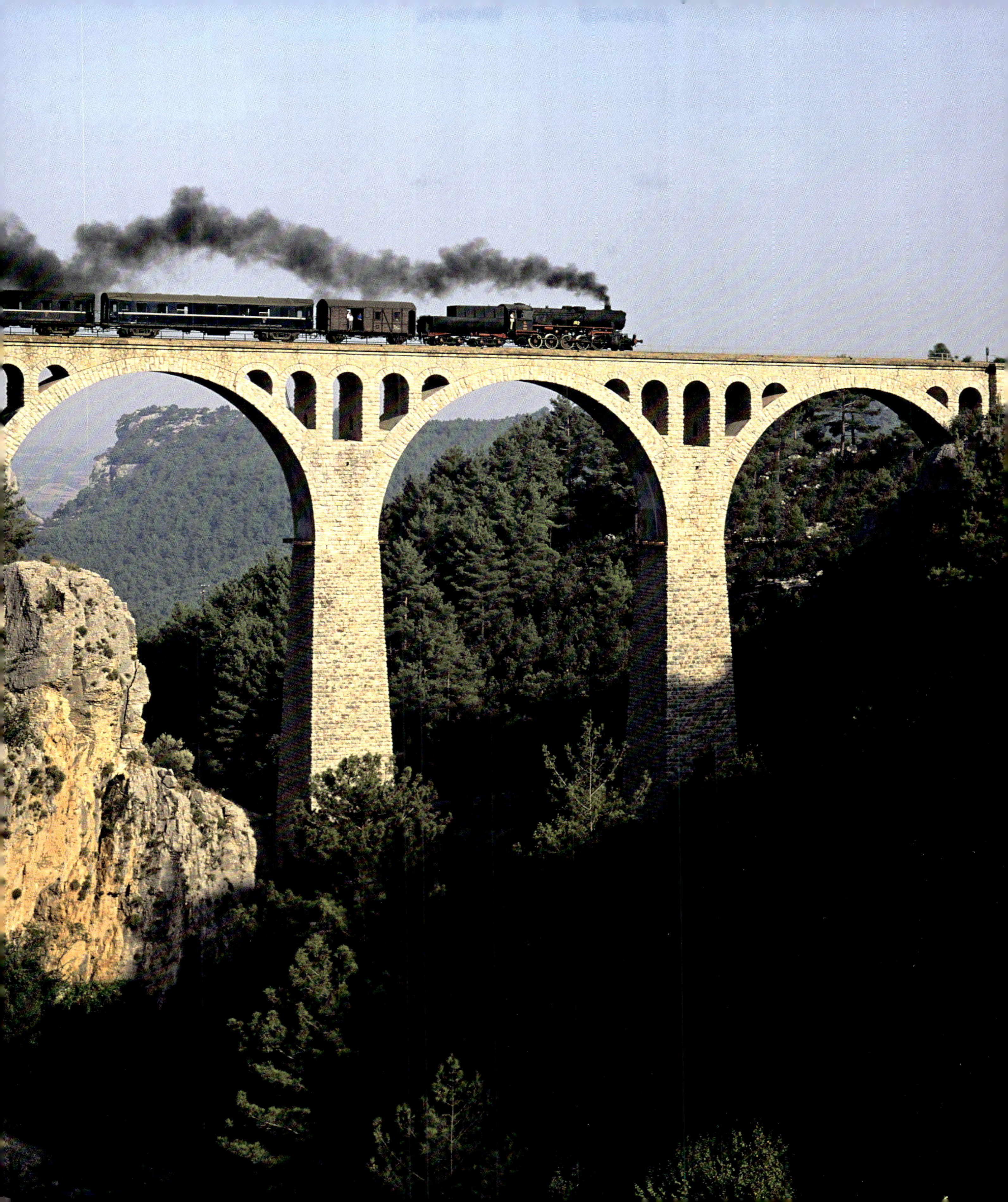

Durch die Schluchten des jungen Euphrat
KARA SU

„Über mir ertönte ein lauter Schrei. Ich ritt vorwärts und sah den Melek mir vorsichtig folgen. Die Terrainverhältnisse wurden immer schwieriger. Zu meiner Rechten stieg der Fels steil in die Höhe, und zu meiner Linken fiel er beinahe lotrecht zur Tiefe hinab, und dabei wurde der Pfad immer schmaler."
Von Matthias Büttner

"TIEF UNTEN ERBLICKTEN WIR IN DER ENGEN SCHLUCHT den Euphrat, den Fluss, den die großen römischen Imperatoren als die natürliche Grenze ihres unermüdlichen Reichs ansahen. Die ganze Umgebung ist so wild, das jenseitige Ufer so ohne Spur von Anbau und die Berge so weglos, dass man sie sich als das Ende der Welt vorstellen kann." So schilderte der preußische Generalfeldmarschall Helmuth Karl Bernhard von Moltke, 1835-39 als Militärberater für das Osmanische Reich tätig, seine erste Begegnung mit dem Euphrat.
In dieser Umgebung ist 56.009 zwischen Eriç und Güllübag am Oberlauf des Euphrat unterwegs. 18.9.2001 (oben, PM)

BEI ILIÇ DAMPFT 56.140 durch die Schlucht des Kara Su, dem nördlichen Quellfluss des Euphrat. 15.9.1993 (rechts, MF)

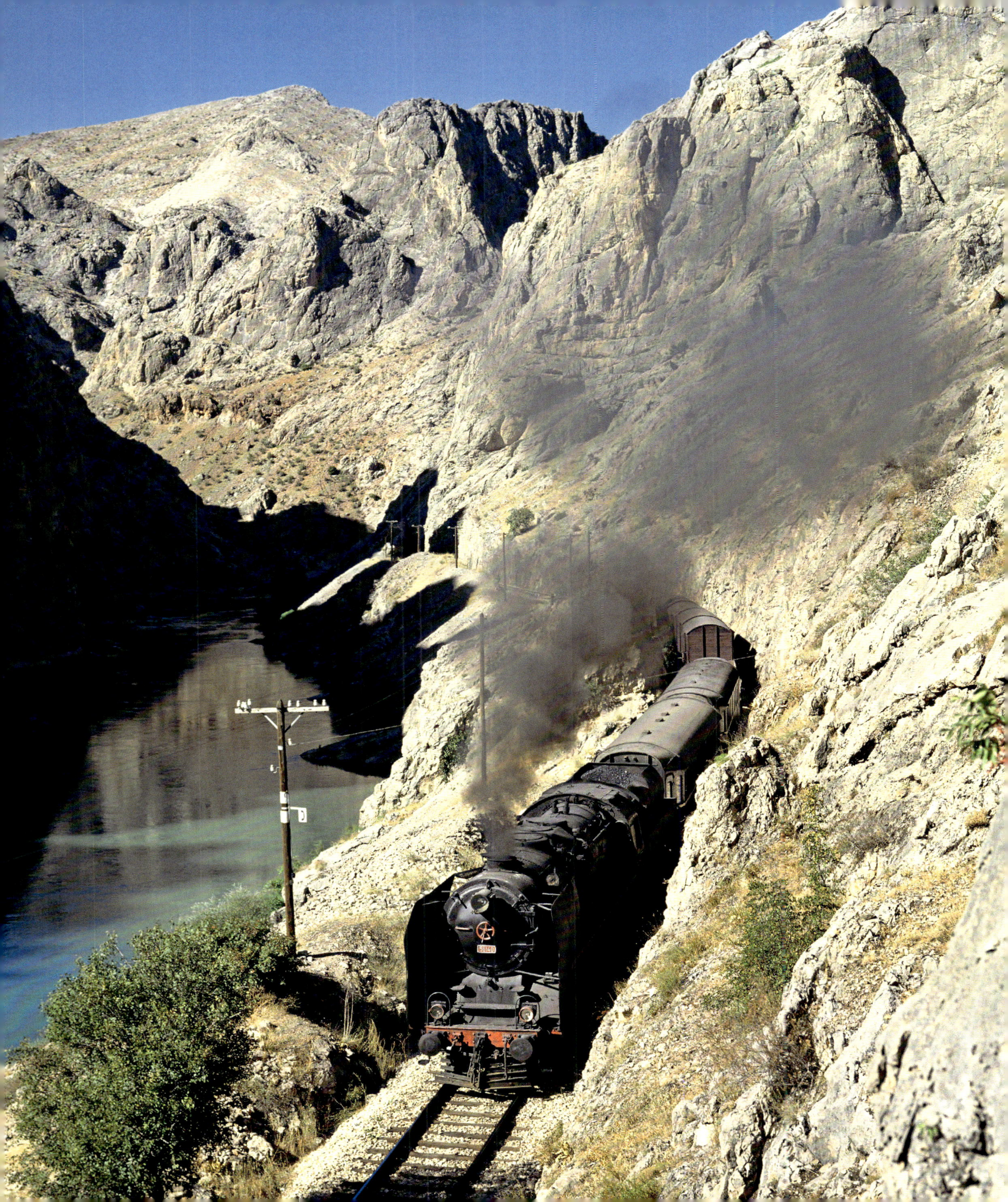

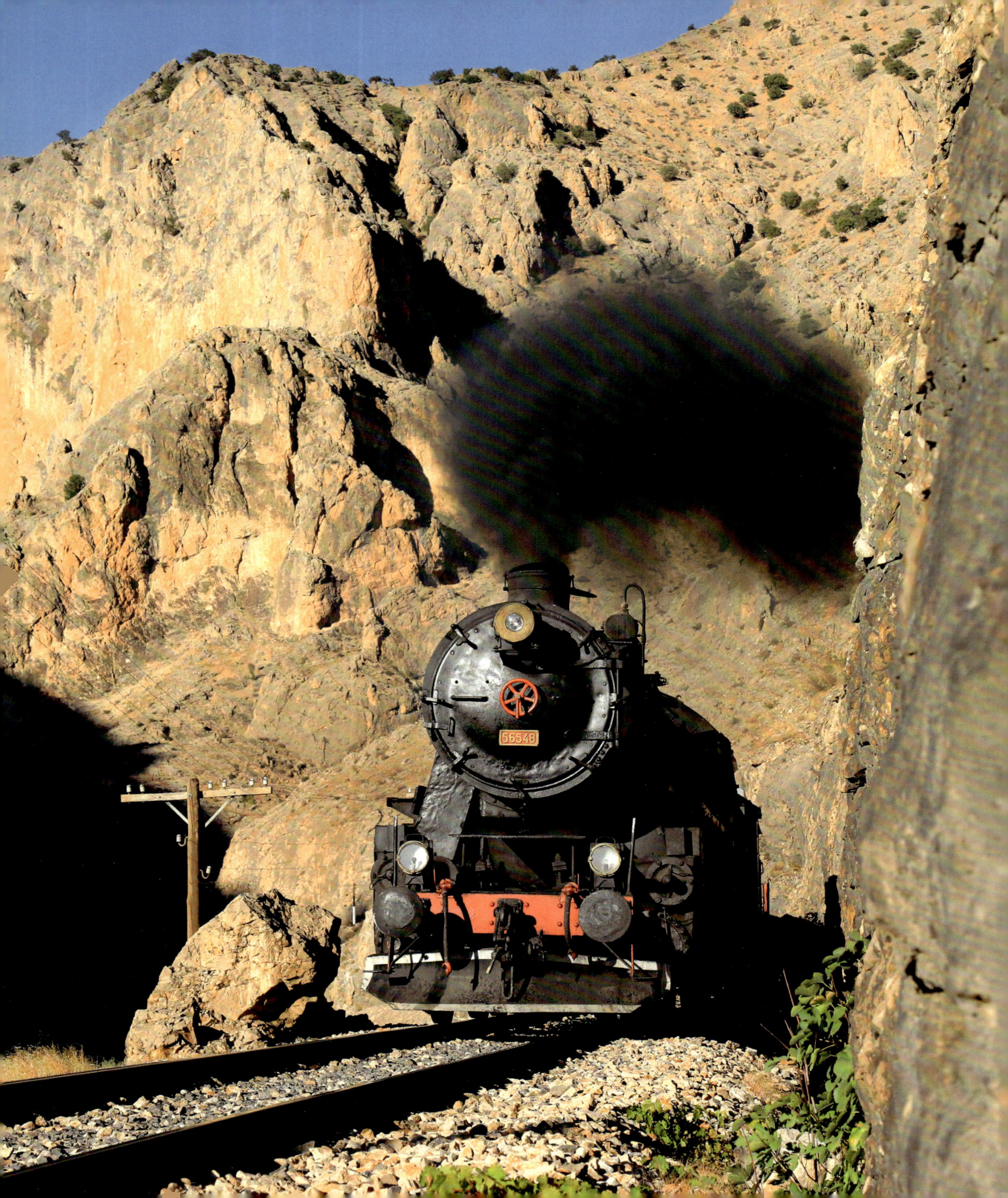
56548

Ganz so abenteuerlich wie im Roman ‚Durchs wilde Kurdistan' von Karl May ging es bei unserer Reise durch die Schluchten des Çalti und des Euphrats in der Osttürkei nicht zu. Aber als wir von Divriği aus mit dem Dampfzug in die Schlucht des Euphrat-Zuflusses Çalti einfuhren, blieb mir vor Staunen der Mund offen. Wir passierten hoch aufragende Felsen und steile Stützmauern zur Festigung der Bahntrasse zur Linken, dabei huschten Telegrafenmasten an uns vorbei, ehe wir wieder im Dunkel eines Tunnels verschwanden. Beim nächsten Auftauchen aus der Dunkelheit konnte ich die Kulisse zu unserer Rechten betrachten: unter uns der trübe, träge strömende Fluss und auf der gegenüberliegenden Seite ein gewaltiges Bergmassiv, Geröllhalden und Gesteinsformationen, die von tiefem Schwarz über Grautöne bis zu dunkelrotem Gestein reichten. Hier war die Landschaft tatsächlich so wild wie es Karl May in seinem Orientzyklus beschrieben hatte.

Obschon der reguläre Dampfbetrieb in Erzincan zum Zeitpunkt unserer Reise 2001 bereits fünfzehn Jahre zurücklag, waren das Umfeld und die Infrastruktur aus der Zeit des Dampfbetriebes noch weitgehend intakt.

Wir erreichten Çalti, eine kleine Station unweit der Mündung des gleichnamigen Flusses in den Euphrat. An der handbedienten Einfahrweiche stand ein kleines Häuschen und davor ein Bahnbediensteter mit roter Fahne. Wir wurden auf

ERST UNTER ATATÜRK IN DEN DREISSIGERJAHREN wurden in einem gewaltigen Bauprogramm auch die östlichen Landesteile der Türkei mit der Eisenbahn erschlossen. Nachdem das Netz der neugeschaffenen türkischen Staatsbahn 1930 Sivas erreicht hatte, dauerte es bis 1938, ehe der Schienenstrang Erzincan erreichte. Die Bahn folgt fast auf dem gesamten Streckenverlauf zwischen Divriği und Erzincan wilden, tief eingeschnittenen Schluchten und unberührten Flusslandschaften.

56.548 IM ABENDLICHT unweit von Iliç 4.9.2012 (links, MF)

IN DER WILDROMANTISCHEN Euphratschlucht bei Güllübag 56.009, 9.2001 (Bilder oben MB)

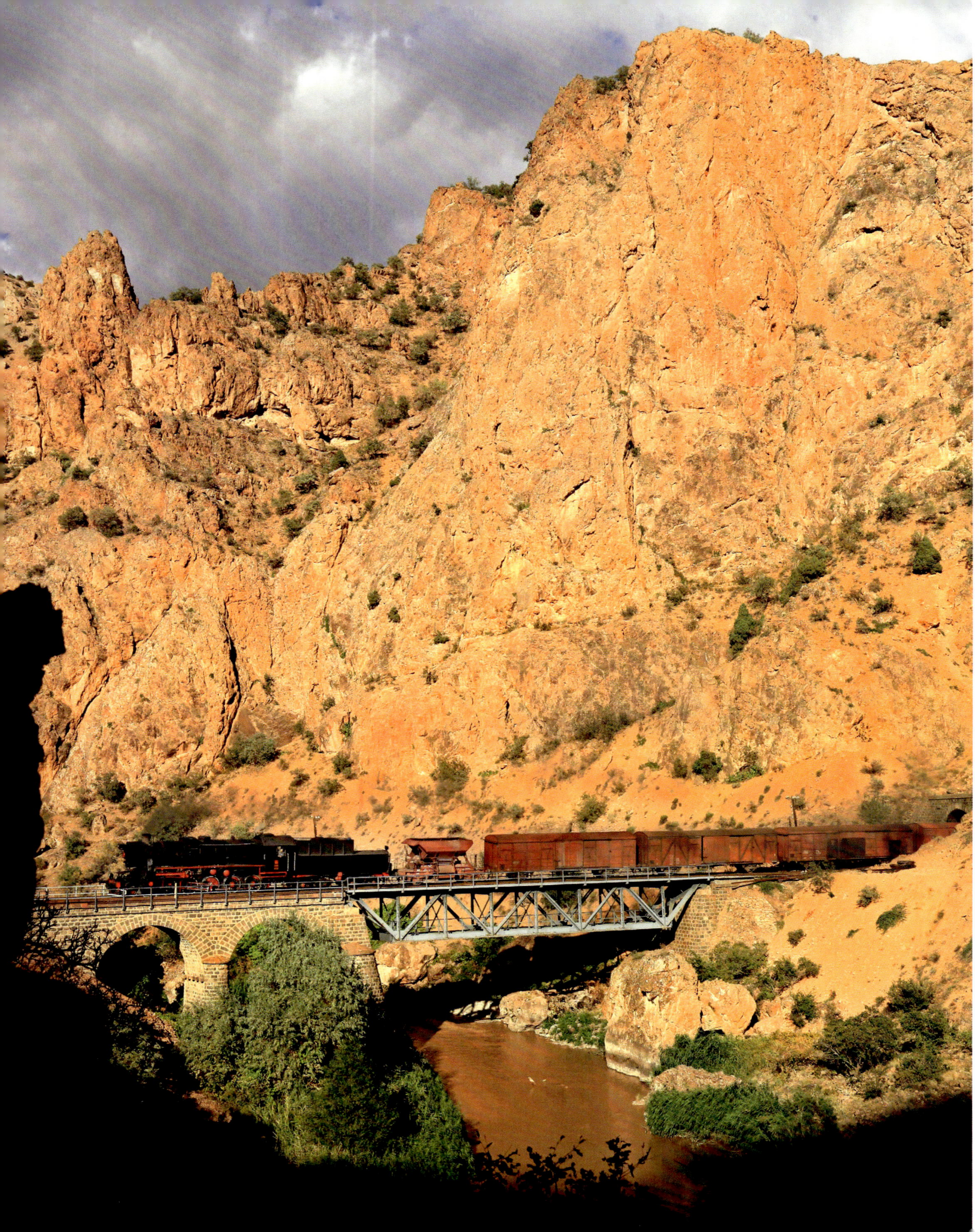

,Ablenkung' geleitet. Quietschend kam unser Zug vor dem kleinen zweistöckigen Stationsgebäude zum Stehen. Unser Zugpersonal wurde vom Stationsvorsteher und herumstehenden Türken freundlich empfangen. Alle verschwanden im Büro des Vorstehers. Es sah nach einem längeren Halt aus. Also stieg ich ebenfalls aus und sah mich um. Beim Blick in die ‚gute Stube' wurde ich sofort hereingewunken. Ob ich auch einen Çay wolle? Diese Frage war rein rhetorisch gemeint, denn diese Geste der Gastfreundschaft abzulehnen, wäre fast eine Beleidigung. Da mir der türkische Tee gut

"NACH EINSTÜNDIGEM RITT gelangten wir in eine tiefe Felsenschlucht, die Gegend wurde immer wilder und die Berge glichen in ihrer Form den Wogen eines stürmischen Meeres. Nicht die geringste Vegetation bekleidet die Abhänge, und doch ist die Färbung überaus schön und abwechselnd." Die Schilderung über die Euphratschlucht von Helmuth von Moltke passt auch zum wildromantischen Tal des Çalti, einem Nebenfluss des Euphrat. In der zerklüfteten Schlucht dampft die 56.548 Richtung Divrigi. Ein Gewitterregen einige Tage zuvor hat den Çalti braun gefärbt. 5.9.2012 (links u. oben, MF)

WELCH SCHÖNERE ART gibt es, durch die Landschaften Anatoliens zu Reisen als im dampfgeführten ‚Karma'? 30.9.1992 (unten, MF)

schmeckte, nahm ich dankend an. Wir machten uns gegenseitig bekannt. Trotz der Sprachbarriere herrschte eine angenehme, vertraute Stimmung im Raum. In der Zwischenzeit hatte sich auch unser Lokpersonal hier versammelt. Wann es weitergehe, wollte ich wissen. Wir müssten einen Güterzug aus Erzincan abwarten, erklärte das Zugpersonal. Um keine Langeweile aufkommen zu lassen, wurden wir mit Nüsschen, Melonenstücken und weiteren Gläsern türkischen Tees versorgt. Wann denn der Gegenzug kommen würde? In den Gesichtern des türkischen Bahnhofpersonals las ich Unverständnis ob meiner Frage. Jetzt, wo es so gemütlich wurde, drängte der Fremde mit seinen Fragen zur Eile.

DIE ÖLLOK 56.009 verlässt bei Alp die wilden Schluchten des Euphrat. Die Rauchschwaden hängen im ganzen Tal. Wenig später wird sie die Provinzstadt Erzincan erreichen. 17.9.2001 (MB)

Ich wollte noch mehr von der atemberaubenden Landschaft und der tief eingeschnittenen Euphratschlucht sehen. Für die Türken in Çalti war der Sonderzug mit der alten Dampflok und der Horde Ausländer eine willkommene Abwechslung im eher ereignislosen Bahnalltag, wo täglich gerade mal vier bis fünf Zugpaare abzufertigen waren.

Die Antwort lautete: „In etwa zwei Stunden!" „Dann könnten wir doch noch wenigstens bis zum nächsten Bahnhof weiterfahren …". Ich musste erkennen, dass der Zeitbegriff im Osten Anatoliens ein gänzlich anderer ist als im hektischen Deutschland, wo es überall um Minuten, wenn nicht gar um Sekunden geht. Trotzdem ließen sie uns weiterfahren. Wir tauschten schnell unsere Adressen aus und verabschiedeten uns.

Der Achtungspfiff unserer Lok ertönte, zischend lösten sich die Bremsen. Der erste Auspuffschlag donnerte aus Schlot und Zylinderhähnen, und schon setzte sich unser Zug in Bewegung. Das ‚Spiel' um die Genehmigung zur Weiterfahrt setzte sich in jedem Bahnhof aufs Neue fort. Nach einigen Tagen in der Osttürkei wurde auch ich gelassener. Die Gemütlichkeit Vorderasiens ging langsam auf mich über. Im Orient hat jedermann immer Zeit. Ein arabisches Sprichwort besagt: "Die Eile ist des Teufels – bei Allah ist Ruhe!"

In Iliç, einer Station zwischen Divriği und Erzincan, hielt unser Zug auf dem dritten Gleis des kleinen Bahnhofs. Es war Mittagszeit und unglaublich heiß. Gelangweilt schaute ich aus dem Abteilfenster und erkannte ein gepflegtes Haus mit Garten direkt gegenüber. Auf dem Boden waren Zwiebeln zum Trocknen ausgelegt. Durch das Quietschen des bremsenden Zuges aufgeschreckt, kam der Besitzer aus dem Haus gelaufen. Als er die Fremden an den Abteilfenstern kleben sah, lief er zu einem Pfirsichbaum und pflückte so viel, wie er mit beiden

FAHRT IM GÜTERZUG DURCH DIE EUPHRATSCHLUCHT. Während sich flussabwärts Richtung syrische Grenze Stausee an Stausee reihen, haben die Ingenieure und Planer aus Ankara den Oberlauf lange Zeit unbeachtet gelassen. Nun soll ein Damm den Euphrat aufstauen; diese Schlucht mitsamt der Bahnstrecke wird bald der Vergangenheit angehören. 19.9.2001 (MB)

VERSCHLEIERTE FRAUEN unterwegs (MB)

AB DEM 11. JAHRHUNDERT regierten die Seldschuken in Anatolien, 300 Jahre später übernahmen die Osmanen die Macht. In Kemah sind aus diesen Zeiten zahlreiche Bauten erhalten geblieben. 6.9.2012 (unten, MB)

IM ÇAY BAHÇE (TEEGARTEN) des Depots Divriği nutzen Personale ihre Pause für einen Tee – nebst Oliven, Tomaten und Schafskäse als Vesper. 3.9.2012 (ganz unten, MF)

Händen tragen konnte. Fix kletterte er über den Zaun, der sein Anwesen von den Bahngleisen abtrennte. Bei unserem Wagen angekommen, reichte er uns freudestrahlend die Früchte seiner Arbeit zu den Abteilfenstern herein. Das Ganze wiederholte er so lange, bis jeder einen Pfirsich bekommen hatte. Was sollten wir sagen? Geld zu geben, hätte ihn beleidigt. Außer einem freundlichen „teşekkür ederim" blieb uns keine weitere Möglichkeit, unseren Dank auszudrücken.

Zum Schlüsselerlebnis wurde der Bahnhof Kemah. Im Vergleich zu den kleinen Dörfern in dieser Region war Kemah ein richtiges Städtchen, das im Mittelalter Grenzort zwischen dem byzantinischen und dem arabischen Reich war. Davon zeugen die Reste einer großen Festungsanlage, die auf einem Felsmassiv direkt über der Stadt aufragen. Ebenso ist direkt über dem Tunnelportal der Bahnlinie ein altes, aus seldschukischer Zeit stammendes Grabmal erhalten geblieben.

SEIT DER ANTIKE WIRD DER EUPHRAT zusammen mit dem Tigris mit dem Zweistromland Mesopotamien in Verbindung gebracht. Das Wasser des Euphrat stammt aber größtenteils aus den Gebirgen der Osttürkei. Der Murat Su, der zwischen dem Van See und dem Berg Ararat entspringt und der Kara Su, welcher 30 km nordöstlich von Erzurum entspringt, fließen im Südosten der Türkei zusammen. Nach 2800 km erreicht der Euphrat im Irak den Persischen Golf. Schon im Alten Testament wurde der Euphrat als einer der vier Flüsse erwähnt, welcher dem Garten Eden entspringt. Er bildete die nordöstliche Grenze des gelobten Landes, das Gott Abraham versprach: „Dir und Deinen Nachkommen gebe ich dieses Land zwischen den Wadis von Ägypten und dem Großen Fluss, dem Euphrat." (Genesis, 5:18) Zwischen Eriç und Güllübag dampft die 56.548 dem Kara Su entlang. 5.9.2012 (rechts, MF)

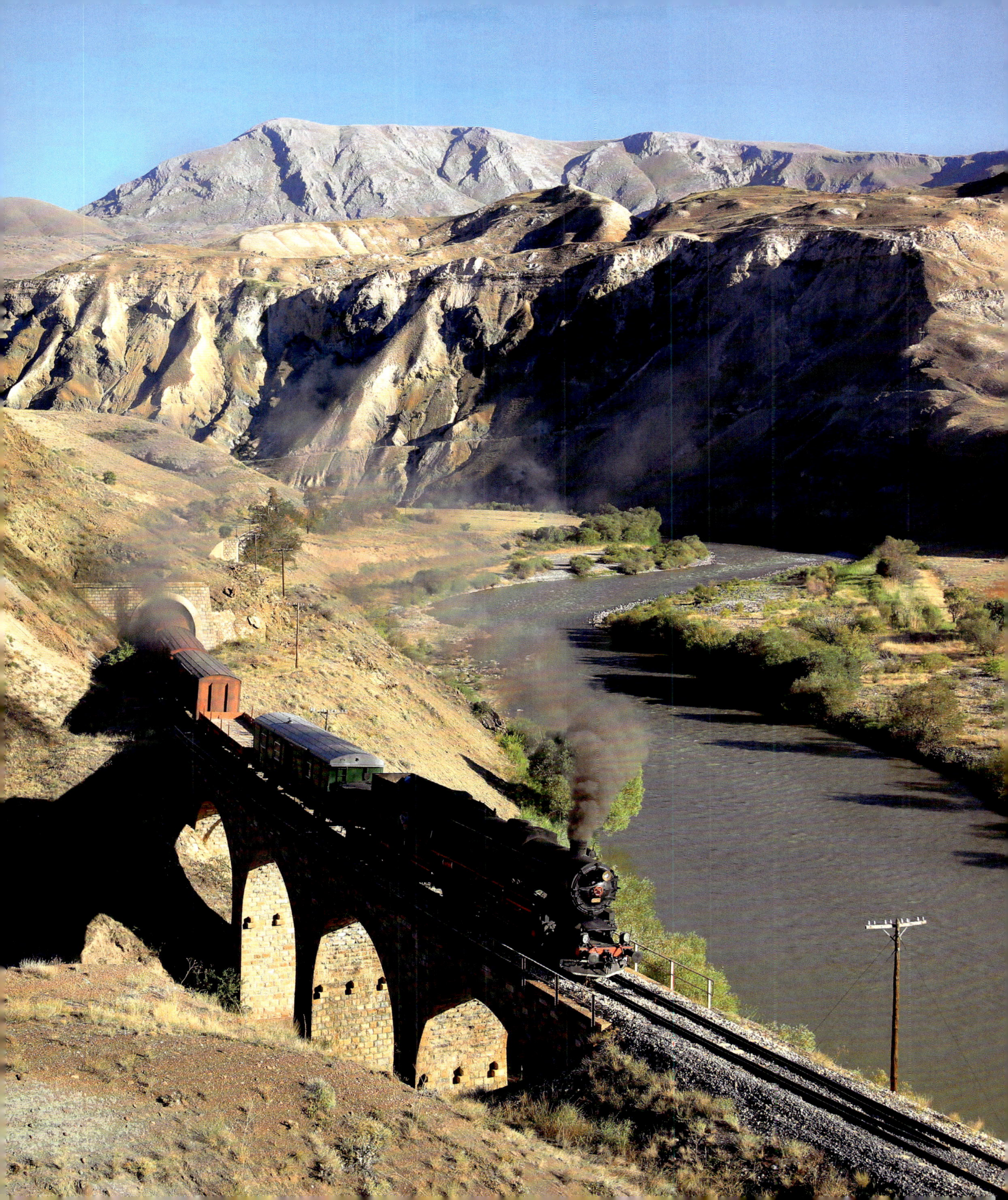

BEI MANCHEN STELLEN DER EUPHRATSCHLUCHT kommt selbst im Sommer kaum Sonne hin. Auf der Bogenbrücke zwischen Iliç und Güllübag scheint die 56.009 wie aus dem Nichts aufzutauchen. 17.9.2001 (oben, MB)

MIT ORIENTALISCHER GELASSENHEIT warten die Dorfbewohner auf den ‚Yolcu' (Personenzug), der täglich eine Fahrgelegenheit nach Divriği oder Erzincan bietet. Oft werden dem Yolcu noch Güterwagen mitgegeben, wodurch der Zug fast immer Verspätung hat. Niemand scheint sich deshalb aufzuregen. 9.2001 (unten, MB)

Natürlich durfte dieses Motiv nicht fehlen. Nach einer ausgedehnten Mittagspause drückte der Zug zurück durch den Tunnel, um anschließend mit Volldampf wieder in den Bahnhof einzufahren. Zigfaches synchrones Klicken unserer Kameras zeugte von der Einmaligkeit dieser Szenerie. Damit nichts schiefging, wurde das Ganze noch einmal wiederholt. Anschließend hieß es wieder einsteigen in einen gedeckten Güterwagen der Bauart Gbs. Die Schiebetür des Waggons blieb offen, damit wir die vorbeiziehende Landschaft genießen konnten.

Nachdem alle eingestiegen waren, setzte sich der Zug in Bewegung. Schon langsam dahinrollend erschien schnaufend ein älterer Türke an der Schiebetür unseres Wagens und hielt eine Fotokamera in die Höhe. Ehe ich verstand, was passiert war, griff einer meiner Reisegenossen danach. Der Zug beschleunigte; der Türke blieb zurück. Der Griff in meine Fototasche bestätigte: Das war meine Kamera! Sie musste mir beim Einsteigen in den Güterwagen herausgefallen sein. Der Schutzfilter auf dem Objektiv war zersplittert, aber ansonsten war die Kamera unversehrt und, wie sich später herausstellte, noch voll

UNWEIT VON KEMAH befindet sich diese reizvolle Kombination aus Fluss, Fachwerkbrücke und Tunnel. Um die Rauchbelästigung auf dem Führerstand zu begrenzen, hat der Heizer den Ölbrenner vor Einfahrt in den Tunnel zurück- und nach dessen Verlassen wieder aufgedreht. 56.009, 18.9.2001 (MB)

funktionstüchtig. Was für ein Glück für mich und was für eine großartige Tat des alten Mannes! Er hatte die Kamera wohl erst im Schotter liegen sehen, als der Zug schon anfuhr. Er hätte sie auch behalten können, für ihn wäre sie ein kleines Vermögen wert gewesen. Aber er hetzte unserem Zug hinterher, um sie dem rechtmäßigen Besitzer zurückzugeben. Aufrichtigkeit und Hilfsbereitschaft – in der Türkei gab es sie noch!

„Ehrlichkeit ist überhaupt ein schöner Zug im Charakter der Türken. Trotz der überall sichtbaren Armut reist man nirgends so sicher wie hier. Man kann bei Nacht seine Sachen auspacken und wird auch keine Stecknadel vermissen. Raub und Mord kommen selten oder nie vor." ‚Reise in den Orient', Friedrich Wilhelm Hackländer. 1840.

IN DEN 'WILDEN OSTEN' DER TÜRKEI
DOĞU EKSPRESI

„Eisenbahnen sind die Garanten des zivilisatorischen Fortschritts", sagte einst Kemal Atatürk. Im legendären Bahnhof Haydarpaşa in Istanbul, wo unsere Reise in das 1700 km entfernte Erzurum begann, sind seine Worte in Marmor graviert. Was er wohl sagen würde, wenn er heute mit der Bahn durch die Türkei reiste? Von Berthold Halves

FÜR MANCHE TÜRKISCHE LOKPERSONALE war die 56.5 die ideale Dampflokomotive. Die deutsche Kriegslok war nicht nur einfach und robust, sondern mit ihrer hohen Zugkraft bei bloß 15 Tonnen Achslast wie geschaffen für die vielen mit leichtem Oberbau versehenen Strecken der Türkei. 56.548 bei Erzincan, 7.9.2012 (oben, MF)

STERN UND HALBMOND sind ebenso gepflegt wie der Rest der Lok. (links, MB)

Der Abendhimmel über Istanbul war blutrot gefärbt. Die Sonne war gerade untergegangen und ein angenehm laues Lüftchen lag über dem Bosporus. Wir befanden uns auf einer Fähre, die den europäisch gelegenen Stadtteil am Sirkeci-Bahnhof mit dem auf der asiatischen Seite befindlichen Haydarpaşa-Bahnhof verbindet. Die Silhouette der Metropole wurde durch unzählige Lampen beleuchtet und gab dem Ganzen eine romantische Stimmung. Trotz der entspannten Atmosphäre schossen mir viele Gedanken durch den Kopf: Hatte es mit unserer Platzreservation für den Schlafwagen geklappt? Würden wir unser Ziel Erzurum pünktlich erreichen? Wie waren die Verhältnisse im Osten?

Anfang der Neunzigerjahre gab es weder Internet, Email noch Skype. Einzig per Fax konnten zeitnah Informationen übermittelt werden. Zu dieser Zeit hatte ich das Glück, eine Türkin bei mir zu beschäftigen. Ich beauftragte sie, für mich einen Brief an die Türkische Staatsbahn TCDD zu schreiben und zwei Schlafwagenplätze für den Doğu-Express von Istanbul nach Erzurum zu reservieren. Das Fax kam an, allerdings bekam ich nie eine Bestätigung aus Istanbul. Deshalb war ich gespannt und konnte es kaum erwarten, bis die Fähre ihr Ziel erreichte.

Der Haydarpaşa-Bahnhof war Inbegriff von Fernweh und Eisenbahn-Abenteuer, das wahre Tor zum Orient. Er war Ausgangspunkt für Zugreisen durch Anatolien, und, soweit es die politischen Verhältnisse einmal zuließen, auch weiter nach Syrien, in den Iran und Irak.

Der wuchtige Bau im Neo-Renaissancestil war jedoch vor allem eines: Ausgangspunkt der legendären Bagdadbahn, Symbol imperialistischen Größenwahns des letzten deutschen Kaisers. Kaum ein Vorhaben war so heftig umstritten wie das Projekt einer Bahnverbindung von Konstantinopel an den persischen Golf, erstellt mit deutschem Kapital zur Sicherung der deutschen Interessen im Orient. Nachdem Banken und Militärs lange gezögert und den Sinn eines solchen Projektes in Frage gestellt hatten, sprach Wilhelm II. 1900 ein Machtwort: Was die Franzosen angefangen hätten, sei nun, bitteschön, zu

„NACHDEM WIR AN EINER SCHROFFEN SCHÖNEN FELSKUPPE vorüber geritten, befanden wir uns auf der Wasserscheide des Schwarzen und des Mittelländischen Meeres. An diesem Derbent oder Pass befindet sich ein kleines Dörfchen, das acht Monate Winter hat." (Helmuth von Moltke)

Auch auf der Strecke Erzurum–Kars, welche am Scheitelpunkt bei Yeniköy eine Höhe von 2300 Meter über Meer erreicht, sind die Winter lang und hart.

Noch Ende April liegt hier Schnee, als die 56.009 mit ihrem Güterzug den Pass befährt. 29.4.2002 (PM)

KARA SU – SCHWARZER FLUSS – wird der nördliche Quellfluss des Euphrat auf Türkisch genannt, welchem die Strecke Divriği– Erzincan meist folgt. Hier bei Güllübag ist er türkisfarben. 56.009, 10.9.1998 (PM)

vollenden. Auch das offizielle Berlin stellte sich später hinter das Projekt: „… ist anzunehmen, dass mit steigender Kultur der Bewohner und den steigenden Lebensansprüchen uns ein nicht zu verachtendes Absatzgebiet erschlossen wird. Hinzu kommen die ideellen Vorteile, die Verbreitung deutschen Wesens …". Mit der Bagdadbahn durch die unbekannte Türkei, Jürgen Lodemann, 1991.

Als wir die große, gewölbeartige Schalterhalle des Bahnhofs betraten, machte sich Ernüchterung breit: Der bescheidene Fahrplan im großen, altehrwürdigen Gemäuer verdeutlichte, wie bedeutungslos die Eisenbahn in der Türkei geworden war. Von den vielen Fahrkartenschaltern war ein einziger geöffnet.

Ich ging zum Schalter und schob dem hinter der Glasscheibe sitzenden Beamten mein Fax durch den Schlitz über dem drehbaren Zahlteller. Meine Kollegin hatte mir alles auf Türkisch notiert, sodass der Beamte gleich verstand, worum es ging. Jetzt begann geschäftiges Suchen in dicken Aktenordnern, Ablagen und Schubladen. Irgendwo müsste das Fax doch sein. Nach fünfzehn Minuten aufgeregten Wühlens stand sein Büro auf dem Kopf, aber der Schalterbeamte fand nichts. Mit gestikulierendem Achselzucken versuchte er sich zu entschuldigen. Er setzte sich auf seinen hölzernen Drehstuhl und schnaufte erst mal durch. Aus einem kleinen Fach zog er ein Formular für die Bettkarten heraus. Nach weiteren zehn Minuten mit Schreiben, Rechnen und akkuratem Falten hatte er sein Werk vollendet. Ich legte das Geld auf den Zahlteller und wir hatten unsere Schlafwagen-Platzkarten in der Hand. Der Preis für zwei Nächte im Zug und 1700 Kilometer Fahrt war überaus bescheiden – zu Hause hätte es gerade mal für hundert Kilometer gereicht!

Der Beamte gab uns zu verstehen, dass wir noch einen Moment warten

PRÄCHTIGER MARMOR UND SANDSTEINRELIEFS zeugen von der Bedeutung des Bahnhofs Haydarpaşa als Ausgangspunkt der legendären Bagdadbahn. Heute benutzen nur noch wenige Menschen die Eisenbahn, wie die leere Schalterhalle illustriert. (© Evren Kalinbacak - Fotolia.com)

IM ‚YOLCU REHEBERI', dem ‚Guide für Reisende', sind auf 100 Seiten alle Personenzugverbindungen der TCDD aufgeführt.
Unten das ‚Yatakli Bileti', die Fahrkarte für den Schlafwagen im Doğu-Express. (Sammlung BH)

EINE KURDISCHE FAMILIE wäscht ihre Kleider und Teppiche im Fluss, während im Hintergrund die 56.0 mit ihrem ‚Karma' über die Brücke poltert. Benliahmet, 13.9.1993 (oben, BH)

MILITÄRS ZU FOTOGRAFIEREN ist in den meisten Ländern problematisch. Die türkischen Soldaten ließen sich jedoch gerne vor der 56.140 ablichten. Topdaği, 13.9.1993 (unten, BH)

sollten. Kurze Zeit danach nahm uns ein Kollege fürsorglich in Empfang und begleitete uns in die große Halle des Kopfbahnhofes. Er wollte sicher gehen, dass wir in den richtigen Zug einstiegen. Einsam und verlassen standen die sieben Wagen des Doğu Ekspresi am Prellbock. Im Wagen 5 befand sich unser Bettabteil. Mit einem großen Dank verabschiedeten wir uns vom freundlichen und hilfsbereiten türkischen Eisenbahner. Nun hatten wir Zeit, das ehrwürdige Bahnhofsbuffet zu besuchen. Hohe Räume mit alten Kristalldeckenleuchtern, verzierte Scheiben in Rundbogenform und antiquiertes Mobiliar versetzten uns in Zeiten, als das Reisen noch Stil hatte und Exzellenzen und Scheichs,

ATATÜRKS ERRUNGENSCHAFTEN und Reformen wirken bis heute fort. Kaum eine Amtsstube oder staatliche Institution, wo nicht sein Porträt hängt. 29.9.1992 (unten links, BH)

IM ENTLEGENEN OSTEN des Landes lässt sich noch die alte, traditionelle Türkei erleben. In Kars werden Güter auf ein Pferdefuhrwerk umgeladen. 19.9.1993 (unten rechts, BH)

ERST 1961 ERREICHTE DIE NORMALSPURSTRECKE von Erzurum aus Kars. Bis dahin existierte nur eine vor russischen Truppen im Ersten Weltkrieg erstellte Schmalspurbahn. 13.9.1993 (PM)

Luxusreisen vergangener Tage. Den Mitreisenden sah man an, dass sie eher aus bescheidenen Verhältnissen stammten. Wer in der Türkei mit der Eisenbahn reist, hat entweder kein Geld oder viel Gepäck.

Am nächsten Morgen wurden wir von den mitreisenden Türken zu frischem Tee, Schafskäse, Tomaten und Brot eingeladen. Woher wir kämen und weshalb wir denn mit der Bahn reisten, wollten sie wissen. Etliche von ihnen sprachen Deutsch, was die Konversation förderte. Sie hatten beispielsweise bei Daimler-Benz in Sindelfingen gearbeitet oder hatten Verwandte im Ruhrgebiet. Von den Abteilen waren weniger als die Hälfte belegt.

Eine Reise im Schlafwagen hat ihre eigene Faszination, welche Paul Theroux in seinem Klassiker ‚The Great Railway Bazaar' treffend beschrieb: „Die Romantik, welche vom Schlafwagen ausgeht, gründet in seiner perfekten Privatsphäre, der Kombination der positiven Eigenschaften eines Kastens mit jenen der Fortbewegung. Gleichgültig, welches Drama in diesem fahrenden Schlafzimmer vorgeführt wird, es wird durch die am Fenster vorüberziehende Landschaft verstärkt: Das sanfte Ansteigen von Hügeln, die Überraschung von plötzlich auftauchenden Gebirgen, die laute Metallbrücke oder die Melancholie von Menschen, die unter gelben Lampen stehen. Und der Vorstellung vom Reisen als eine kontinuierliche Vision, die Abfolge von unvergesslichen Bildern von einer großartigen Reise über die gekrümmte Erde – keines mit der verzerrenden Leere einer Flug- oder Schiffsreise – ist nur im Zug möglich. Der Zug als das Transportmittel, das wohnlichen Aufenthalt ermöglicht: ‚Dinner in the diner – nothing could be finer'."

Nach dreißig Stunden Zugfahrt erreichten wir Erzurum. Ab hier war die Fahrt in unserem dampfbespannten GmP nach

ENTLANG DER ALTEN SEIDENSTRASSE dampft die 56.548 durch die Weiten der Osttürkei. Der Zug hat gerade den Bahnkilometer 1056 ab Ankara passiert. Vom Bosporus aus sind es sogar 1636 Kilometer. 7.9.2012 (ganz oben, MF)

ÜBER DIE GROSSE EUPHRAT-BRÜCKE hinter Eriç fährt der Güterzug im Abendlicht Richtung Güllübag. 5.9.2012 (MB)

Paschas und Emire von hier aus durch den Orient reisten. Unsere Augen strahlten, als uns der stilvoll in schwarz gekleidete Ober zwei frisch gezapfte Efes Pils brachte. Später stiegen wir in unseren Schlafwagen des ‚Doğu Ekspresi'. Der Ost- oder Orient-Express – Doğu bedeutet auf Türkisch sowohl Osten als auch Orient – fuhr langsam aus dem Bahnhof. Trotz der gediegenen Einrichtung im Schlafwagenabteil mit roten Teppichen, Waschbecken und bereitstehenden Getränken assoziierte dieser türkische Orient-Express mehr Orient als

Kars unweit der Armenischen Grenze angesagt. Der planmäßige Dampfeinsatz war 1993 auch in der Osttürkei Geschichte. Doch der Dampflokenthusiast, welcher die Tour organisiert hatte, erreichte dank seiner langjährigen Kontakte in die Türkei, dass die verbliebenen, einsatzfähigen ‚Buharli lokomotifi' (Dampfloks) erneut in Betrieb gesetzt und für uns vor einem authentischen ‚Karma' eingesetzt werden konnten.

Hinter Erzurum folgte zunehmend kurdisch besiedeltes Gebiet. Ob alles ruhig bleiben würde? Zum Zeitpunkt unserer Reise hatte der seit 1982 geführte bewaffnete Aufstand der kurdischen Minderheit gegen den türkischen Staat einen Höhepunkt erreicht. Die Unterdrückung der kulturellen Eigenständigkeit und das Verbot von Kurdisch als Schul- und Amtssprache ließ den seit Jahrzehnten schwelenden Konflikt eskallieren. Kurz vor unserer Tour wurden im Südosten der Türkei Schweizer Bergsteiger entführt und monatelang als Geiseln festgehalten. Die Wanderer waren am Berg Ararat unterwegs auf der Suche nach der Arche Noah, die dort auf über

DAS LEBEN DER BAUERN in Anatolien ist hart. Das karge Land gibt meist nur wenig her. Hirten ziehen mit großen Schaf- und Rinderherden durch die wilde Landschaft. Zwischen Erba und Karasu, 7.9.2012 (MF)

mitlaufenden Hecht-Personenwagen requirierten sie für sich. Viele große, graue Holzkisten voller Munition wurden zu den Türen hereingewuchtet. Dazu kamen einige schwere Schnellfeuerwaffen mit Dreibein. Zum Schluss folgten große Seesäcke. Wir wurden informiert, dass die Soldaten zu unserem Schutz mitfahren würden und wir keinesfalls eigenmächtig die Wagen verlassen dürften! Mir wurde ganz mulmig; unser Zug durch das ‚wilde Kurdistan' wurde zu einer ernsten Angelegenheit.

Die Gelächter und Witze der Mitreisenden verstummten. Es herrschte gespannte Ruhe. An den Fotohalten stiegen zuerst die Soldaten aus und sicherten das gebirgige Gelände. Wenn die Lage es erlaubte, durften wir aussteigen.

Am folgenden Tag – ich saß während der Fahrt inmitten der Munitionskisten im Pulk der Soldaten – kam ich mit ihnen ins Gespräch. Die jungen Wehrpflichtigen stammten größtenteils aus dem Westen der Türkei aus der Umgebung von Edirne, dem einstigen Adrianopel.

IN DER KARGEN GEBIRGS-LANDSCHAFT der Osttürkei dampft der GmP einen kleinen Zufluss des Aras Nehri entlang.
Bei Süngütasi hält unser ‚Karma' neben beeindruckenden Felsformationen. Bis 1914 verlief hier die Grenze zwischen dem Osmanischen Reich und dem Zarenreich. 13.9.1993 (oben und Mitte, MF)

5000 m über Meer vermutet wird. Konnte uns eine Entführung drohen? Kaum. Dennoch hatte ich ein mulmiges Gefühl. Alte Winnetou-Filme kamen mir in den Sinn, wo Indianer im Wilden Westen Dampfzüge überfielen und die Passagiere entführten. Zwar waren wir nicht im Wilden Westen, wohl aber im wilden Osten der Türkei!

Unser Dampfzug hielt an einer kleinen Station. An der Laderampe neben dem Empfangsgebäude standen vier große, olivfarbene Armeelastwagen. Auf Kommando stiegen dreißig schwer bewaffnete Soldaten aus und stiegen in unseren Dampfzug. Einen der beiden

AUSGEDEHNTE WEIDEFLÄCHEN dominieren die kargen Hochtäler bei Erzurum und Kars. 13.9.1993 (rechts, MF)

BESCHAULICHKEIT UND RUHE in Çalti, einem abgelegenen Ort mit einem Dutzend Häusern, wie es sie zu tausenden in Anatolien gibt. Außer mit der Eisenbahn ist das Dorf nur über eine staubige, gewundene Bergstraße erreichbar. Gerne benutzen die Bewohner den täglichen ‚Yolcu', um für ihre Besorgungen in den nächstgrößeren Ort zu gelangen. 10.9.1998 (rechts innen, PM)

TÜRKISCHE EISENBAHNER UND FAHRGÄSTE warten mit orientalischer Sanftmut auf einen Kreuzungszug. Das Schatten spendende Bahnhofsgebäude ist in der Gluthitze des anatolischen Sommers besonders geschätzt. Kemah, 9.2001 (rechts außen, MB)

131

‚MORGENS IST DER SCHÖNSTE TAG'. In den ersten Sonnenstrahlen dampft die 56.548 in den Bahnhof Erzincan. Noch immer steht links im Hintergrund der Ölkran aus der Dampflokzeit, die hier Ende der Achtzigerjahre zu Ende ging. 7.9.2012 (MF)

Sie wurden in den Osten des Landes geschickt, um gegen die aufständischen Kurden zu kämpfen. Dass die Lage ernst war, wurde beim nächsten Wasserhalt auf einem kleinen Bahnhof klar. Mit viel Diesellärm und lauten Achtungshupen überholte uns ein mit zwei Maschinen bespannter Militärzug. Die auf den Flachwagen geladenen Panzer hatten allesamt Schäden und Einschusslöcher, was auf heftige Kämpfe hinwies.

Wie sich doch die Szenen ähneln: „Aus den Thälern Kurdistans ist der Qualm brennender Dörfer und der Geruch von Strömen vergossenen Blutes zum Himmel gestiegen. Wir befinden uns in einem Lande, in welchem Leben, Freiheit und Eigentum mehr gefährdet sind als in jedem anderen. Gleich hinter Amadijah hört das Gebiet der Türken auf, und es beginnen diejenigen Länder, welche von Kurden bewohnt werden, die der Pforte nur dem Namen nach unterworfen oder tributpflichtig sind. Dort gewähren unsere Pässe nicht die mindeste Sicherheit; ja es kann sehr leicht der Fall sein, dass wir feindselig behandelt werden, grad deshalb, weil wir die Empfehlung der Türken und der Konsuln besitzen." ‚Durchs wilde Kurdistan', Karl May, 1892.

Wir fuhren weiter durch die wildromantische Ostürkei. An einer der folgenden Stationen verließen uns die Soldaten wieder. Bevor sie in ihre Transporter stiegen, durfte natürlich ein Gruppenbild mit der Dampflok nicht fehlen.

KARA TREN – SCHWARZER ZUG – heißt ein in der Türkei landesweit bekannter Song der Musikerin Nazan Öncel. Auch wenn die Dampflokzeit in der Türkei inzwischen Jahre zurückliegt, so zeigte sich dennoch die Verbundenheit der Personale mit den ‚Buharli lokomotifi' (Dampfloks). 9.1992 (oben, MF)

REISE UNTER STERN UND HALBMOND: Das Symbol aus der türkischen Flagge ist gleichzeitig das Emblem der TCDD, das die Fenster der Personenwagen ziert. 7.9.2012 (MF)

„AFIYET OLSUN!" Guten Appetit! Auch zum Braten von Kebab eignet sich die Feuerbüchse der 56.548. 24.9.2009 (DK)

DAMPF MIT PERSONEN- UND EXPRESSZÜGEN auf Meterspur gab es in Indien bis 1996 auf der North Eastern Railway, die bis zuletzt noch ein ausgedehntes Meterspurnetz zwischen Uttar Pradesh und dem Grenzland zu Nepal und Bangladesh betrieb. Ein YP-geführter Personenzug verlässt den Eisenbahnknoten Saharsa in Bihar, einem der ärmsten Bundesstaaten Indiens. Man beachte die außen an den Wagen hängenden Reisenden und die Leute auf der Pufferbohle der Dampflok. 1.1996 (MF)

Dampf in den letzten Zügen
INDIEN

Es war Winter. Vor dem Haus blies ein eisiger Wind und es schneite heftig. Markus und ich saßen in der warmen Stube vor der Landkarte des indischen Subkontinents. Daneben lagen einige aktuelle Eisenbahnzeitschriften mit Reiseberichten und Sichtungen des Betriebsgeschehens. Wohin sollten wir fliegen? Was hatte Priorität? Von Berthold Halves

Der indische Subkontinent ist groß, es herrschte noch vereinzelt Dampfbetrieb, verteilt über das ganze Land. Wir fassten den Entschluss, unsere Tour im Süden bei der Nilgiri-Zahnradbahn zu beginnen. Nach den Schmalspurbahnen im flachen Westbengalen nördlich Kalkuttas wollten wir der im Norden gelegenen Darjeeling-Himalaya-Railway einen Besuch abstatten. Falls alles klappte, sollte auch ein Abstecher zu den letzten Breitspurdampfloks in Pakistan drinliegen. Ob sich alles realisieren ließe?

Die erste Bahnstrecke Indiens wurde 1852 in Bombay eröffnet. Bis 1900 errichtete die britische Kolonialverwaltung ein Netz von 65'000 Kilometern Länge. Es gab Breitspur mit 1676 mm, Meterspur und zwei Schmalspuren mit 762 und 610 mm Spurweite. Seit den Sechzigerjahren wurden viele Meterspurstrecken auf Breitspur umgebaut, damit der mühsame Warenumlad entfallen konnte. Mitte der Neunzigerjahre war ganz Indien im Auf- und Umbruch. Der Dampfbetrieb lag in seinen letzten Zügen. Eile tat Not, denn die alten Dampfloks wurden reihenweise ausrangiert. Dies, obwohl heimische Steinkohle und günstiges Personal praktisch unbegrenzt vorhanden waren.

Into the Blue Mountains
Müde durch die lange Anreise und die Zeitumstellung standen wir im Lokdepot der Nilgiri-Zahnradbahn in Coonoor. In einer Zeitschrift hatten wir gelesen, dass alle paar Wochen ein mit Lokomotivkohle beladener Versorgungszug von Mettupalayam nach Coonoor fahren sollte. Wir sahen uns auf dem Bahnhof um und landeten beim Station Mas-

ter, der uns freundlich in sein Office bat. Wir stellten uns vor und fragten, ob irgendwas unterwegs sei. „Yes Sir, there is a coal train coming up. It should arrive in about two hours!" Unnötig zu sagen, dass unsere Müdigkeit ob dieser Nachricht augenblicklich verflogen war. Wo sollten wir den Zug aufnehmen?

Zu Fuß eilten wir den Meterspurgleisen entlang talwärts. Nach zwei, drei Kilometern erreichten wir einen Viadukt unterhalb der Kateri Road. Obschon tief unten am Talgrund gelegen, lag er auch am späten Nachmittag noch schön im Licht. An den sanften Hügeln klebten terrassenförmig die Teeplantagen. Frauen mit umgehängten Baumwollsäcken pflückten die reifen Teeblätter. Es bot sich ein grandioser Ausblick in das Tal. Die Strecke führte am linken Bergrücken entlang und gewann stetig an Höhe. Vor einer Felswand erspähten wir eine schwarze Rauchfahne, die langsam näher kam. Wir konnten unser Glück kaum fassen. Mit harten Auspuffschlägen schob die Dampflok zwei gedeckte Güterwagen bergwärts; ein seltener Anblick auf der ansonsten nur mit Personenzügen befahrenen Strecke.

Am nächsten Tag gingen wir frühmorgens ins Depot. Für den Zug nach Udagamandalam wurde die Lok vor-

AUTOS BRITISCHER BAUART dominieren die Straßen von Coonoor (ganz oben, MF). David, unser Driver, chauffiert uns mit seinem ‚Ambassador' (links, BH). Stolz posiert das Personal vor einer Zahnradlok. 27.2.1995 (rechts, BH)

bereitet. Mehrere hagere Frauen trugen geflochtene Weidenkörbe voller Kohle zu einem Holzgerüst, um sie dort in den Tender zu kippen. Unzählige Male mussten die Frauen ihre schwere Last hochheben, bis der Kohletender voll war. Danach fuhr die Lok zum Wasserkran, und der Heizer schmierte die Lager. Über den Häusern von Coonoor ging langsam die Sonne auf.

Inzwischen hatte der Depotchef unsere Anwesenheit bemerkt. „Hello, where are you from?" „Please, have some tea with us, I can tell you about our railway!" Beeindruckt ob der Aufgeschlossenheit und Freundlichkeit des Bahnpersonals gegenüber uns Fremden wollten wir diese Einladung nicht ausschlagen.

Das Nilgiri-Gebirge – das Blaue Gebirge – war schon zu Kolonialzeiten für sein mildes Sommerklima bekannt. Während es unten im Flachland heiß und stickig war, zog es Engländer und wohlhabende Inder nach Udagamandalam, dem früheren Ooty, in die Sommerfrische hinauf. Für die Anreise wurde 1898 die Bahn gebaut. Als die Dampfloks der Erstausstattung zu schwach wurden, fiel die Wahl auf Loks der Schweizerischen Lokomotiv- und

GOLDEN HOUR
frühmorgens in Coonoor. Die SLM-Dampflokomotive rangiert ihren 7:40-Zug nach Udagamandalam zusammen 27.2.1995 (MF)

Maschinenfabrik (SLM) in Winterthur. Sie lieferte Zahnraddampfloks der Reihe X mit vier Zylindern. Zwei Zylinder wirken auf die Räder, die anderen beiden auf das Zahnradtriebwerk. Die Loks bewährten sich so sehr, dass bis in die Fünfzigerjahre insgesamt 17 Stück in verschiedenen Baulosen geliefert wurden. Bis heute dampfen diese Maschinen auf dem Zahnstangenabschnitt Mettupalayam–Coonoor. Auf der Adhäsionsstrecke von Coonoor nach Udagamandalam herrschte zum Zeitpunkt unseres Besuchs ebenfalls noch Dampfbetrieb.

Wir wollten ins Gebirge, wo es etliche spektakuläre Brücken,

IM DEPOT COONOOR warten drei Lokomotiven der Reihe X auf ihre Einsätze. Mit Einrichtungen, die kaum jünger als die Dampfloks sein dürften, werden hier auch alle Untersuchungen ausgeführt. 27.2.1995 (MF)

MIT SICHTBARER KRAFTENTFALTUNG schiebt die Dampflokomotive den ‚Nilagiri-Passenger' über die großartige Gebirgslandschaft. 27.2.1995 (MF)

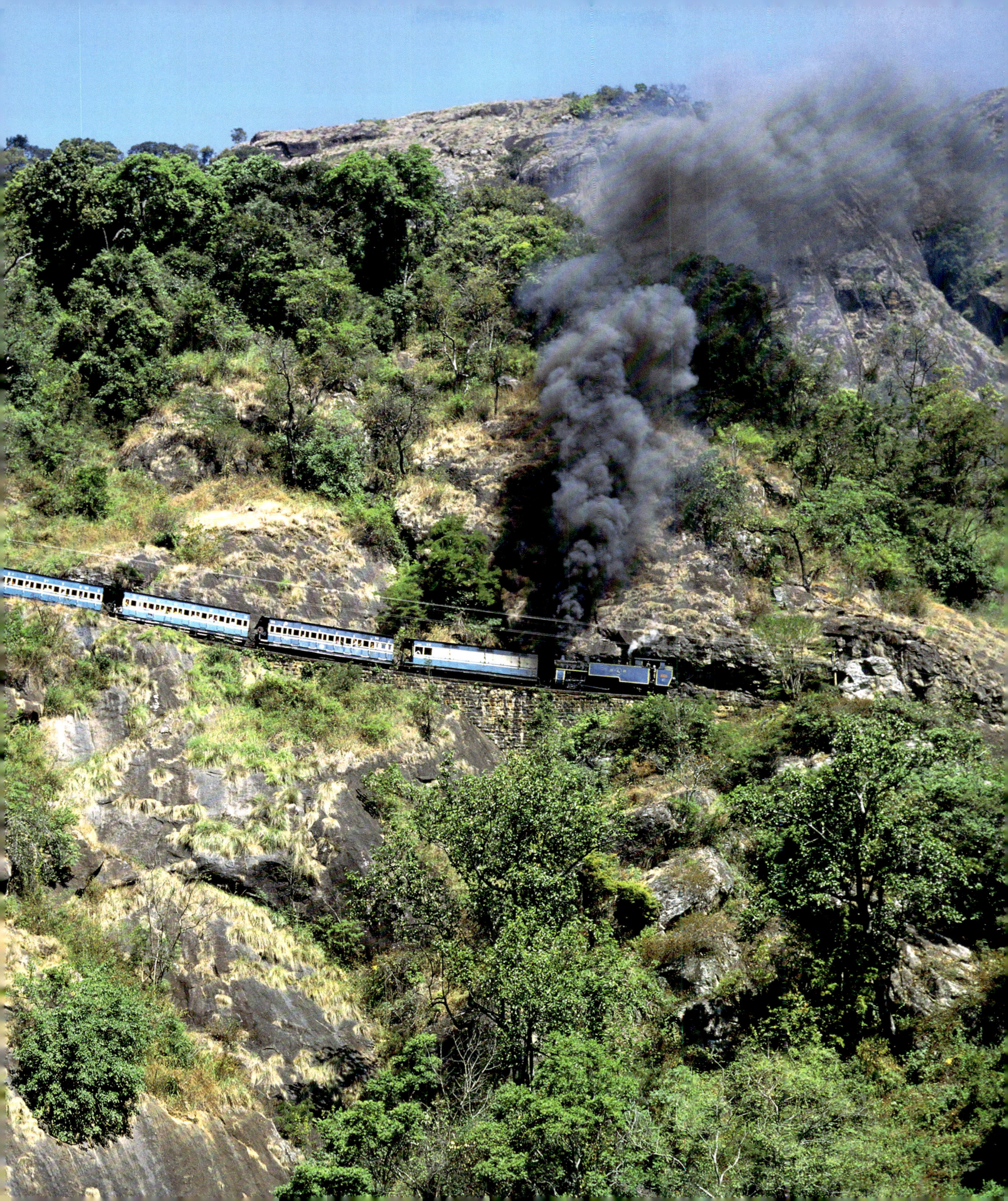

Wasserfälle und Tunnels gab, um dort den ‚Nilagiri Passenger' abzulichten. Unser Taxifahrer brachte uns über die kurvenreiche Bergstraße zur Station Adderley. Über steil angelegte Wiesenhänge kletterten wir immer weiter bergwärts, vorbei an bewohnten Blechhütten mit kläffenden Hunden.

Völlig außer Atem erreichten wir die Bahntrasse. Nach einem weiteren Kilometer entlang der Strecke erreichten wir den Adderley-Viadukt, das größte Bauwerk der Strecke. Es schließt direkt an einen in die Felsen gehauenen Tunnel an. Es blieb noch etwas Zeit bis zur Ankunft des Personenzugs, sodass wir es wagten, den Viadukt zu überqueren. Da er kein Geländer hatte, mussten wir vorsichtig von Schwelle zu Schwelle balancieren, während sich dazwischen der tiefe Abgrund auftat – nichts für Ängstliche! Kurze Zeit danach schnaubte der „Nilgiri Passenger" aus dem Tunnel.

Wir liefen bergwärts zur Wasserstation, wo der Zug Pause machte und trafen auf einige Bahnarbeiter. Sie fragten, ob wir am Viadukt wilde Elefanten oder Königstiger gesehen

NACH DREI STUNDEN BERGFAHRT erreicht die Bahn die Teeplantagen von Coonoor. 26.2.95 (rechts, MF). Im Adhäsionsbetrieb führt die Bahn anschließend bis auf 2200 m.ü.M. Beim Viadukt von Wellington 28.2.95 (oben, MF)

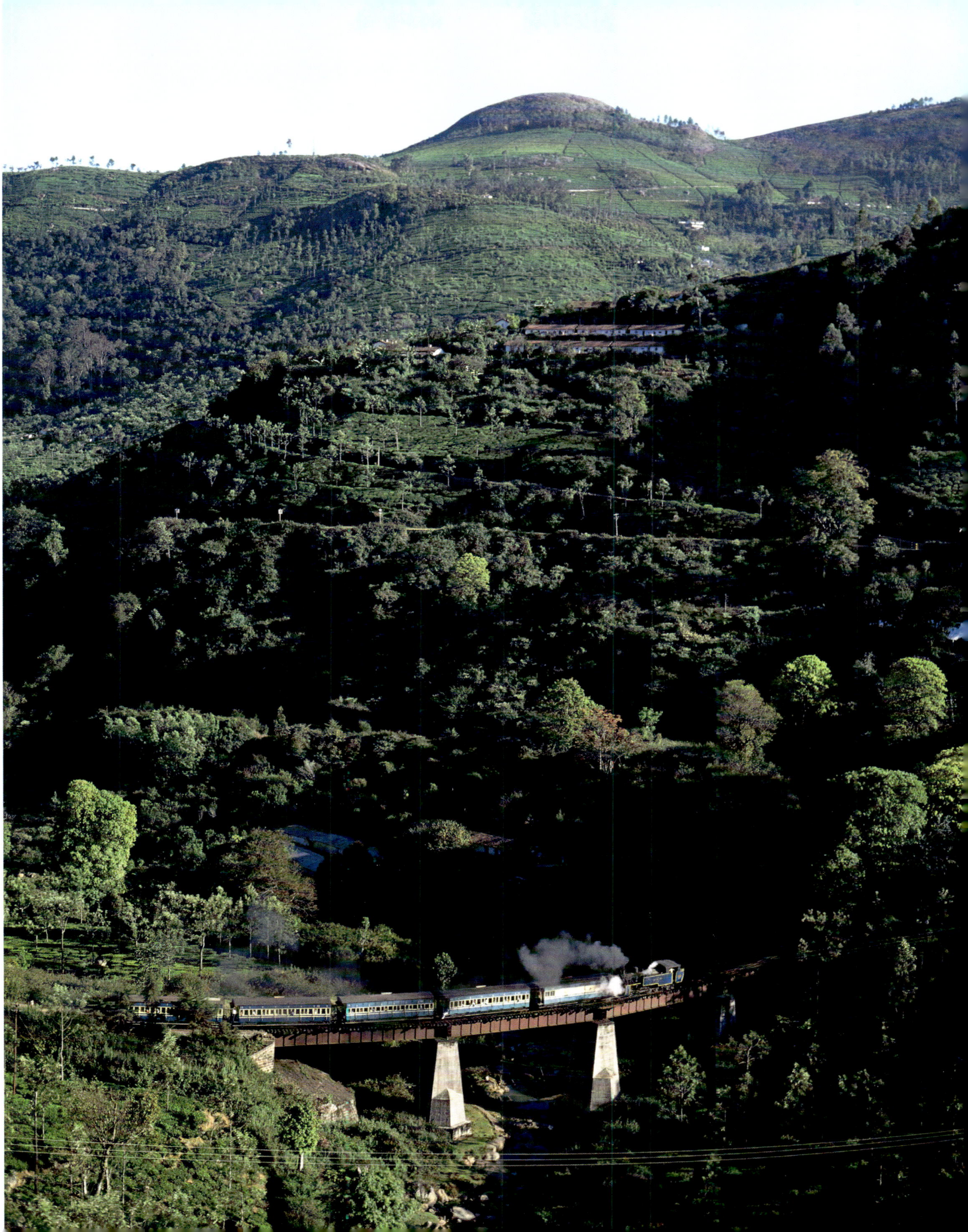

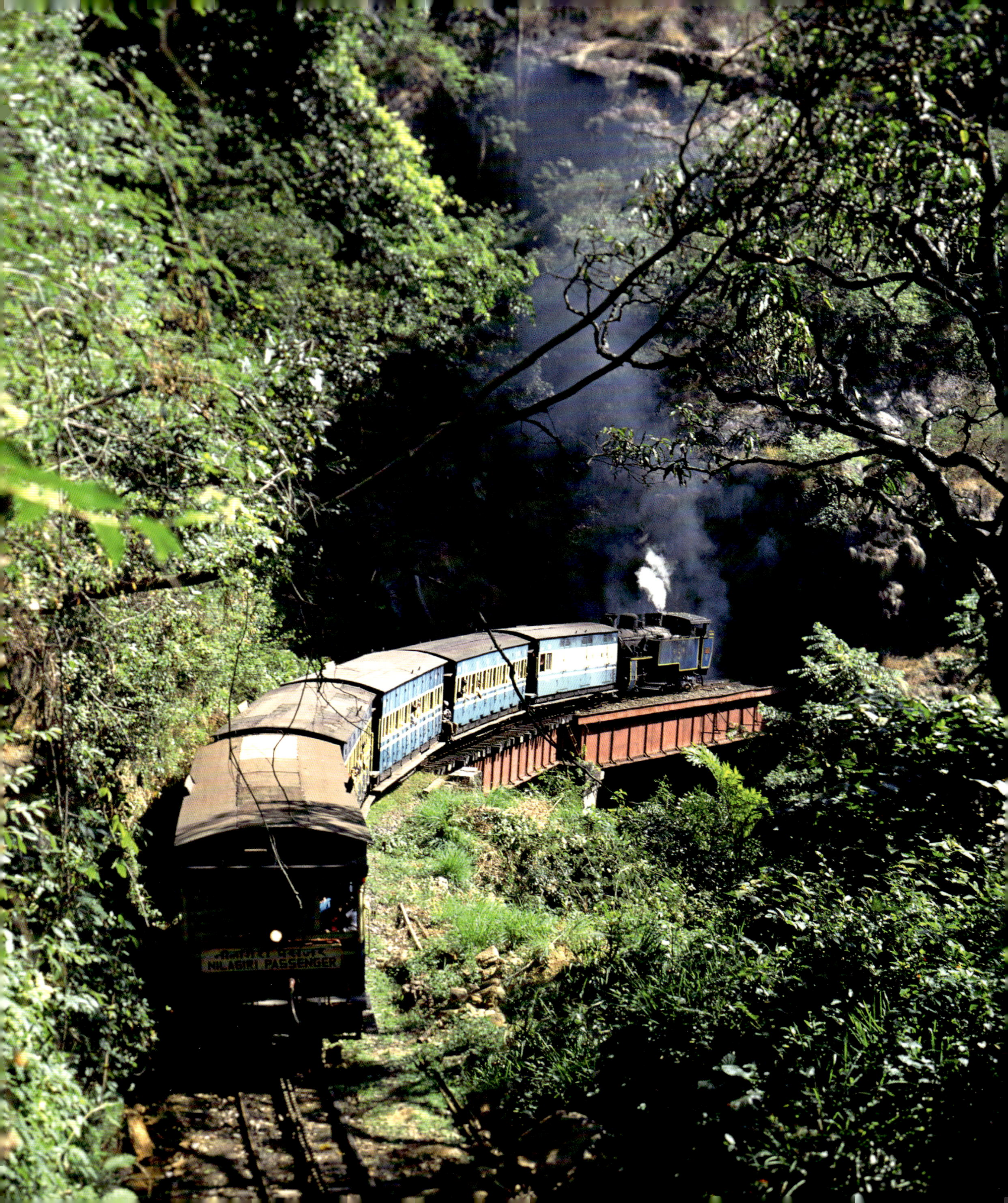
NILAGIRI PASSENGER

hätten. "No", erwiderten wir, "we are lucky, we have not seen any!"

Zurück auf der Straße bemühte sich unser Fahrer mit seinem alten ‚Ambassador', unseren Zug auf der Bergfahrt wieder einzuholen, was kein einfaches Unterfangen war. Das englische Fahrzeug war nicht für solch wilde Verfolgungsfahrten auf Gebirgsstraßen gedacht. Bei einer Bachbrücke hielt der Fahrer unvermittelt an. „What's the problem, David? We are meant to hurry and chase our train!", insistierten wir. Der Zeitpunkt wäre jetzt wirklich extrem ungünstig für eine Teepause. „Sir, the water will boil!", erwiderte unser Fahrer und winkte einen Jungen mit einer Kanne mit frischem Wasser herbei. Mutig wurde der dampfende Kühlerdeckel geöffnet und frisches Bergwasser nachgefüllt. Unsere skeptischen Gesichter erkennend, wandte sich der Fahrer zu uns und beruhigte: „No problem, Sirs! We will continue in a minute!"

WIE EIN AFFE AUF EINEM BAUM direkt über der Bahntrasse wartet der Fotograf auf den Zug, der gerade einen Tunnel verlassen hat und über den Burliar Viadukt dampft. 1.3.1995 (links, MF)

EINER DER SELTENEN KOHLEZÜGE dampft unterhalb Coonoor bergwärts. Im Hintergrund die Teeplantagen und die ‚Blue Hills', wie die Nilgiri-Berge auch genannt werden. 26.2.1995 (MF)

143

NEBENBAHNATMOSPHÄRE VOM FEINSTEN bot die 762mm-Schmalspurbahn Bankura–Rainagar im bengalischen Tiefland. In der Zwischenzeit hat man die Strecke auf Breitspur umgebaut. 1.1996 (MF)

SCHMALSPURIGE 2'C1'-PACIFICS besorgten den Gesamtverkehr auf der Strecke Bankura–Rainagar 1.1996 (MF)

STRASSENSZENE in Bankura in Westbengalen. Zweiräder und Rikschas dominieren das Bild 5.3.1995 (MF)

Westbengal – last call for steam!

Aus Kalkutta kommend erreichten wir nach fünf Stunden Bahnfahrt den Ort Katwa im bengalischen Tiefland. Zwei Schmalspurbahnen mit 762 mm Spurweite nahmen hier ihren Anfang. Die eine verlief nach Barddhaman, die andere nach Ahmadpur. Beide Strecken standen bei unserem Besuch kurz vor der Umstellung von Dampf- auf Dieseltraktion. Wir waren gespannt, ob wir überhaupt noch Dampfbetrieb antreffen würden. Die Inaugenscheinnahme des Depots beruhigte uns: Eine grün-schwarze Tenderlok mit der seltenen Achsfolge C2' dampfte still vor sich hin. Sie wurde 1916 von der englischen Lokschmiede Bagnall nach Indien geliefert und stand seit achtzig Jahren im Einsatz. Auf den Gleisen im hinteren Bereich des Depots entdeckten wir weitere abgestellte Schwesterloks. Wie auf einem Friedhof wuchsen hohe Gräser und Büsche um die längst verstummten Ahnen einer vergangenen Epoche.

Um der erbarmungslosen Hitze für ein paar Stunden zu entgehen, wollten wir uns eine kleine Pause in einer Pension gönnen. Eine solche war rasch gefunden. Müde von den Strapazen unserer Reise legten wir uns hin und schliefen kurze Zeit danach ein.

Als wir nach ein paar Stunden erwachten und die Augen öffneten, erblickten wir über uns an der Decke ein etwa dreißig Zentimeter langes Reptil. Wir erschraken, sprangen auf und waren hellwach. Rasch entdeckten wir, dass sich noch mehrere dieser Rieseneidechsen in unserem Zimmer aufhielten. Zwischen den Türen und dem Boden war ein fünf Zentimeter hoher Spalt, sodass die Tiere überall hereinspazieren konnten. Wir beschwerten uns beim Besitzer. Dieser lachte und beruhigte uns: „Sir, don't worry! These animals are in every room!" und meinte weiter: „They are useful. They eat the mosquitos."

Wir verließen das Zimmer mit unseren ‚Mitbewohnern', um den Abendzug nach Ahmadpur auf der Flussbrücke über den Ajoy aufzunehmen. Kaum auf der Hauptstraße, witterten die Rikschafahrer ihr großes Geschäft und fuhren zielstrebig auf uns zu. Als sie uns eingekesselt hatten, kam die Frage nach unserem Ziel, und das übliche Feilschen um den Preis begann. Der Fahrer mit dem günstigsten Angebot erhielt den Zuschlag.

GLEICHFALLS IN 762 MM-SPUR ausgeführt waren die von Katwa ausgehenden Bahnstrecken nach Ahmadabad und Bardhaman. Bis Mitte der Neunzigerjahre bewältigten C2'-Tenderloks von Bagnall größtenteils den Betrieb. W.G. Bagnall war ein britischer Hersteller von Werks- und Schmalspurloks, welche in die ganze Welt geliefert wurden – oft über Jahrzehnte in immer neuen Baulosen nachbestellt. 4.3.1995 (MF)

Wir nahmen auf der Sitzbank einer dreirädrigen Fahrradrikscha Platz und fuhren gemütlich Richtung Stadtrand. Als die geteerte Straße zu Ende war und es auf einem Feldweg weiterging, wurde die Geschwindigkeit merklich langsamer. Der junge, hagere Fahrer musste sich erheblich anstrengen, und die Blattfedern des Gefährts quietschten bedenklich. Der Weg wurde immer schlechter, der letzte Monsun hatte seine Spuren hinterlassen. Wir hatten uns schon entschlossen, zu Fuß weiterzugehen, als das Ufer des Ajoy und die große Eisenbahnbrücke in Sicht kamen. Unser Fahrer war sichtlich erleichtert. Wir gaben ihm den ausgemachten Preis und noch ein paar Rupien Trinkgeld. Er gab zu verstehen, gerne auch für die Rückfahrt in die Stadt bereitzustehen. Diese Tortur wollten wir ihm aber nicht nochmals zumuten!

Als der feurig rote Sonnenball sich langsam hinter den hohen Palmen am anderen Ufer des Flusses zu senken begann, kündigte sich der Schmalspurzug mit langen Pfiffen an. Das Timing war perfekt. Das Motiv war wie eines der romantischen Bilder aus einem Reisekatalog mit Strand, Palmen und untergehender Sonne. Bloß, dass uns nicht nach Baden war – der Fluss war eine einzige Kloake. Die Fußgänger auf der Brücke

A BAGNALL IN THE SUNSET: In den letzten Sonnenstrahlen dampft der Abendzug nach Ahmadpur über den Fluss Ajoy. Die Brücke wird von Schmalspur-, Breitspurzügen und zahlreichen Fußgängern benutzt. 3.3.1995 (links, BH)

IM HINDUISMUS, der verbreitetsten Religion Indiens, repräsentieren Tempel den Kosmos schlechthin. Die Welt der Götter berührt hier die irdische Welt. 2.1994 (unten, RI)

sprangen ans Geländer. Mit einer leichten Rauchfahne polterte der Dampfzug langsam über die stählernen Blechträger. Das Klappern der Schienenstöße, das Rauschen der alten Blechträgerbrücke und der Auspuffschlag der kleinen Bagnall-Maschine begleiteten die Szene, ehe der Zug langsam entschwand und wieder beschauliche Ruhe einkehrte. Unsere Kameras klickten um die Wette. Wir hatten die Silhouette einer der letzten Dampfzüge Westbengalens im Kasten. Ein Bild mit Symbolcharakter, versinnbildlichte der entschwindende Zug vor der untergehenden Sonne doch wie kaum ein anderes die unwiederbringlich zu Ende gehende Dampflokepoche auf dem indischen Subkontinent.

Von der Langsamkeit einer Indienreise
DARJEELING

Die Darjeeling Himalayan Railway ist eines der Wunder dieser Welt. Die Schmalspurzüge, deren Anmut und Ausstattung sich über die vergangenen 130 Jahre kaum verändert hat, werden von winzigen B-Kupplern gezogen, gebaut in England zwischen 1880 und 1925.
Von Berthold Halves

KOHLESAMMLER SUCHEN IN DER SCHLACKE nach unverbranntem Material. Die alle paar Kilometer notwendigen Wasserhalte werden auch zum Entschlacken und Dampfkochen genutzt. Ghum, 8.3.1995 (BH)

ALLTAG ZWISCHEN TUNG UND SONADA: Im ersten Morgenlicht dampft der Schülerzug nach Darjeeling durch die Straßen. Vorne auf der Lok versieht der Sander seinen Dienst. 8.3.1995 (rechts, MF)

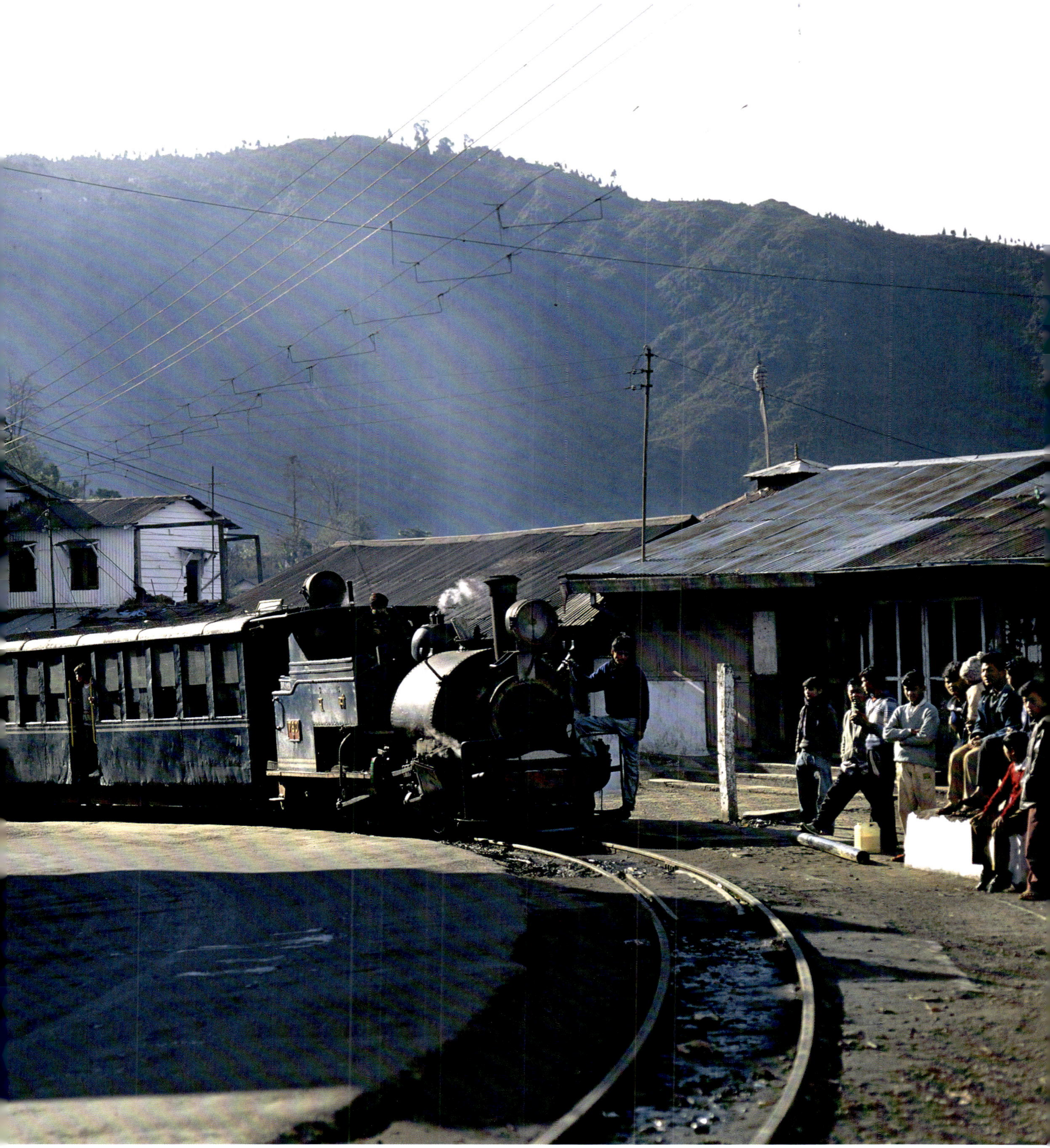

DER 'NEWMAN'S INDIAN BRADSHAW', publiziert seit 1866, wirkt wie ein Relikt aus Kolonialzeiten. Tatsächlich unterscheiden sich Satz und Schrift kaum von dem seit 1839 in England produzierten Original von George Bradshaw. (Auszug aus Ausgabe 1994, MF)

DER 'TOY-TRAIN': Schüler springen auf und ab, während sich die DHR ihren Weg durch die Dörfer bahnt. Rungbull, 9.3.1995 (BH)

Die Reise mit dem Zug, von der lokalen Bevölkerung liebevoll ‚Toy-Train' genannt, gilt als eine der schönsten Bahnfahrten überhaupt. Der Zug klettert vom bengalischen Tiefland bis zum Scheitelpunkt auf über 2000 Höhenmeter.

So einzigartig wie die Reise mit dieser Bahn, so erhaben war ihr Bestimmungsort: Mit seinen buddhistischen und hinduistischen Tempelanlagen, wie auch seinen großartigen Aussichten auf die Berge des Himalaja, war Darjeeling seit jeher ein erstrangiges Reiseziel. Nur über eine schmale Gebirgsstraße erreichbar, entstand schon Mitte des 19. Jahrhunderts der Wunsch, Darjeeling per Bahn zu erschließen. Schließlich erreichte im Jahr 1878 der Schienenstrang von Kalkutta her New Jalpaiguri, den Ausgangspunkt der Darjeeling Himalayan Railway.

Aufgrund der Topografie wurde die Linie als Schmalspurbahn mit 2 Fuß (610 mm) ausgeführt. Um die Strecke auf kostengünstige Weise errichten zu können, wurde zudem eine Linienführung mit mehreren offenen Kehrschleifen und doppelten Spitzkehren, sogenannten ‚Reverses', gewählt. So ließen sich selbst auf kleinstem Raum größere Steigungen überwinden.

Als wir dem Zug nach Darjeeling bei Sukna zum ersten Mal begegneten, nahm die kleine, zweigekuppelte Lok mit ihrem charakteristischen Satteltank gerade Wasser. Die beiden Heizer säuberten mit langen Schirrhaken den Aschekasten. Händler mit Früchtekörben machten derweil Geschäfte mit den Reisenden.

Nach zwanzig Minuten erfolgte ein kurzer Pfiff, und weiter ging's bergan. Es zischte und rauchte erstmals aus allen Rohren; mit viel Geschick brachte der Lokführer seine Fuhre in Bewegung. Der Zug fuhr gemächlich bergan. Je steiler es wurde, umso wichtiger wurden die beiden ‚Sandmänner' vorne auf der Lok. Sie hielten sich vor den Zylinderblöcken an Griffen fest und streuten fortwährend feinen Quarzsand auf die Schienen, um die Adhäsion zu verbessern.

WAS KLEIN IST, IST NOCH LANGE NICHT UNBEDEUTEND: Der ‚New Jalpaiguri-Darjeeling-Passenger' beim Zwischenhalt in Kurseong 10.3.1995 (rechts, MF)

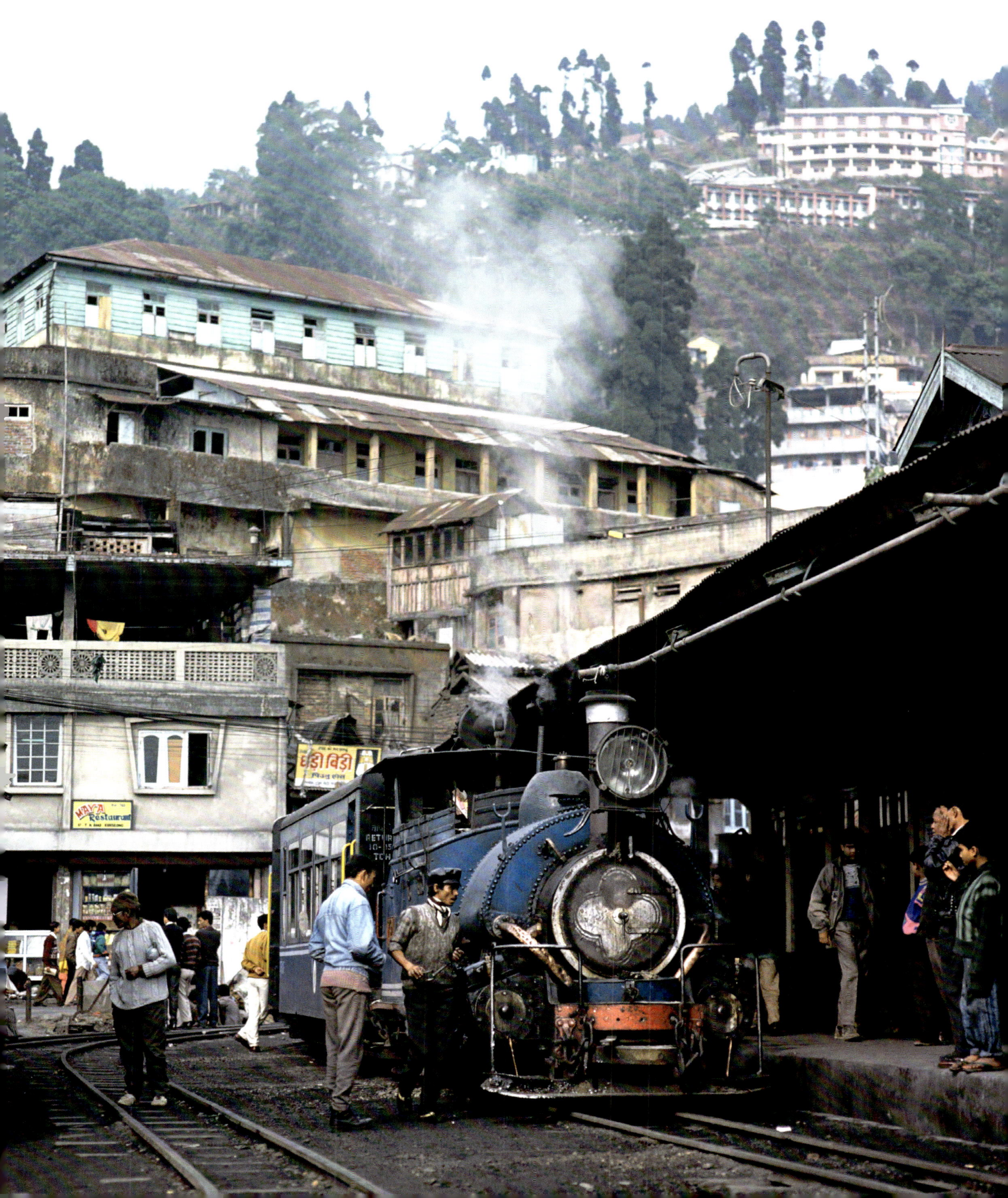

घड़ी बिड़ी
MAYA
Restaurant

AUF ABENTEUERLICHSTE WEISE versuchen Verkehrsteilnehmer, auf der schmalen Gebirgsstraße neben dem Zug andere Fahrzeuge zu kreuzen. Da und dort zeugen Wracks von tragischen Vorkommnissen. 8.3.1995 (MF)

STÄNDIG SIND GLEISBAUTRUPPS mit Ausbesserungen beschäftigt, denn die Bahn wird häufig von heftigen Regenfällen und Erdrutschen heimgesucht. Hier sind Arbeiten unterhalb Tindharia im Gang. 20.11.2006 (Weltensammler)

Die Bahn verlief größtenteils am Rande der Straße. Oft kam es zu brenzligen Situationen, wenn Lastwagen oder Busse neben der Darjeeling Himalayan Railway kreuzen oder überholen wollten. Die Straße mit ihren vielen Haarnadelkurven war ohnehin nichts für ängstliche Naturen. Es galt das Recht des Stärkeren. Die Fahrer wichen oft erst im allerletzten Moment aus und kreuzten um Haaresbreite. Da und dort erinnerten Wracks abgestürzter Fahrzeuge an tragische Vorkommnisse. Statt Straßenschilder aufzustellen, pinselten die Behörden Aphorismen an Stützmauern, die passender kaum sein könnten: „Better fifteen minutes late in this world than fifteen minutes earlier in the next!" stand an einer Stelle, andernorts „If you drive like hell, you will get there soon!"

Gegen Mittag erreichten wir den quirligen Ort Kurseong. Manchen Reisenden war anzusehen, dass sie sich allmählich nach ihrem Fahrtziel sehnten. Während der Zug gemäß Fahrplan rund 8½ Stunden für die 88 km Strecke zwischen New Jalpaiguri und Darjeeling benötigte, waren es in Wirklichkeit häufig 9 oder gar 10 Stunden. Einheimische benützen lieber Busse oder Jeeps, welche die Strecke in einem Bruchteil der Fahrzeit abspulen. Sie vermögen jedoch kaum etwas vom Reiseerlebnis einer Fahrt mit der Darjeeling Himalayan Railway zu vermitteln.

Straßenkinder sprangen auf und ab. Händler brachten hektisch ihre Marktstände in Sicher-

DAS ‚WAHRE' LEBEN: Auf der schmalen Gebirgsstraße schnauft der Zug durch das Dorf Ghum. Kein Hang ist zu steil, um bebaut zu werden. Man beachte die Wäscheleine über dem Abgrund und das Fehlen jeglicher Geländer der ‚Brücke' bei der Lok. 2.1985 (GC)

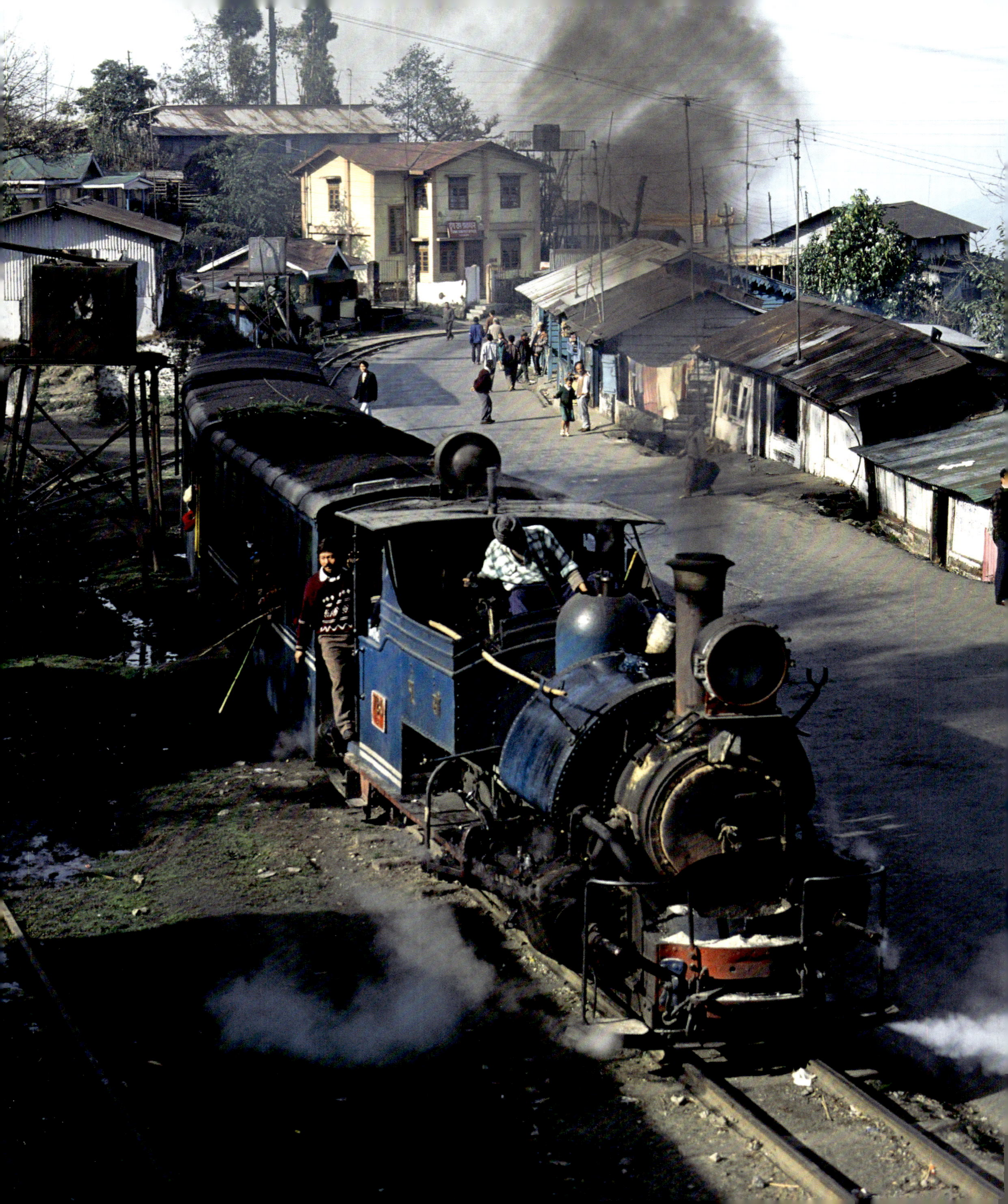

heit, während sich bereits der Zug näherte und seinen Weg im wahrsten Sinne des Wortes durch die Straße bahnte, um kurz nach Durchfahrt des letzten Wagens alles wieder auf die Gleise zu stellen.

Bei Ghum erhielten die Fahrgäste erstmals einen der grandiosen Ausblicke auf den dritthöchsten Berg der Welt, den Kanchenjunga. Die großartige Kulisse begleitete die Reisenden fortan bis zu ihrem Fahrtziel Darjeeling.

Wer mit dieser Bahn fährt, reist nicht um anzukommen. Vielmehr sind es die Langsamkeit des Reisens, die Entschleunigung aus unserer hektischen Welt und die Sinneseindrücke, welche eine Fahrt mit diesem Schmalspurzug ausmachen, ganz im Sinne von Mahatma Gandhi: „Es gibt Wichtigeres im Leben, als beständig dessen Geschwindigkeit zu erhöhen".

VOR DEM DACH DER WELT: Beim Batasia-Loop zwischen Ghum und Darjeeling haben die Fahrgäste einen grandiosen Blick auf das Himalaya-Gebirge. Die Bergkette mit dem Kanchenjunga mit seinen 8586 Metern wirkt zum Greifen nah. 18.2.1994 (PM)

DORFSZENE IN TUNG: Nicht ein einziges Strassenfahrzeug stört die Idylle im Bergdorf. Ursprünglich von mongolischstämmigen Ureinwohnern besiedelt, leben heute überwiegend Gorkhas, Tibeter, Bhutias und Bengalesen im Bergland. 9.3.1995 (links, BH)

‚FACES AT THE DARJEELING HIMALAYAN RAILWAY': Der Mann mit der Signalflagge ist für die sichere Abwicklung der Rangiermanöver zuständig (links). Indische Passagiere lächeln, als sie die Fremden erblicken. (Mitte) Ein Rhesusäffchen mitten auf der Straße beobachtet uns aufmerksam (rechts). 3.1995 (BH, BH, MF)

A Lesson in Patience
RAJASTAN

Reisen mit der indischen Eisenbahn ist mehr als bloße Fortbewegung. Es ist eine Annäherung, ein Eintauchen in den Mikrokosmos des Subkontinents. Ebenso wie eine Reise durch dieses vielfältige Land ist die Reise mit der indischen Eisenbahn ein Erlebnis, das kaum einen Besucher unbeeindruckt lässt. Von Markus Fischer

SUNRISE AT THE DEBARI-GATE: Eine YG durchfährt mit dem Passenger 222 nach Johdpur die alte Befestigungsanlage von Udaipur. Die Mauer war im 17. Jahrhundert durch den Maharana Raj Singh zum Schutz der Stadt, damals Mittelpunkt des Königreichs von Mewar, errichtet worden. Nicht einmal die Briten vermochten zu Kolonialzeiten Udaipur und seine Umgebung völlig unter ihre Kontrolle zu bringen. 12.1995 (links, MF)

TRAUMHAFTES RAJASTAN: Der 1799 gebaute Palast der Winde diente dazu, die Hofdamen am Alltagsleben der Stadt teilnehmen zu lassen, ohne selbst gesehen zu werden. 10.2.1994 (unten, RI)

Ende 1995 führte mich eine Tour zu den letzten Dampfloks auf Meterspur in Rajastan. Auf den landschaftlich reizvollen Strecken von Udaipur nach Ahmadabad im Süden und Richtung Mhow im Norden wurden noch Meterspur-Dampflokomotiven der Reihen YP und YG eingesetzt.

Den ganzen Tag war ich auf der ‚Ghat-Section' unterwegs, einem eindrucksvollen, durchs Gebirge führenden Streckenabschnitt bei Udaipur. Ich wollte den ‚Passenger 86' Ahmadabad–Udaipur–Chittaurgarh aufnehmen, der planmäßig um 15:30 vorbeikommen sollte. Wie alle dampfgeführten Züge sollte er auf dem steigungsreichen Abschnitt zwischen Zawar und Udaipur eine Schiebelok erhalten. Weil indische Züge kaum je pünktlich verkehren, fragte ich beim Station Master nach, wie viel Verspätung der ‚86' heute hätte. „Train 86 down is running two and a half hours late, Sir!" antwortete er dienstbeflissen.

Stundenlang zwischen Bergen von Kartonschachteln auf dem Bahnsteig ‚campierend', warteten die Menschen geduldig auf ihren Zug.

Wie überall in Indien trieben sich bettelnde Kinder auf dem Bahnhof herum. Eisenbahner und Polizisten versuchten sie zu vertreiben, allerdings mit wenig Aussicht auf Erfolg. Eine indische Zeitung schrieb dazu: „Von Zeit zu Zeit werden die bettelnden Kinder zusammengetrieben und per Lastwagen an einen unbekannten Ort gebracht. Aber oje, die Flegel stürmen schon in den Bahnhof zurück wie heimkehrende Tauben, bevor überhaupt der Lastwagen zurückgekehrt ist!"

Kaum irgendwo auf der Welt meistern die Leute die Widrigkeiten des Alltags mit einer solch stoischen Gelassenheit. Selbst in scheinbar ausweglosen Situationen scheinen sie stets Hoff-

HISTORISCHE KULISSE IN AGRA: Eine YP dampft vor der berühmten Roten Festung aus der Mogulzeit in den Bahnhof. 12.2.1994 (RI)

EIN ‚PASSENGER' ÜBERQUERT zwischen Ranapratapnagar und Udaipur City den Fluss Ahar. Obschon die Brücke über keinerlei Geländer oder Planken verfügt, wird sie gerne von Fußgängern benutzt – ohne dass darob jemand Anstoß nehmen würde. 12.1995. (MF)

nung und Zuversicht in sich zu tragen. Selbst das etwas burlesk wirkende Schild, das an manchen Bahnhöfen hing, brachte diese Einstellung zum Ausdruck: ‚Trains running late are likely to make up time.'

Meine Erfahrung sagte mir allerdings, dass das Gegenteil der Fall sein würde. Darüber hinaus war die Langsamkeit mancher indischer Meterspur-Personenzüge fast schon legendär. Der ‚Fast Passenger 86' machte da keine Ausnahme. Der Zug benötigte für die 300 km von Ahmadabad bis Udaipur zehn Stunden, die üblichen Verspätungen nicht eingerechnet, was einer Durchschnittsgeschwindigkeit von 30 km/h entsprach.

Er hatte das Prädikat ‚fast' eigentlich nicht verdient! Der 'YG-Banker', die Schiebelok aus Udaipur, war schon einiges früher in Zawar eingetroffen. Ich hatte Zeit, mich ein wenig mit dem Lokpersonal zu unterhalten. „Train 86 down is always running late!", meinte der Lokführer der YG und fügte mit einer abweisenden Handbewegung hinzu: „You know, Sabarmati people are lazy people!" Offensichtlich hatten die Leute von Udaipur keine allzu gute Meinung von ihren Kollegen des Depots ‚Sabarmati Junction', welches für die Bespannung des '86 down' zuständig war.

Der Zug rollte in die Station. Eine heruntergekommene YP Pacific war an der Spitze. Das baldige Ende der Dampftraktion ließ sich am Pflegezustand der Maschine ablesen. Die Mannschaft der Lok würde in Zawar das Feuer putzen und Dampf für die anschließende 'Ghat-Section' kochen, während hinten die Schiebelok ansetzte. Kurz nach sieben ging's endlich los: Ein Pfiff der YP an der Spitze, gefolgt von zwei der YG am Zugschluss, kündigte die Abfahrt an. Wir rumpelten aus dem Bahnhof. Im engen Tal dahinter war es bereits dunkel geworden. Der Zug fuhr langsam in die 1 zu 60 Steigung. Erst in den Sechzigerjahren war dieser schwierige Gebirgsabschnitt mit chinesischer Hilfe fertiggestellt worden.

THE INDIAN WAY: Arbeitskräfte sind in Indien so zahlreich und billig, dass Dinge, die andernorts Maschinen verrichten, hier manuell erledigt werden – so auch die Bekohlung von Dampflokomotiven. Selbst dort, wo ein Kran vorhanden ist, gestaltet sich dies arbeitsintensiv. Die meist in geschlossenen Güterwagen beförderte Kohle muss erst mühsam ausgeladen werden. In kleineren Bws erfolgt die Bekohlung sogar komplett von Hand und gibt zahlreichen Menschen Arbeit und Lohn. Sahrsa, 1.1996 (oben, MF)

HOCH ÜBER UDAIPUR liegt der große Maharaja-Palast. Der Anschluss des Fürstentums von Mewar an Indien erfolgte erst 1949; der Maharana regierte gar noch bis 1956 in diesem Palast. 12.1995 (MF)

DIE STEILE ‚GHAT-SECTION' erfordert ab Zawar planmäßig Schubunterstützung durch eine YG. Gerade hat der Ahmadabad-Express Zawar Richtung Udaipur verlassen. Am Pflegezustand der Zuglok ist das baldige Ende des Dampfbetriebs abzulesen. 12.1995 (MF)

Wir dampften die Steigung hoch. Plötzlich hielt der Zug auf offener Strecke an. ‚The Great Railway Bazaar' von Paul Theroux kam mir in den Sinn mit seiner Schilderung, wie indische Reisende aus manchem Expresszug einen Lokalzug machten: Sie zogen einfach die Notbremse und machten sich übers Gleis davon. Dies, obschon natürlich ein Schild neben jedem Handgriff warnte: „PENALTY FOR IMPROPER USE RS 400." Doch das Zugpersonal hatte nach dem Betätigen der Notbremse erst mal alle Hände voll damit zu tun, die Bremse des betroffenen Wagens zurückzustellen. Den Missetätern hinterher zu jagen und sie zur Rechenschaft zu ziehen, war für das Personal angesichts des Belegungsgrades indischer Züge ohnehin so gut wie chancenlos.

Nach ein paar Minuten pfiffen die Loks vorne und hinten. Nun schien es wieder weiterzugehen. Die Loks schleuderten jedoch wie wild und vermochten die Komposition in der starken Steigung nicht mehr in Bewegung zu setzen.

Als wir nach ein paar Minuten immer noch standen, ging ich hinaus, um mich umzuhören, was los war. Vorne bei der Zuglok war das Personal heftig am Diskutieren. Auch der Lokführer der Schiebelok war unterdessen nach vorne gekommen. „The problem is that the banking engine was not pushing!", rief der Lokführer der Zuglok empört. „No, you were not pulling at all!", erwiderte der ‚driver' der Schiebelok aufgeregt. „We cannot do anything if you are

EINE ÄUSSERST GEPFLEGTE Pacific stürmt mit dem ‚Chittaurgarh–Ahmadabad Passenger 85' unweit Zawar Richtung Süden. Über 250 km liegen noch vor ihr. 12.1995 (rechts, MF)

JAISALMER MIT DEM SEE ‚GADI SAGAR'. Der Teich wurde 1156 von Maharaja Jaisal als Wasserreservoir angelegt. Hoch auf den Felsen thront das Fort Jaisalmer. (© OlegD – Fotolia.com)

not working!", meinte schließlich der Führer der Zuglok lakonisch.

Da standen wir nun und jeder schob dem anderen den schwarzen Peter zu. Unglücklicherweise war der Zug genau auf dem Abschnitt mit der Schutzweiche zum Stehen gekommen. Diese sollte entlaufene Wagen vor dem Bahnhof zum Stillstand bringen. Weil die Federweiche verschlossen war und auf Ablenkung stand, war es nicht möglich, in den Bahnhof zurückzurollen.

Der ‚Guard' hatte in der Zwischenzeit zwei Drähte mit der Telegrafenleitung verbunden und kurbelte am Telefon. „Train 86 down at kilometer 156." „Yes, we are stuck at kilometer one-five-six." – „No, we cannot go backwards. The pointsman has to bring the key for the trap point!"

DRIVER AND FIREMAN einer YG des Depots Ranapratapnagar, Udaipur. Die indischen Eisenbahner begegnen dem Fremden oft mit einer Mischung aus Respekt und Verwunderung. 12.1995 (MF)

Der Bedienstete, welcher den Schlüssel hatte, um die Weiche in die gerade Stellung umzulegen, musste also her. Doch dieser wichtige Mann war wie vom Erdboden verschluckt. Nun, zu dieser Stunde war ja auch kein Zug talwärts angekündigt!

Wir standen schon eine ganze Weile hier draußen im Dunkeln. Ein ungeduldiger britischer Tourist trat vor den ‚Guard', tippte auf seine Uhr und wollte wissen, wann es endlich weiterginge. „We should have been in Udaipur by five thirty. Now it is eight thirty at night, we are here in the middle of nowhere and we don't know what's going on!", herrschte er den Schaffner an.

Ignoranz ist die Kunst, mit offenen Augen nicht sehen zu wollen. Der Mann verkörperte den Stereotyp eines Touristen, der im ‚first class compartment' durch Indien reist und nichts von den Sorgen und Nöten der Menschen draußen mitbekommt, geschweige denn von der Besonnenheit und dem Sanftmut, mit welcher diese ihren Alltag meistern. Der ‚Guard' erwiderte freundlich, aber bestimmt: „Sir, I know that your time is very important. But at the moment, I cannot do anything for you!"

Schließlich erhielt das Zugpersonal die Nachricht, dass uns eine Diesellok eines entgegenkommenden Zuges zur Hilfe kommen würde. Ich wusste, dass dies noch Stunden dauern konnte und begab mich zurück in meinen Wagen. Ich legte mich hin und versuchte

EINEN GROSSEN FLUSS überquert der Passenger 86 zwischen Kotana und Rckhab Dev Road. Den ganzen Tag bin ich mit einem indischen Eisenbahner und seinem Motorrad an der Strecke unterwegs. Schließlich treffen wir rund 100 km südlich von Udaipur auf diesen Viadukt. Wir warten bis zum Sonnenuntergang, aber der Zug kommt nicht. Entmutigt besteigen wir die alte Royal Enfield und machen uns auf den Heimweg. Da kommt der Passenger 86 angedampft! Wir drehen um und ‚knattern' zurück – ich springe ab, überwinde mit einem Satz das hohe Gebüsch, fokussiere und – Klick-klick-klick! 12.1995 (MF)

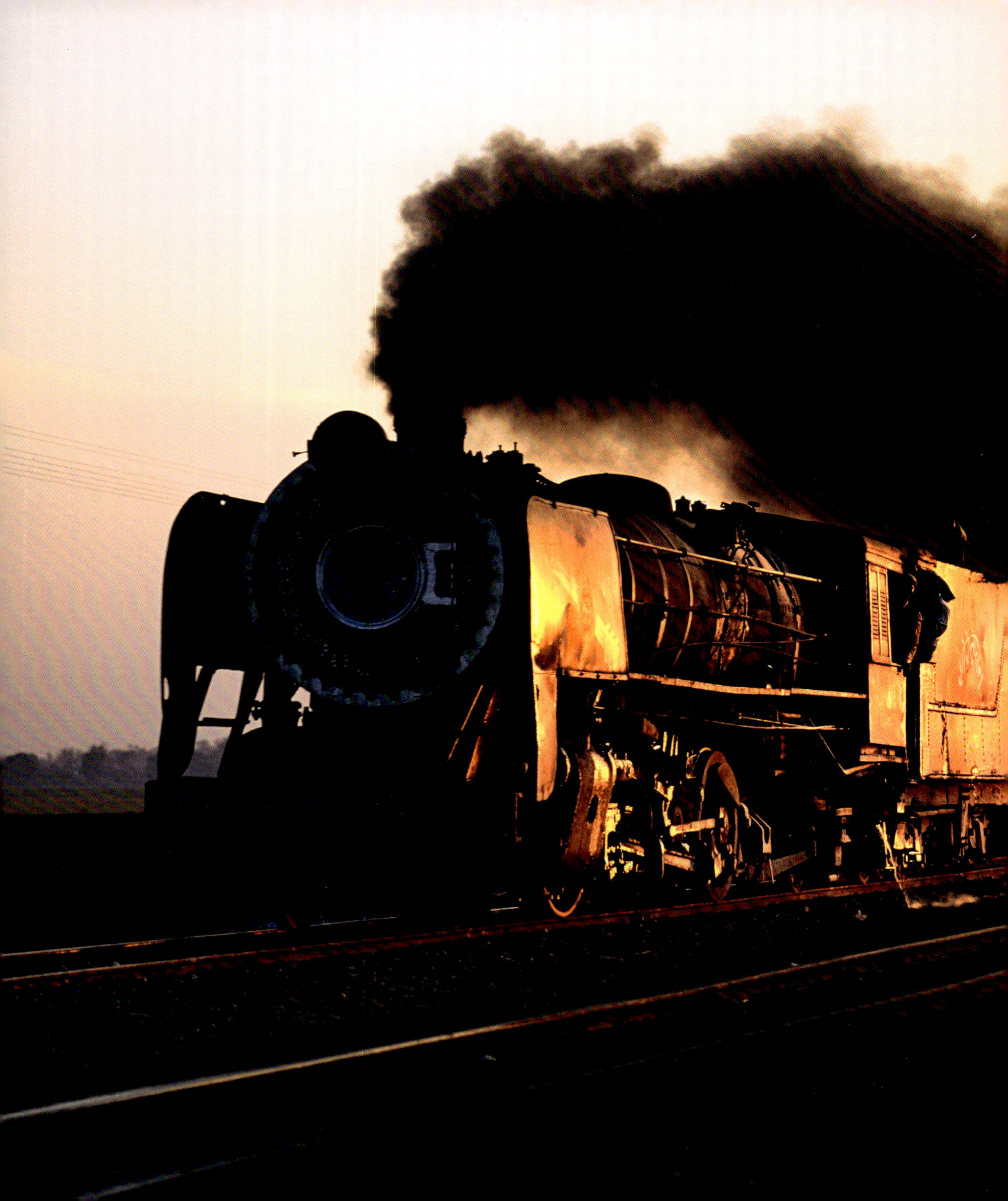

zu dösen. Aber die unzähligen Mücken, die in und um unseren stehenden Zug tanzten, hatten ein neues Opfer gefunden und ließen mich kein Auge schließen. Während ich mich im weitgehend leeren Wagen umschaute, sah ich plötzlich etwas unter mir sich bewegen. Zwei Ratten waren auf der Suche nach Essbarem und krabbelten an meinen Hosenbeinen!

Wir warteten eine Ewigkeit. Dann endlich, gegen elf abends ertönte das Blubbern eines Diesels. Eine YMD4-Diesellok kam uns zu Hilfe. Sie hatte ihren Güterzug auf einem Unterwegsbahnhof zurückgelassen und fuhr mit ihrem grellen Frontscheinwerfer langsam auf uns zu.

„Das Reisen ist eine Passion, in dem wunderbaren Doppelsinn dieses Wortes, der im Wort Leidenschaft vollkommen nachgeformt ist: eine Passion, kein Vergnügen." (Erich Kästner)

"JEDER SCHÖNE AUGENBLICK
ist eine Perle, die wir auf die Kette unseres Lebens fädeln. Und jeder glitzernde Glücksmoment, den wir genießen, macht unsere Kette ein kleines bisschen kostbarer."
(Jochen Mariss)
Gibt es einen schöneren Tagesabschluss für einen Dampflok-Fotografen als eine geglückte Reflektionsaufnahme im goldenen Streiflicht? Pratapganj, 12.1995 (MF)

Veteranen aus der Kolonialzeit
PAKISTAN

Während Indien Anfang der Neunzigerjahre seine Nachkriegs-Dampfloks reihenweise auf die Abstellgleise schickte, dampften im Nachbarland noch Lokomotiven aus der Jahrhundertwende. Sowohl die exotisch anmutenden Innenzylinder-Maschinen als auch die weitgehend noch aus der Kolonialzeit stammende Infrastruktur boten einen nostalgischen Charme, der einzigartig war.
Von Berthold Halves und Markus Fischer

DAMPFROMANTIK IM PUNJAB: SP/S 2998, überquert bei Chak Nizam eine der zahlreichen, in einfachster Bauweise errichteten Flussbrücken. Das Pferdefuhrwerk im Vordergrund dient sowohl als unser Transportmittel als auch als Motiv. 16.3.1995 (links, MF)

Schon in der Ankunftshalle des Flughafens im pakistanischen Lahore empfing uns die obligate Meute der Taxifahrer. Jeder witterte sein großes Geschäft und eine satte Kommission, falls er uns in eines der Hotels der Stadt bringen könnte. Als wir ihnen jedoch klar machen konnten, dass wir nicht in Lahore bleiben, sondern nach Malakwal wollten, einer etwa vier Stunden entfernten Provinzstadt, und ein Taxi mit Fahrer für eine ganze Woche benötigten, war erstmals Ruhe im Saal. Keiner der zuvor marktschreierisch aufgetretenen Männer hatte die geringste Ahnung, wo Malakwal lag, geschweige denn, wie man da hinkam. Wer wollte es ihnen verübeln? Der Ort war in keinem Reiseführer aufgeführt und auf kaum einer Landkarte eingezeichnet. Unter den Dampflok-Enthusiasten hatte Malakwal jedoch eine magische Anziehungskraft, wie dies auch in Usak (Türkei), Korsze (Polen) oder Zhongwei (China) der Fall war: Bedeutungslose Ansiedlungen mit staubigen Straßen und schäbigen Hotels, die vorübergehend zu beliebten Reisezielen von Freunden der Dampftraktion aus aller Welt mutierten, um nach dem Ende des Dampfbetriebs wieder in ihre frühere Bedeutungslosigkeit zurückzufallen.

Einer der herumstehender Pakistani meinte: „Why don't you take a rental car?" Tatsächlich war ein paar Meter weiter ein Stand mit dem Symbol einer der bekannten, weltweit tätigen Autoverleihfirmen. Ein Mietwagen würde kaum mehr als ein Taxi mit Fahrer kosten, und wir wären flexibel. Wir überlegten einen Moment, verwarfen die Idee jedoch gleich wieder, als wir uns die Straßenverhältnisse in Indien und Pakistan vergegenwärtigten, gegen welche eine Fahrt durch Rom im abendlichen Stoßverkehr ein Spaziergang ist.

Schließlich meldete sich ein Taxifahrer, der vorgab, nicht nur zu wissen, wo Malakwal lag, sondern auch, wie man dort hinkam. Er erklärte sich bereit, uns eine Woche lang zu begleiten und uns zu chauffieren. Gleich morgen früh könnten wir los, er wolle lediglich die Nacht noch bei seiner Familie verbringen. Mittlerweile war es Abend geworden; eine Fahrt in der Dunkelheit in die Provinz schien uns ohnehin kaum ratsam.

Der Weg am folgenden Tag führte erst mal auf dem Highway Richtung Rawalpindi und Peshawar. Wer sich in den pakistanischen Straßenverkehr wagt, braucht starke Nerven – nicht nur als Fahrer, sondern auch als Mitreisender!

Schwer beladene Lkws, von der Radnabe bis zum Dach be-

EINE DAMPFLOK ZIERT auch das Emblem der Pakistan Railways. (RI)

EIN LEBENDIGES MUSEUM: SG/S 2405, geliefert 1915 von Vulcan Foundry, im Loco-Shed Malakwal (PM)

ALLTAG IM STÄDTCHEN MA-LAKWAL: Ein Händler bietet auf einem Markt Gemüse feil, welches im fruchtbaren Flachland entlang des Jhelum-Flusses angebaut wird. 2.1986 (unten, RI)

IM ALTEHRWÜRDIGEN LOCO SHED MALAKWAL werden Lokomotiven mit einfachsten Mitteln unterhalten und gepflegt. Die Einrichtungen sind kaum jünger als die Dampfloks. 2.1995 (ganz unten, PM)

malt und mit Girlanden und allerlei Zierrat geschmückt, waren die Protagonisten der Highways. Die Fahrer der rasenden Kunstwerke, etliche meterhoch überladen, verschafften sich schon durch die schiere Größe den Respekt der anderen Verkehrsteilnehmer. Falls das nicht reichte, geboten Hupkonzerte in allen Variationen, den schweren Vehikeln die Vorfahrt zu lassen. Verkehrsregeln hatten bestenfalls empfehlenden Charakter. So zwangen uns frontal auf uns zukommende überholende Lastwagen mehr als einmal, in den Staub am Straßenrand auszuweichen. Der Versuch, das Recht des Stärkerer in Frage zu stellen, könnte hier schnell fatale Folgen haben.

Im Städtchen Gujrat zweigten wir Richtung Westen ab – oder besser gesagt, wir entgingen dem mörderischer ‚Hindukush-Highway'. Von nun an ging's in die beschauliche Provinz. Fahrräder, Eselskarren und Pferdefuhrwerke sowie ab und zu ein Pickup-Truck mit zahlreichen Menschen auf der Ladefläche, bestimmten das Bild.

Bald merkten wir, dass es mit der Ortskenntnis unseres Fahrers nicht allzu gut bestellt war. Straßenschilder gab es keine, und Kartenmaterial besaß in Pakistan ohnehin niemand, sodass er bei jeder Kreuzung oder Verzweigung anhalten und die Leute fragen musste. „Salem aleikum, tuhada ki hal hai?, …". „Guten Tag, wie geht es Dir?, …" Mal schnell nach dem Weg fragen, ohne sich zuvor geduldig darüber erkundigt zu haben, wie es dem Gegenüber

MALAKWAL FASZINIERT mit seinem Inselbahnhof und seiner aus der Kolonialzeit stammenden Infrastruktur. 2.1992 (oben und unten rechts, beide PM)

GLEISARBEITER DER PAKISTAN RAILWAYS: Warnwesten und Sicherheitsschuhe haben noch nicht Einzug gehalten, wohl aber Wasserpfeifen! 2.1992 (unten links, PM)

ملکوال جنکشن
MALAKWAL Jn.

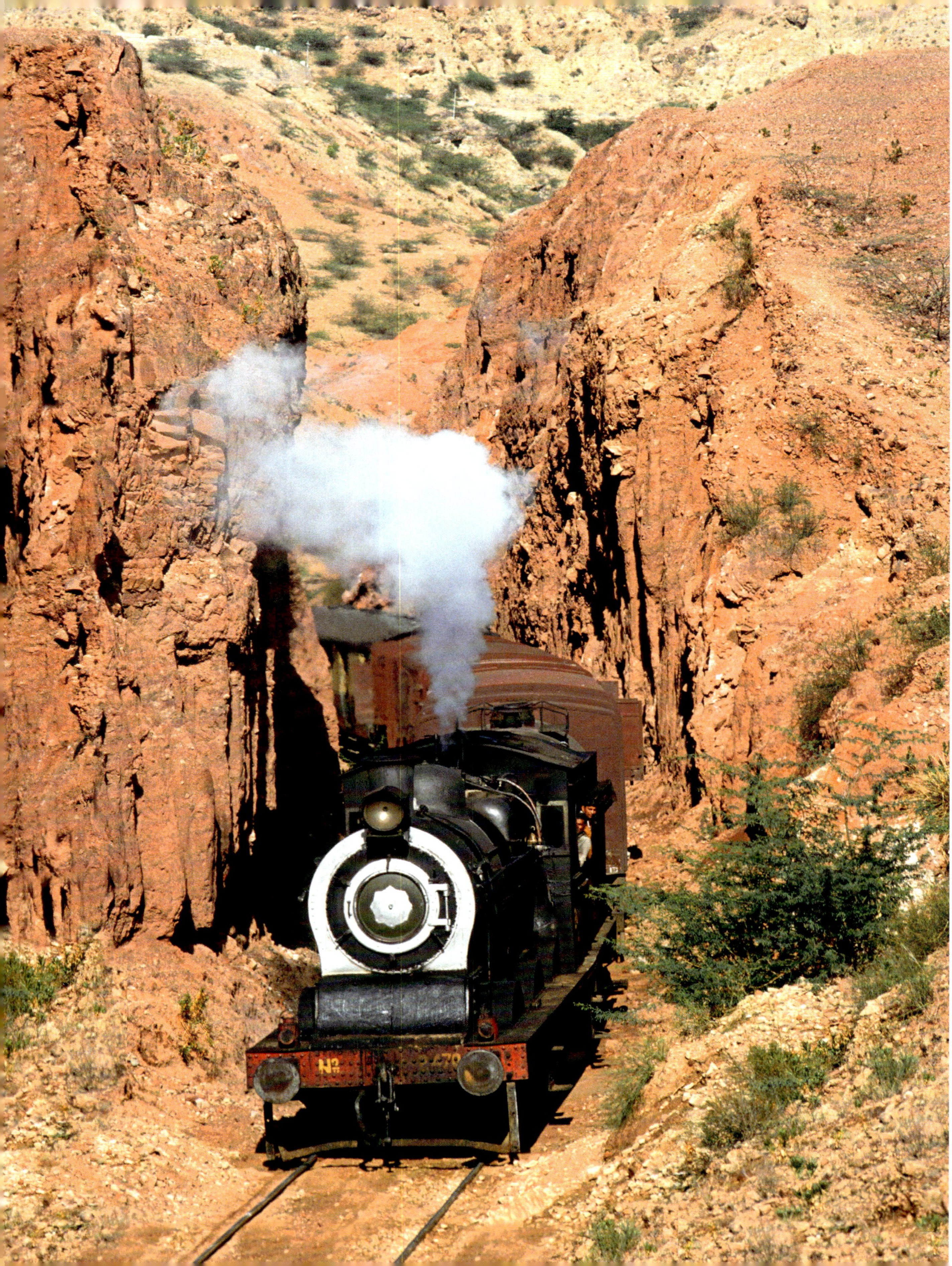

„KUNST AN DER KARRE": Kaum ein Truck in Pakistan, der nicht von der Radnabe bis aufs Dach kunstvoll bemalt und verziert wäre. „Ein schöner Lastwagen zeigt den Stolz seines Besitzers, aber auch seines Fahrers", erklärt uns Wajid, unser Begleiter. 3.1995 (oben, BH)

ging, zu erläutern woher man kam und wohin man ging, schien in Pakistan unüblich, wenn nicht gar unhöflich zu sein. Man hatte alle Zeit der Welt, und so folgte an jeder Straßenkreuzung dieses ausgedehnte Ritual.

Wir erklärten dem Fahrer, dass dies in den folgenden Tagen, wenn wir Züge verfolgen wollten, deutlich schneller gehen müsse. „Don't worry, Sir, I will enquire for the roads!"

Malakwal, kaum mehr als ein Marktfleck im flachen Ackerland im Einzugsgebiet des Jehlum-Flusses, wäre kaum je von uns als Reiseziel erkoren worden, wären nicht Dampfloks auf den von hier ausgehenden Strecken unterwegs gewesen. Dabei war der Ort durchaus geschichtsträchtig: Im Jahre 326 v. Chr.

„80 YEARS AND STILL GOING STRONG": Noch Mitte der Neunzigerjahre bewältigen die Einheitsloks der British Engineering Standards Association, geliefert von 1911 bis 1922, den Verkehr um Malakwal. Die Aufnahmen entstanden bei Jhang City und Shahinabad. 2.1992 (PM)

„CLIMBING THE SALT RANGE": SG/S 2470, gebaut 1919 von Vulcan Foundry, führt einen GmP das Gebirge hinauf nach Dandot. Die kräftigen Dreikuppler der Reihe SG/S eignen sich besonders für diese steile Strecke. Man beachte, welch enge Kurvenradien in Breitspur gebaut wurden. 2.1992 (linke Seite, PM)

besiegte hier Alexander der Große in der Schlacht am Hydaspes den indischen Kommandeur Poros, nachdem er zuvor bereits das Perserreich erobert hatte.

Freunde hatten uns schon im Voraus vor dem einzigen Hotel im Ort gewarnt. Das ‚Islam-Hotel' galt als eine Einrichtung, die nur hartgesottenen ‚Travellern' empfohlen werden konnte. Dass dieses in der Zwischenzeit geschlossen hatte, war nicht weiter schlimm: Die gastfreundlichen Pakistani kümmerten sich rührend um unsere Unterbringung. Schließlich wurden wir in der ‚Railway Officer's Lodge' gleich auf dem Bahnhofsareal einquartiert. Zwar ließ auch die ‚Officer's Lodge' jeglichen Komfort vermissen. Ihre aus groben Juteschnüren geflochtenen Pritschen ohne jegliche Laken oder Decken waren gewöhnungsbedürftig, bei den Temperaturen im pakistanischen Tiefland aber auszuhalten. Als wir uns beim Bediensteten der Pakistan Railways bedanken wollten, raunte mir unser Fahrer zu: „Baksheesh!"

AUSFAHRT FÜR SP/S 3159. Die Lok wurde 1911 als Nassdampflokomotive der Reihe SP geliefert, später mit Überhitzern versehen und auf Heißdampf umgebaut. 2.1992 (oben links, PM)

KAMELE IM EINSATZ: Häufig werden die genügsamen Tiere in Pakistan für Transporte verwendet. 2.1986 (links, RI)

VOR DER KULISSE DER SALT-RANGE-HILLS bezwingt die SG/S mit ihrem markanten Auspuffschlag die Steigung nach Khwera hinauf. 17.3.1995 (rechte Seite oben, BH)

EIN ÄFFCHEN POSIERT zusammen mit einigen Schaulustigen, während im Hintergrund eine SG/S rangiert. 16.3.1995 (unten links, BH)

EIN BAUER UND ZWEI ESEL mit ihrem Backsteintransport haben nichts gegen einen kurzen Fotohalt, um sich ablichten zu lassen. 14.3.1995 (unten rechts, BH)

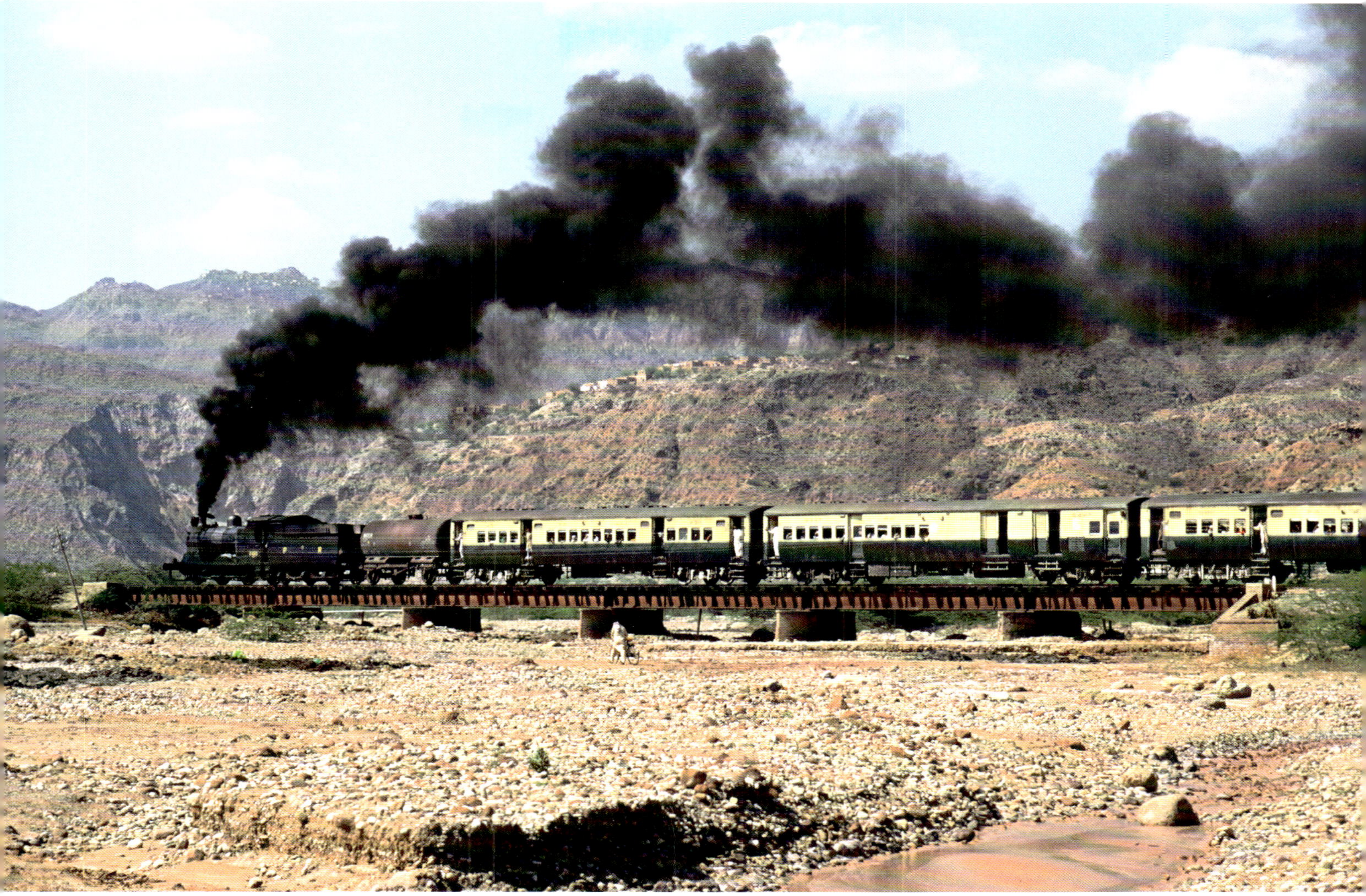

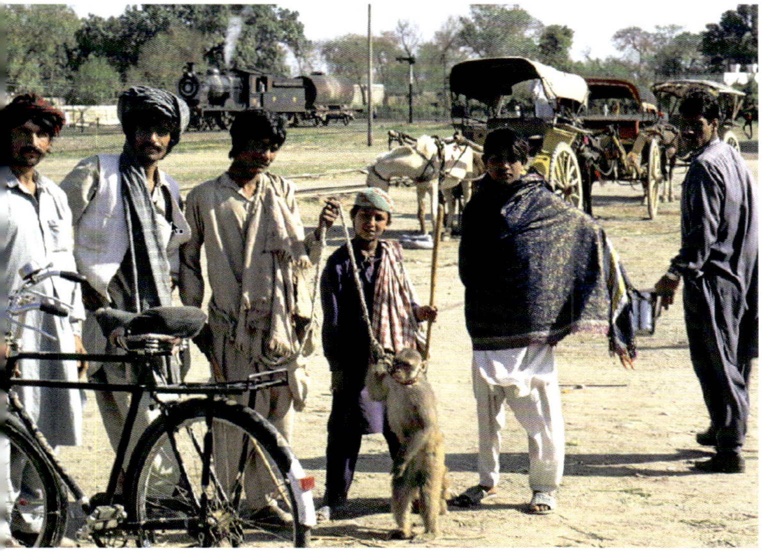

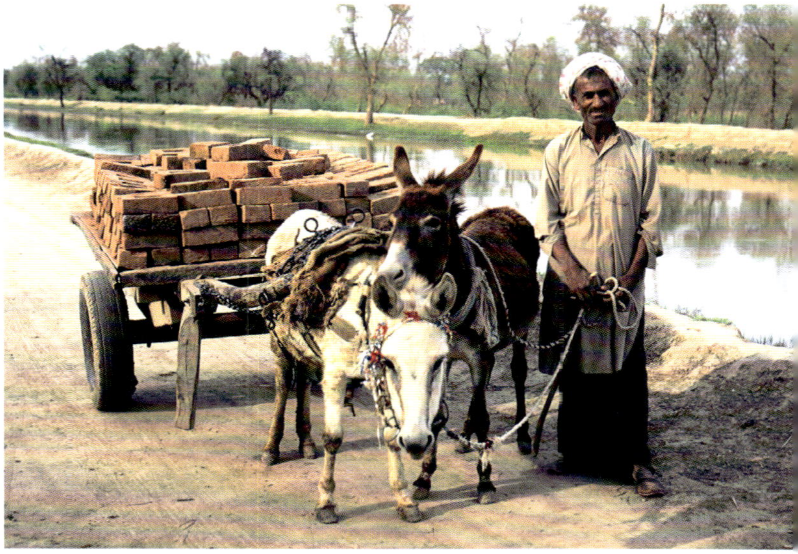

EINE ‚STANDARD GOODS SUPERHEATER ENGINE' passiert bei Chack Nizam eine der Brücken über die Flussniederungen des Jhelum. Der rote Anstrich beim ersten Wagen weist auf die Präsenz von ‚Mail' im Zug hin. Wegen der langen Strecken durch trockene Gebiete wird Richtung Süden und Westen stets ein Wasserwagen hinter der Lok eingereiht. 2.1992 (PM)

DIE PAKISTAN RAILWAYS befördern nicht nur Menschen und Güter, sondern bringen Bewohnern in trockenen Gebieten auch Wasser. In Khewra zapfen Frauen das Lebenselixier direkt von einer SG/S an. 17.3.1995 (BH)

Das Zauberwort, geläufig am Golden Horn ebenso wie auf dem gesamten Subkontinent, oder genauer gesagt ein paar ‚Rupees' bewirkten, dass unsere Lodge nun auch mit Handtüchern und Seife ausgestattet wurde und der Angestellte dienstfertig meinte: „If you need anything, please call me!"

Anderntags war ‚Action' angesagt: Wir wollten den Zug Lala Musa–Malakwal–Sargodha–Shorkot Cantonment verfolgen, rund 250 km Richtung Südwesten. Was in Europa eine Fahrt von drei, allenfalls vier Stunden wäre, war in Pakistan eine Tagesreise. Der Zug verkehrte auf der weitgehend ebenen Strecke zwar höchstens mit 50 'miles per hour'. Dennoch war diesem angesichts der katastrophalen Straße mit ihren zahllosen Schlaglöchern nur schwer hinterher zu kommen. Die Lokpersonale, welche unser Taxi schon von weit her ausmachten, hatten jedoch ihren Spaß. Wo immer sie uns an der Strecke sehend erblickten, wurde der Ölbrenner aufgedreht, sodass wir stets mit schwarzem Qualm ‚verwöhnt' wurden. Nachdem wir längere Zeit über die Löcherpiste parallel zur Strecke gerumpelt waren, jedoch stets vor oder hinter uns die Rauchfahne ausmachen konnten, waren die Strecke und der Zug plötzlich verschwunden.

„What happened, Wajid? Where are you going?" „This is the road to Bhera and Sargodha!", erwiderte er gelassen. „But we want to chase our train and follow the road next to the railway track!", wiesen wir ihn zurecht, worauf unser Driver lakonisch meinte: „I know, but that road is very bad for my taxi!"

Als wir die nächste Kleinstadt erreichten, meinte Wajid „What about a stop here to have some lunch?" Wir mussten uns beherrschen, um ihm mit ruhiger Stimme klarzumachen, dass das extrem ungünstig wäre und er sich besser beeilen solle, den Zug wieder einzuholen. „Of course, gentlemen, I almost forgot, first are your pictures!", meinte er ironisch und grinste.

Etwas später erblickten wir schwarzen Rauch am Horizont. Tatsächlich war es unser Zug, wir hatten ihn wieder eingeholt! Als wir näher kamen, sahen wir, dass er auf freier Strecke stand. Die freundlichen Lokpersonale winkten uns enthusiastisch zu – offensichtlich hatten sie eigens für uns einen Halt eingelegt, damit wir wieder aufholen konnten!

BRITISCHER DINOSAURIER IM ‚GLINT': Im ersten Licht des Tages dampft die SP/S 3173 mit einem ‚Passenger' zwischen Lala Musa und Malakwal über das flache Land. Sie wurde 1912 von North British geliefert. 2.1992 (FM)

SONNENUNTERGANG AM JHELUM: Im letzten Licht poltert eine SP/S über die alte Blechträgerbrücke. 2.1992 (PM)

Nach der ‚Railway Officer's Lodge' von Malakwal war es uns ganz recht, mal anderswo zu übernachten. Wir hofften, wenigstens für heute ein vernünftiges Hotel zu finden, ehe uns Wajid stolz eröffnete: „In Shorkot, we won't need a hotel, I have relatives there!" Tatsächlich steuerte er gegen Abend zielsicher das Haus seines Cousins an. Offensichtlich wurden wir dort bereits erwartet. Wir dachten, ein kurzer Besuch wäre sicher ok, und wir könnten später immer noch etwas zum Übernachten suchen. „No, no, you sleep here, you are our guests!" Für diese Leute verbot sich schon aus Prinzip, dass wir anderswo als bei ihnen im Haus übernachteten. Mit unseren rußigen und staubigen Klamotten war es uns fast peinlich, das Haus zu betreten, sodass erst mal eine gründliche Generalreinigung mit Tenuewechsel angesagt war.

Wir waren beeindruckt von der Gastfreundschaft. Der Cousin, Sohn eines lokalen Bankdirektors, wollte uns anderntags unbedingt auch seine Bank mit ihrem Computersystem vorstellen. Natürlich konnten wir diese Einladung nicht ausschlagen. Wir sagten, dass wir gerne kommen würden, aber keinesfalls unseren 9:30-Zug mit der Rückleistung nach Sharagoda und Malakwal verpassen dürften. „Don't worry", meinte er lachend, „Trains in Pakistan are always late!"

Der Zug stand bereits im Bahnhof, als wir dort ankamen. Das Personal begrüßte uns überschwänglich und bat uns, auf dem Führerstand mitzufahren. Da der Tag bewölkt war, konnten wir auch diese Einladung nicht ausschlagen. Wajid und sein Cousin würden derweil per Auto den Zug verfolgen.

Nach einigen Kilometern überquerte der Zug den Fluss Chenab auf einer langen, kombinierten Schienen- und Straßenbrücke mit eisernen Fachwerkbögen, unzweifelhaft als Konstruktion aus der Kolonialzeit erkennbar. Unser Plan war, auf der Lok bis etwa zur Mitte der Brücke mitzufahren, dort abzusteigen, um

‚TWILIGHT HOUR'. Eine SP/S macht sich frühmorgens in Malakwal für einen Zug bereit und passiert die englische Signalbrücke. 2.1992 (PM)

AN SCHROFFEN FELSEN VORBEI, die plötzlich wie aus dem Nichts aus dem Flachland auftauchen, dampft der Zug bei Shahinabad. 2.1992 (PM)

ETWAS ZEIT FÜR EIN GEBET MUSS SEIN. Der Koran schreibt den Gläubigen das Pflichtgebet zu fünf bestimmten Tageszeiten vor. 15.3.1995 (BH)

VON DER GASTFREUNDLICHEN Bevölkerung wurden wir häufig zum Tee eingeladen. Von links nach rechts: Berthold, Wajid, unser Fahrer, der Gastgeber, Markus und der Sohn des Gastgebers 3.1995 (BH)

den über die Brücke polternden Zug aufzunehmen. Anschließend würden wir wieder mit Wajid weiterreisen.

Der Plan klappte. Allerdings hatten wir die Rechnung ohne den Wirt gemacht: Die Wärter am Brückenkopf waren wenig erfreut über unser Tun und Lassen. Wild gestikulierend und schreiend liefen sie auf uns zu und zerrten uns in eine Wärterbude.

Zuerst verlangten sie unsere Pässe. Mit ernster Miene machten sie uns klar, dass das Fotografieren von Brücken und anderen strategischen Orten in Pakistan streng verboten sei. Wegen dieses Delikts verlangten sie die Herausgabe unserer Filme. Angesichts der vielen, bereits belichteten Aufnahmen in der Kamera waren wir jedoch nicht zu einer Herausgabe bereit und versuchten zu beschwichtigen, indem wir uns erklärten. Wir hätten nur die hundertjährigen Dampfloks und die Menschen fotografiert und machten die Bilder nur für unseren eigenen Gebrauch. Dass für die Brücke ein Fotografierverbot bestand, hätten wir weder wissen noch sehen können, da wir ja auf der Lok mitgefahren seien.

Auch Wajid, unser Fahrer, und sein Cousin setzten sich wortreich für uns ein und versuchten den Wächtern klarzumachen, dass wir bloß an der Eisenbahn interessiert seien und die Brücke im Übrigen schon über hundert Jahre alt sei. Es folgten mehrere Telefonate und abermals Diskussionen, jetzt auf Urdu. Auch der Cousin schaltete sich erneut in die Gespräche ein.

Schließlich erhielten wir unsere Pässe zurück. Dank den guten ‚Beziehungen' des Bankdirektors und seines Sohnes sei man ausnahmsweise bereit, ein Auge zuzudrücken!

Unnötig zu erwähnen, wie dankbar wir unseren pakistanischen Begleitern waren.

CORPUS DELICTI: Die Aufnahme der SP/S auf der großen Chenab-Brücke bei Jhang City kostet uns fast Kopf und Kragen, beziehungsweise unsere Bilder! 15.3.1995 (BH)

In den Nordosten
CHINA

Mit dem Rückgang der Dampflokeinsätze in Osteuropa war uns klar: Wollten wir echten Dampfbetrieb jenseits von Museums- und Sonderzügen erleben, mussten wir nach Indien und nach China. Im Reich der Mitte waren 1994 nach offizieller Statistik noch 4500 Dampflokomotiven in Betrieb. Bilder von zweigleisigen Hauptstrecken mit dampfgeführten Güterzügen im 20-Minuten-Takt, spektakuläre Gebirgsstrecken und Linien durch terrassenförmige Lößlandschaften ließen in uns den Entschluss reifen: Da müssen wir hin! Bloß wie? Von Markus Fischer und Matthias Büttner (Kulturshock China)

Kollegen, die schon in China waren, erzählten uns von den zahlreichen, praktischen Schwierigkeiten beim Bereisen dieses Landes. Schon einfachste Dinge wie der Kauf einer Fahrkarte oder das Bestellen eines Essens bereiten ohne chinesische Sprachkenntnisse Schwierigkeiten.

Die meisten Eisenbahnfreunde verließen sich deshalb auf die Dienste der einschlägigen Veranstalter. Allerdings hatten wir mit Gruppenreisen, die Wert auf gute Hotels und regelmäßige Mahlzeiten legten, bereits unsere Erfahrungen gemacht: Die fotografisch besten Stunden gingen oft zugunsten ausgedehnter Frühstücksbuffets und Abendessen drauf. Die landschaftlich interessantesten Strecken lagen außerdem meist in abgelegenen Regionen ohne touristische Infrastruktur, wo sich kommerzielle Veranstalter kaum hinwagten. Manche Eisenbahnfreunde engagierten deshalb für ihre Reise einen chinesischen Guide.

Von unseren Reisen nach Osteuropa wussten wir, dass das Fotografieren von Eisenbahnen im Ausland nicht überall gern gesehen war. In China, wo viele Provinzen noch nicht einmal offiziell für Ausländer geöffnet waren, würde dies kaum anders sein. Es lag auf der Hand, dass ein offizieller Guide der staatlichen Tourismusbehörde mit Fahrer, Minibus und einer Gruppe kamerabewaffneter Fotografen am Straßenrand deutlicher auffallen musste als drei dezent gekleidete ‚Langnasen' zu Fuß irgendwo in den Weiten Chinas.

So suchten wir unser Glück auf eigene Faust. Um nicht gleich an der ersten Zugfahrkarte zu scheitern, ließen wir die Tickets für die Langstreckenzüge durch das staatliche Reisebüro CITS reservieren. Ein weiser Entscheid, wie sich herausstellen sollte. Die Züge waren oft zum Bersten voll, die Schlafwagenplätze über Tage hinaus ausgebucht und jede Fahrkarte musste jeweils beim Einsteigebahnhof besorgt werden – ein nervenaufreibendes und zeitraubendes Unterfangen.

IHRE NASE BESSER NICHT REINSTECKEN sollten ‚da bize' (Langnasen), wo im China der Neunzigerjahre ein solches Schild anzutreffen ist! (MF)

MIT GEÖFFNETEM REGLER kämpfen sich zwei Maschinen der Reihe QJ mit einem schweren Kohlezug über die Steigung, während auf der parallel verlaufenden Straße zwei Esel als Traktionsmittel dienen. Shahai, 26.10.1997 (BH)

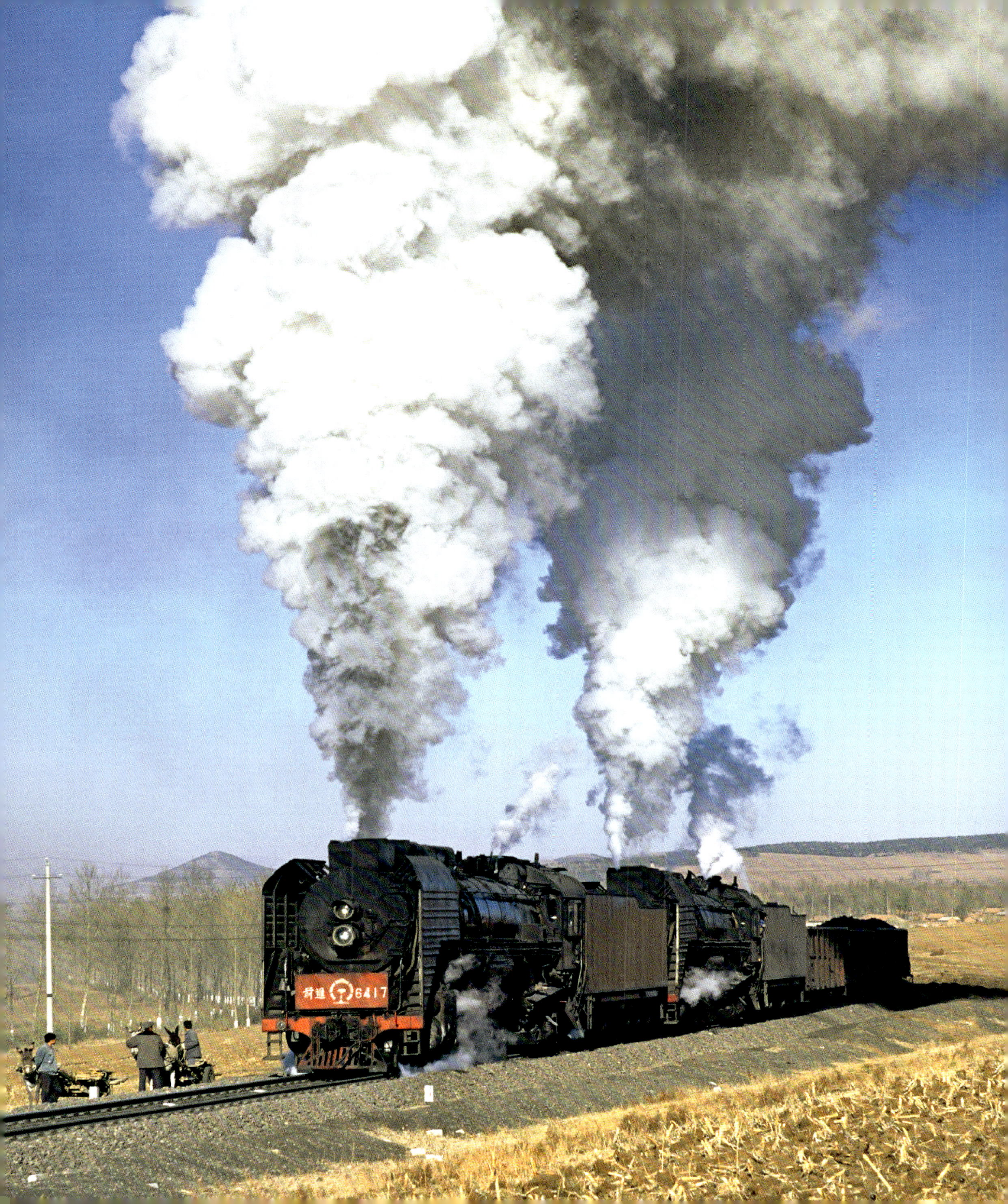
6417

ZHENGYANGMEN heißt dieses 1421 zur Zeit der Ming-Dynastie gebaute Stadttor in Beijing. Es trennt die innere Stadt im Süden des Tian'anmen-Platzes von der äußeren Stadt. Nur der Kaiser durfte durch das Mitteltor gehen; der Weg führt direkt zum Kaiserpalast. 12.1996 (MF)

SCHUHPUTZER, NOUVEAUX RICHES und ein Fahrradmechaniker in den Straßen von Beijing. (MB, BH)

Kulturschock China

Die Ankunft im etwa dreißig Kilometer außerhalb der Stadt liegenden Flughafen von Beijing verlief wie auf allen großen Flughäfen dieser Welt: steril und unpersönlich. In einem aber unterschied sich der Flughafen von anderen: Dem typisch muffigen Geruch nach Kommunismus, wie wir ihn schon von Reisen in den Ostblock kannten.

Endlich draußen, fanden wir etwas abseits stehend einen älteren Bus. Wir fragten nach ‚Beijing'. Der Fahrer und sein Assistent nickten freudig und winkten uns enthusiastisch herein. Drinnen guckten uns rund zwei Dutzend verwunderte Gesichter entgegen: Wohl schon wegen unserer Daunenjacken, Wollmützen und bunten Rucksäcke waren wir hier völlige Exoten. Die Menschen trugen überwiegend blaue, schwarze oder grüne Mäntel oder Jacken, einige von ihnen auch die noch immer verbreitete ‚Mao-Mütze'. Als sich mindestens ein weiteres Dutzend Chinesen in das Fahrzeug gezwängt hatten, konnte es losgehen. Nach einigen Kilometern entlang brauner, karger Winterlandschaft näherten wir uns bebautem Gebiet und der Verkehr wurde allmählich lebhafter. Fahrräder, Fuhrwerke und Dreiräder waren jetzt so zahlreich, dass für sie eine eigene, vom motorisierten Verkehr abgetrennte, parallele Straße eingerichtet war – die chinesische Variante eines Radwegs. Je weiter wir Richtung Zentrum fuhren, umso dichter wurde das Gewimmel von schwarzen Fahrrädern – ein nie endenwollender

Strom. Überwiegend ein- oder zweistöckige, ältere Backsteinbauten und Fabrikgebäude wechselten ab mit glitzernden Hotelbauten und Hochhäusern aus einer anderen Welt: Die Stadt war offensichtlich im Auf- und Umbruch.

Die Orientierung stellte sich, trotz mitgebrachtem Reiseführer und Stadtplan, als unerwartet schwierig dar. Schon nach kürzester Zeit wurde uns bewusst, dass wir uns als völlige Analphabeten durchs Land bewegten. Nicht mal in der Hauptstadt war irgendetwas anders als auf Chinesisch angeschrieben. Wozu auch, werden sich die Chinesen gesagt haben: Die wenigen Ausländer kamen damals ohnehin fast ausschließlich als Gruppenreisende oder Mitglieder offizieller Delegationen ins Land.

Einer unserer ersten Anlaufpunkte in Beijing war der Tian'anmen, der Platz des Himmlischen Friedens. Es war Sonntag und eine herrliche Ruhe lag über dem überdimensionierten Mittelpunkt der Stadt. Viele Familien waren auf dem Platz, einige ließen Drachen steigen, das althergebrachte Symbol für das Reich der Mitte. Gegenüber der Straße, die den Platz auf der nördlichen Seite begrenzt, steht die ‚Verbotene Stadt', eine riesige Tempelanlage, die über Jahrhunderte das Machtzentrum der chinesischen Kaiserreiche bildete. Nachdem wir uns einige Sehenswürdigkeiten rund um den Tian'anmen angesehen hatten, waren wir hungrig. Eher zufällig landeten wir in einem mit roten Lampions einladend

DAS TOR DES HIMMLISCHEN FRIEDENS zur verbotenen Stadt. Beschaulich wirkt aus heutiger Sicht die Szenerie mit den Fahrrädern auf der Straße ohne Autos von 1994. (MB)

ESSEN IN CHINA: Mit einfachsten Mitteln werden oft köstliche Speisen zubereitet. (BH, MB, 1994)

wirkenden Restaurant. Bald wurde uns jedoch klar, dass es kein Normales war. Auf jedem Tisch standen dampfende Kessel und auf der einen Seite des Raumes war ein langes Buffet aufgebaut. Allerdings stellte sich schnell heraus, dass die dortigen Zutaten für uns völlig undefinierbar waren. Das Essen hatte keinerlei Ähnlichkeit mit dem, was wir aus Chinarestaurants in Europa kannten.

Ein Kellner erkannte die Lage an unseren ratlosen Gesichtern und bot Hilfe an. „Lasst mich mal für Euch aussuchen", verhieß seine Gestik, und mit einer schwungvollen Bewegung warf er ausgesuchte Speisen in den dampfenden Sud und servierte uns Getränke. Dann zeigte er uns, wie wir die Köstlichkeiten aus dem Kessel fischen sollten. Markus langte herzhaft zu, ehe er bemerkte, dass er etwas eigenartiges, knirschendes zwischen den Zähnen hatte. Es stellte sich als kleines Vögelchen heraus! Etwas verdutzt, suchten wir nach Zutaten, die genießbar aussahen und verfrachteten diese mit unseren Stäbchen ins Rechaud. Erneut war der Kellner zur Stelle und machte sich beim Herausfischen nützlich. Wir wähnten uns schon fast glücklich, als der Chinese, bevor wir überhaupt etwas sagen konnten, unsere Gerichte mit einer Sauce übergoss, deren Geruch nur als absolut widerlich bezeichnet werden konnte: Der Appetit war uns gründlich vergangen.

Wir versuchten es mit dem Sud aus dem Kessel, um etwas Warmes in den Magen zu bekommen. Doch auch dieser hatte einen grässlichen, an Kernseife erinnernden Geschmack. Um es kurz zu machen: Wir kapitulierten, verließen hungrig das Lokal und fragten uns, wie wir die nächsten drei Wochen überstehen sollten. Glücklicherweise stellte sich dieser Abend als einmaliger Fehltritt heraus. Die Schauergeschichten von westlichen Expatriates oder von Touristen, welche das Land primär in geführten Gruppen bereisten und über Hunde, Katzen und völlig ungenießbare Speisen zu berichten wussten, sollten sich nicht bestätigen. Im Gegenteil: Selbst in einfachen Straßenrestaurants, die es in China an jeder Ecke gibt, isst man meist ausgezeichnet. (MB)

In den Norden

Die chinesischen Dampfloks der Baureihe QJ waren für ihre effiziente, nahezu rauchlose Verbrennung bekannt. In der kalten Jahreszeit jedoch waren auch bei den QJ mächtige, weiße Dampfwolken zu beobachten, die bei Windstille oft minutenlang in der Luft hingen. Je kälter, desto besser – die winterliche Mandschurei in Nordostchina mit den vorherrschenden tiefen Temperaturen war deshalb ein Ziel, das nicht fehlen durfte.

IM BAHNBETRIEBSWERK HARBIN sind Anfang der Neunzigerjahre 90 Dampfloks beheimatet. 20.9.1991 (BH)

EIN HEIZER PFLEGT das Triebwerk seiner QJ – viele Personale sind stolz auf den Zustand ihrer Maschinen. 20.9.1991 (BH)

NACH DER HAUPTAUSBESSERUNG in Changchun wird QJ 6258 in Betrieb gesetzt und abgenommen. 21.9.1991 (BH)

DAS BW CHANGCHUN bot tolle Dampfatmosphäre mit viel Betrieb. Zwei QJ stehen auf der Schlackengrube vor der großen Bekohlungsanlage, während im Hintergrund bereits die nächste Maschine auf die Behandlung wartet. 21.9.1991 (BH)

AUFGEARBEITETE RADSÄTZE WARTEN im Ausbesserungswerk auf das Aufziehen der Radreifen. Anfang der Neunzigerjahre werden hier jährlich noch hunderte von Dampfloks überholt. 21.9.1991 (BH)

RICHTHALLE IM AUSBESSERUNGSWERK Changchun, wo an den revidierten Loks der Reihe QJ Kesseldruckproben vorgenommen werden. 21.9.1991 (BH)

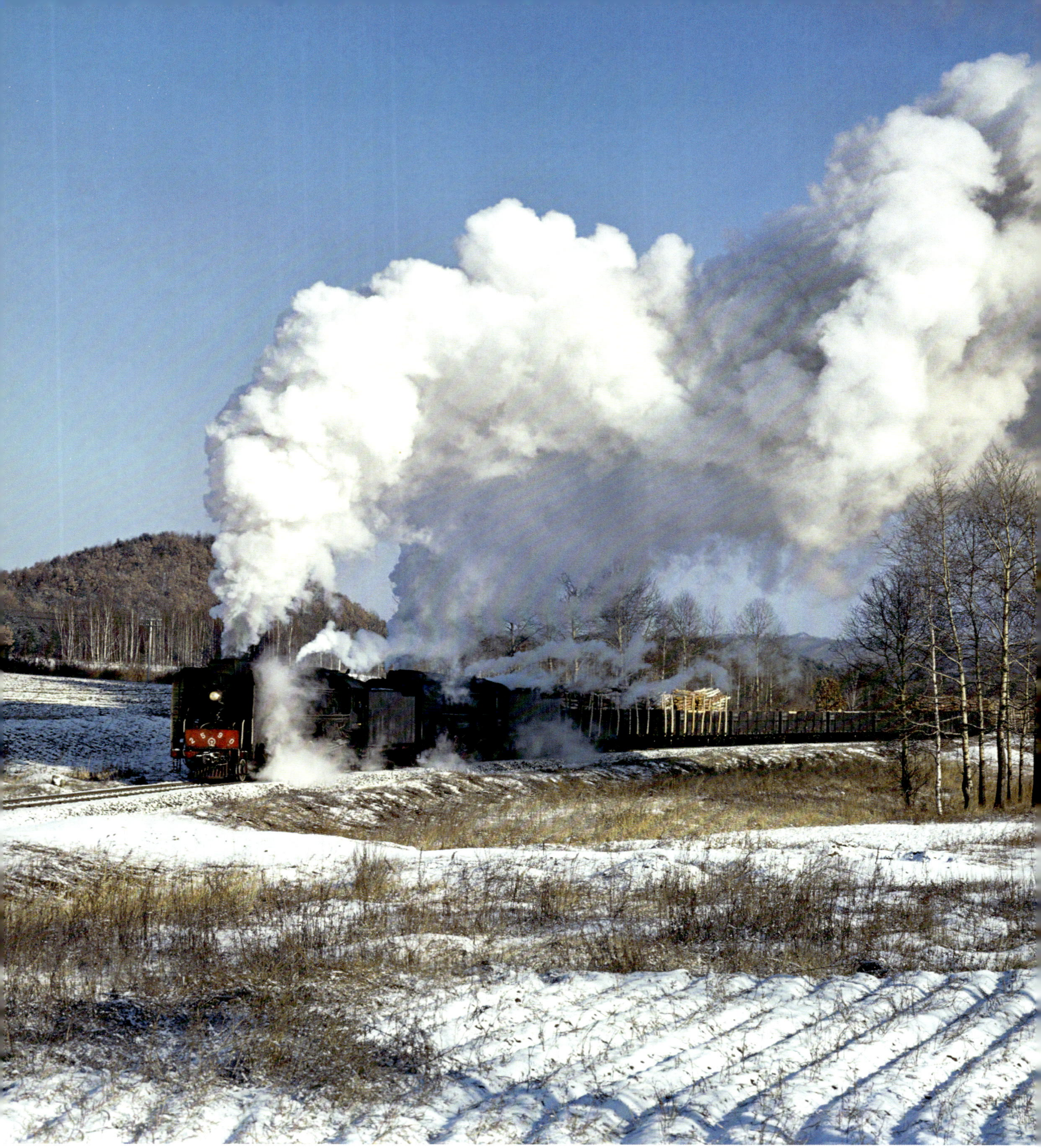

Als wir zum ersten Mal in Harbin, 1288 km nördlich von Beijing, aus dem Zug stiegen und uns bei geschätzten –20° C ein eisiger Wind um die Ohren pfiff, begriffen wir, was Winter in Nordostchina hieß. Es war, als würden wir ein Gefrierfach betreten. Trotz der von zu Hause mitgebrachten Wollmütze fühlte ich mich schutzlos der Kälte ausgeliefert. In Nancha, weitere 350 km Richtung Norden, würde es noch eisiger sein. Eine der hier von vielen Chinesen getragenen Fellmützen mit Ohrenklappen, wie wir sie aus Russland kannten, musste her. Wir begaben uns auf die Suche in einige Läden in der Nähe, fanden aber nichts dergleichen. Was tun? „Frag doch einen Chinesen!", witzelten meine Freunde. Schließlich tat ich genau das: Für 100 Yuan wechselte die Mütze eines Chinesen auf der Straße spontan den Besitzer. Der Chinese lachte sich ins Fäustchen; mit dem Geld konnte er sich vermutlich halb neu einkleiden. Aber ich war gerettet!

Mit einem Nachtzug erreichten wir Nancha. Der Eisenbahnknoten im Nordosten der Provinz Heilongjiang hatte 1994 Kultstatus bei Dampflokfreunden: Die von hier abzweigende Strecke Richtung Yichun stieg auf den ersten Kilometern mit 27‰ bergan, was selbst den mächtigen 1'E1' der Reihe Q alles abverlangte. Die meisten Züge erhielten eine Schiebelok, dennoch schafften sie die letzten Meter bis zum Brechpunkt oft nur unter Aufbietung aller Kräfte. Auf der Gegenseite war die Steigung mit 20‰ zwar moderater, aber die dort verkehrenden schweren 1500-Tonnen Holzzüge Richtung Süden erforderten gar QJ in Dreifachtraktion.

LEGENDÄRE DREIFACHTRAKTION der schweren Holzzüge bei Nancha (links). Auch die meisten Personenzüge sind noch dampfgeführt. Vor der Bergkulisse der Provinz Yichun dampft die QJ 2420 am Einfahrsignal von Liushu vorbei. (unten) 15.3.1994 (MF)

DAMPF UND KÄLTE: Im ersten Morgenlicht bezwingt ein Bauzug mit Dreifachtraktion die Rampe bei Nancha. Bei der klirrenden Kälte bleibt der Dampf wie ein Wattebausch in der Luft stehen. 16.3.1994 (MB)

AUSZUG AUS MATTHIAS' REISETAGEBUCH: Sa, 12.3.1994: Ankunft Nancha 3.53 Uhr, große Probleme bei der Hotelsuche (Railway-Hotel ausgebucht, letztlich bei den ‚Wucherern' im Nancha-Hotel untergekommen), kurzer Weiterschlaf im feuchten, unbeheizten Zimmer (...), dann Wanderung an die Steilstrecke Nancha–Wuyling (...)

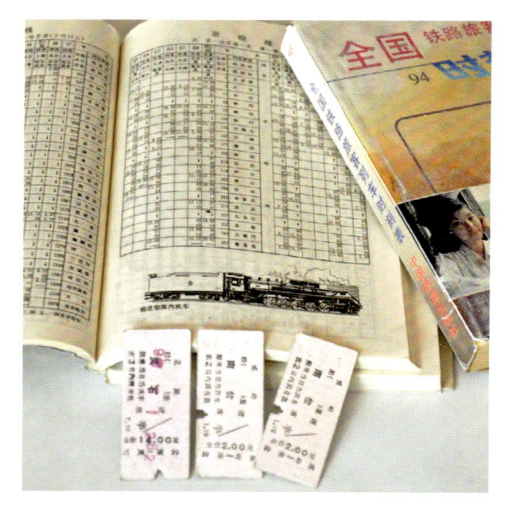

REISEPLANUNG UND FAHRKARTEN: Etwas Geduld gehört schon dazu, im ausschließlich auf Chinesisch gedruckten Kursbuch einen bestimmten Zug zu finden. Erhält man dazu auch die richtigen Fahrkarten, kann man sich überglücklich schätzen! (MB)

EINE HAUPTSTRECKE mit dichtem Betrieb führt von Nancha nach Jiamusi. Zwischen Chenming und Weiling folgt sie dem Lauf des Tang Wang He, der noch Mitte März tief gefroren ist. Eine besonders gepflegte QJ überquert eine der großen Flussbrücken. 14.3.1994. (MF)

Im Arbeiterpersonenzug

Auch die stark frequentierte zweigleisige Hauptstrecke nach Jiamusi hatte 1994 noch Dampf. Unsere grobe Landkarte zeigte, dass die Strecke einem Flusstal folgte und zwischen Chenming und Weiling ein Gebirge durchquerte, das interessant schien. Frühmorgens verkehrte ein Lokalzug Richtung Jiamusi. Zeitig begaben wir uns zum Bahnhof und stellten uns in die Reihe drängelnder Chinesen vor den Fahrkartenschalter. Endlich vorne, versuchten wir es den Chinesen gleich zu tun und riefen einfach „Weiling, sân!" (Weiling, drei!). Zeitgleich reichten wir einen Zettel mit darauf gekritzelter Zugnummer herein. Die Beamtin war perplex ob der ‚Langnasen', die unverhofft vor ihr aufgetaucht waren. Sie machte keinerlei Anstalten, uns ein Ticket zu verkaufen und erwiderte nur: „Weiling, méiyǒu!"

‚Méiyǒu' – gibt es nicht, haben wir nicht – ist ein Wort, das man in China ständig hört. Meist wird aus dem Kontext klar, was gemeint ist. Wenn das Wort jedoch beim Fahrkartenschalter fällt, ist guter Rat teuer. Ist der Zug vielleicht ausgebucht? Bei einem Lokalzug kaum möglich. Falscher Schalter oder falscher Zeitpunkt? Schon eher!

Die Chinesen drängelten vor und wollten sehen, was es mit den ‚laowài' (Ausländern) da vorne auf sich hatte. Wir überlegten kurz, dass viele Gebiete für Ausländer offiziell nicht zugelassen waren; möglicherweise hieß es deshalb ‚méiyǒu'! Was also, wenn wir versuchten, ein Ticket nach Xianglan, einer kleinen Stadt 30 km weiter zu be-

团结, 实干, 创新, 奉献: Zusammenarbeit, Ernsthaftigkeit, Innovation und Engagement – mit solchen Parolen wurden chinesische Dampflokomotiven gerne verziert. Die genannten Tugenden aus der Zeit des real existierenden Sozialismus könnten aber ebenso gut aus dem Leitbild eines börsennotierten Unternehmens stammen. QJ 6222, Weiling, 14.3.1994 (MB)

kommen, die sogar einen Schnellzughalt hatte? Einmal im Zug würden wir dann einfach in Weiling aussteigen. Frechheit siegt: Tatsächlich fragte die Beamtin nun „Xiang Lan?", kritzelte einen Fahrpreis auf den Zettel, und als wir 50 Yuan hineinstreckten, rückte sie ohne jeden weiteren Kommentar drei Edmondsonsche Pappfahrkärtchen heraus!

An der Bahnsteigsperre warteten wir auf den Zug. Diese wurde jeweils erst kurz vor Abfahrt des Zuges geöffnet, worauf der Bahnsteig mit Reisenden ‚geflutet' wurde. Hierzulande würde man erst mal die aussteigenden Fahrgäste gewähren lassen, aber nicht so in China. Wenn bei uns von einer Ellbogengesellschaft gesprochen wird, dann gilt das in China nicht nur im übertragenen, sondern im wörtlichen Sinn. Es gilt das Recht der Stärkeren. Dies bedeutete, dass wir die Letzten waren, die im Wageninneren ankamen. Bis dahin waren natürlich sämtliche Sitzplätze belegt. Erst als sich der Trubel gelegt hatte, wurden wir als ‚Langnasen' erkannt. Für einen Moment wurde es still im Großraumabteil, als uns etwa sechzig Chinesen anstarrten. Gekicher und Getuschel, schließlich fasste einer Mut und sprach uns an: „Ni hăo!", „Ni shì na guó rén?" – Hallo! Woher kommt ihr? Wie heißt ihr, wie alt seid ihr? – Zum Glück hatten wir uns entsprechende Antworten auf die immer wiederkehrenden Fragen zurechtgelegt. Wir sagten, wir seien Déguórén (Deutsche) und ein Ruìshìrén (Schweizer), mussten aber selbst das mehrfach wiederholen, ehe die Chinesen uns überhaupt verstanden, so schwierig war die Aussprache.

Nicht nur die Mitreisenden, sondern auch die Wagenschaffnerin und die im Zug zirkulierenden Polizisten interessierten sich für uns. Nachdem unsere Fahrkärtchen ein weiteres Mal kontrolliert worden waren, wollte man auch unsere Pässe sehen. Schon aus bloßer Neugierde blätterten die Polizisten gerne in den Dokumenten der ‚laowài'.

Unterdessen hatte sich unsere Anwesenheit herumgesprochen. Ein Militär im grünen Mantel der Volksbefreiungsarmee mit großer Statur und sonorer Stimme, den wir ob seiner vielen Rangabzeichen den ‚General' nannten, interessierte sich ebenfalls für das Tun und

BEI TEMPERATUREN VON -25° C ist selbst der Lokkessel der QJ mit Raureif belegt. Am Zugende schiebt eine weitere QJ nach. Das Bild entstand auf der 27‰ - Rampe von Nancha nach Liushu. 17.2.1993 (RI)

IN EINEM ESSLOKAL IM FREIEN schlürfen die Chinesen bei eisigen Temperaturen ihre Nudelsuppe zum Frühstück. Sommer wie Winter – das Leben spielt sich auf der Straße ab. Mit stoischem Gleichmut meistern die Chinesen ihren Alltag. 18.2.1993 (RI)

EINER DER LETZTEN BAHNHÖFE MIT FORMSIGNALTECHNIK auf dem Netz der chinesischen Staatsbahn befindet sich in Liushu auf der Nebenstrecke Richtung Yichun im äußersten Norden Chinas. Die QJ 1985 ist mit Baujahr 1974 zum Zeitpunkt der Aufnahme eine der ältesten Dampfloks im Streckeneinsatz. 15.3.1994 (BH)

DER HEIZER nutzt einen Halt, um das Triebwerk der QJ nachzusehen und die Stangenlager zu schmieren. Das Bild verdeutlicht, mit welch einfachen Mitteln vieles vonstatten geht: Für die eisigen Temperaturen ist die Kleidung eher dürftig; als Ersatz für eine Ölkanne dienen Putzlappen und Eimer! 14.3.1994 (MB)

IN WEILING überholt ein Güterzug unseren Personenzug, mit dem wir angereist sind. 14.3.1994 (MF)

Lassen der Ausländer im Zug. Zum Glück konnten die Reisenden und Polizisten ihm die in der Zwischenzeit bekannt gewordenen Basisinformationen gleich auf Chinesisch liefern.

Draußen war es bitterkalt, aber selbst im Zug war es kaum wärmer. Wir befanden uns in einer fahrenden Tiefkühltruhe. Die maoistische Doktrin, beheizte Räume als unnötigen Luxus anzusehen, schien noch immer allgegenwärtig und verbot wohl schon aus Prinzip, einen Arbeiterpersonenzug zu beheizen.

Ich versuchte mir an einem Fenster ein Guckloch freizukratzen, aber es fror in kürzester Zeit wieder zu. Weil auf der Außenseite die Fenster völlig verdreckt waren, konnten wir die Umgebung ohnehin nur schemenhaft erkennen. Wir schlotterten selbst in unseren Skianzügen und Fleecejacken. Dem ‚General' entging dies nicht. Er versuchte, uns eine Art Morgengymnastik beizubringen. Tatsächlich wurde uns schnell warm – für die Chinesen im Zug waren wir die Lachnummer des Tages.

Wir bemerkten, dass wir mehrere Brücken passierten. Eigentlich müssten wir bald in Weiling sein. Tatsächlich kam wenig später eine kleine Landstation. Unsere Sachen greifen und raus! Die Wagenschaffnerin war jedoch nicht einverstanden und redete wild gestikulierend auf uns ein. Auch der ‚General' stellte sich in den Weg und versuchte gar, uns zurückzudrängen. Nun, wie sollten wir erklären, dass wir nicht wie auf unseren Fahrkärtchen aufgedruckt in Xianglan, sondern schon in Weiling aussteigen wollten? Wir erhoben unsere Stimme und verlangten, dass man uns endlich raus ließ. Obschon uns niemand verstand, verschafften wir uns so ein wenig Respekt. Diesen Moment der Konfusion nutzend, stürzten wir uns aus dem Zug. Tatsächlich waren wir in Weiling.

193

Lüguan und Binguan

YEBAISHOU

Als wir gegen ein Uhr früh mit dem Zug in Yebaishou eintrafen, war es bitterkalt. Wir waren froh, dass wir das kleine Hotel am Bahnhof erblickten, das uns bereits von anderen Eisenbahnfreunden empfohlen wurde. Von Markus Fischer

In China gab es grundsätzlich zwei Arten von Übernachtungsmöglichkeiten: ‚Binguan' – richtige Hotels mit Lobby, Speisesaal und mehr oder weniger komfortablen, beheizten Zimmern, und ‚Lüguans' – einfache Etablissements mit spartanisch eingerichteten Zimmern, Etagenduschen und Toiletten mit sanitären Einrichtungen, die selbst hartgesottene Reisefreaks zuweilen auf eine Probe stellten. Die ‚Lüguans' hatten aber zwei entscheidende Vorteile: Sie waren billig und nahezu überall verfügbar. In kleineren Orten waren sie oft die einzigen Übernachtungsmöglichkeiten überhaupt. Dass diese Herbergen eigentlich Chinesen vorbehalten waren, störte uns kaum.

Als wir uns im ‚Lüguan' am Bahnhof Yebaishou einquartieren wollten, wurde jedoch genau dies zur Herausforderung: Erst wollte die Frau an der Rezeption keine Zimmer mehr haben; als wir insistierten und endlich die obligaten Anmeldeformulare bekamen, wollte sie nicht verstehen, dass wir das Feld ‚Name auf Chinesisch' des offiziellen Gästeformulars nicht ausfüllen konnten. Wir hatten keine Ahnung, wie unsere Namen auf Chinesisch ausgesprochen, geschweige denn geschrieben würden! Nach längeren umständlichen Verhandlungen mit Hilfe des Deutsch-Chinesisch-Wörterbuchs gelang uns schließlich der Durchbruch. Gegen halb zwei Uhr früh war alles geregelt und wir lagen in den Federn.

Am Folgetag sollte uns der morgendliche Personenzug um 6.57 Uhr nach Shinao an der Strecke Richtung Chifeng bringen. Von dort wollten wir zu Fuß an die Strecke durchs Gebirge. Als wir uns frühmorgens zum Bahnhof begaben, wurden wir bereits von einer Taxi-Meute erkannt und mit lauten ‚Hello'-Rufen in Empfang genommen: Ein untrügliches Zeichen, dass bereits andere Eisenbahnfreunde hier gewesen sein mussten; die Fahrer witterten ihr großes Geschäft. Wir ließen uns jedoch nicht beirren, kauften unsere Fahrkarten und stiegen in den Zug.

Besuch im ‚Lüguan'
Der Tag war erfolgreich. Wir kehrten am Abend nach vie-

NI HAO! - HELLO!
Freundlich lächelnd grüßt der Lokführer von der QJ 6348 hinab, während der Heizer vorsichtig-neugierig zum Fremden hinüberblickt. Der Dienst auf den Dampfloks ist besonders im Winter kaum zu beneiden, wenn im Führerstand große Hitze und am Fenster eisige Temperatur herrschen. (MF)

DIE UMGEBUNG VON YEBAISHOU beeindruckt durch eine schöne Mittelgebirgslandschaft mit Kiefernwäldern – infolge unkontrollierter Abholzung leider zunehmend am Verschwinden. Eine QJ passiert mit einem Leerzug den Tunnel zwischen Shinao und Shahai. 12.1996. (MF)

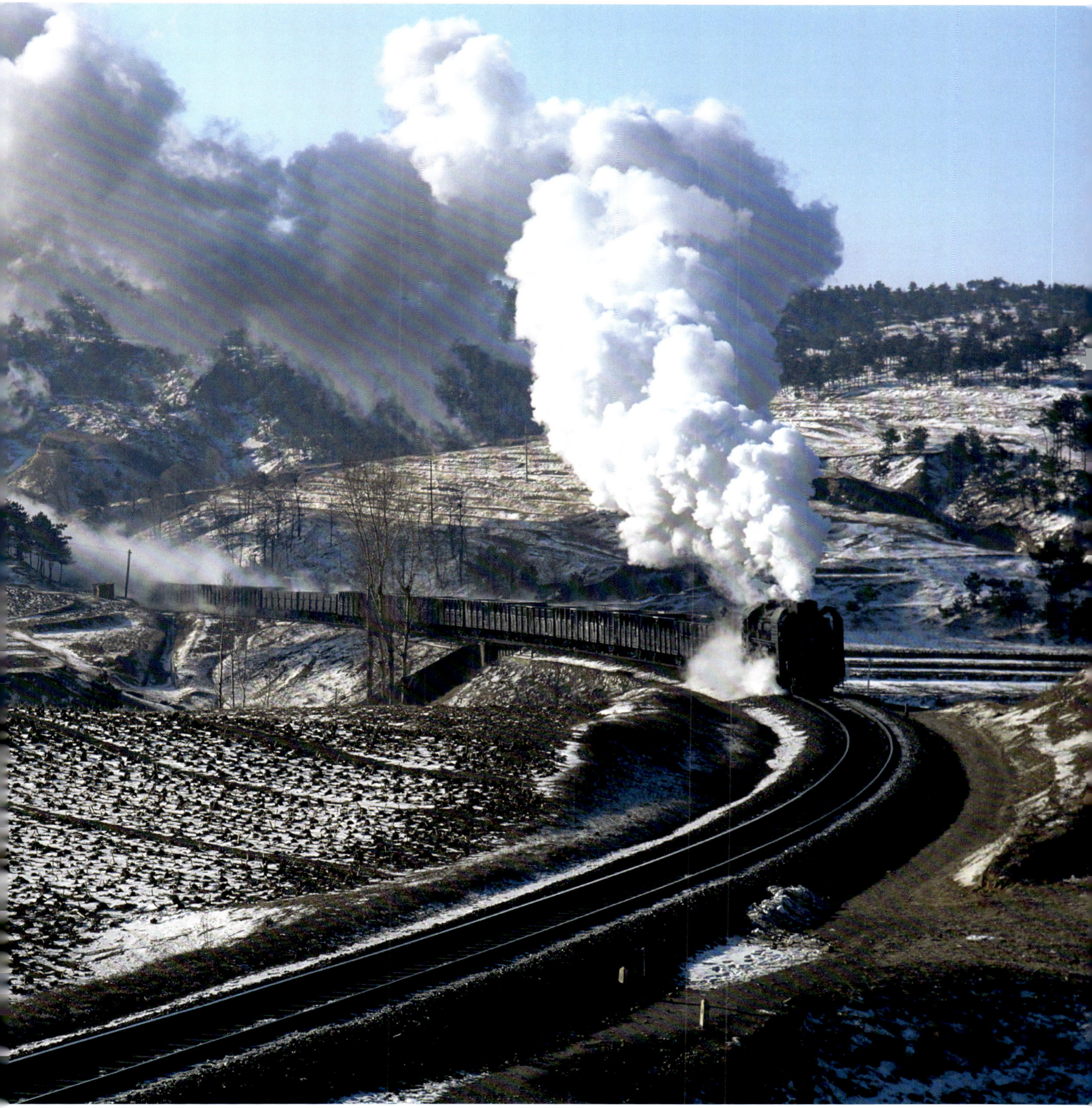

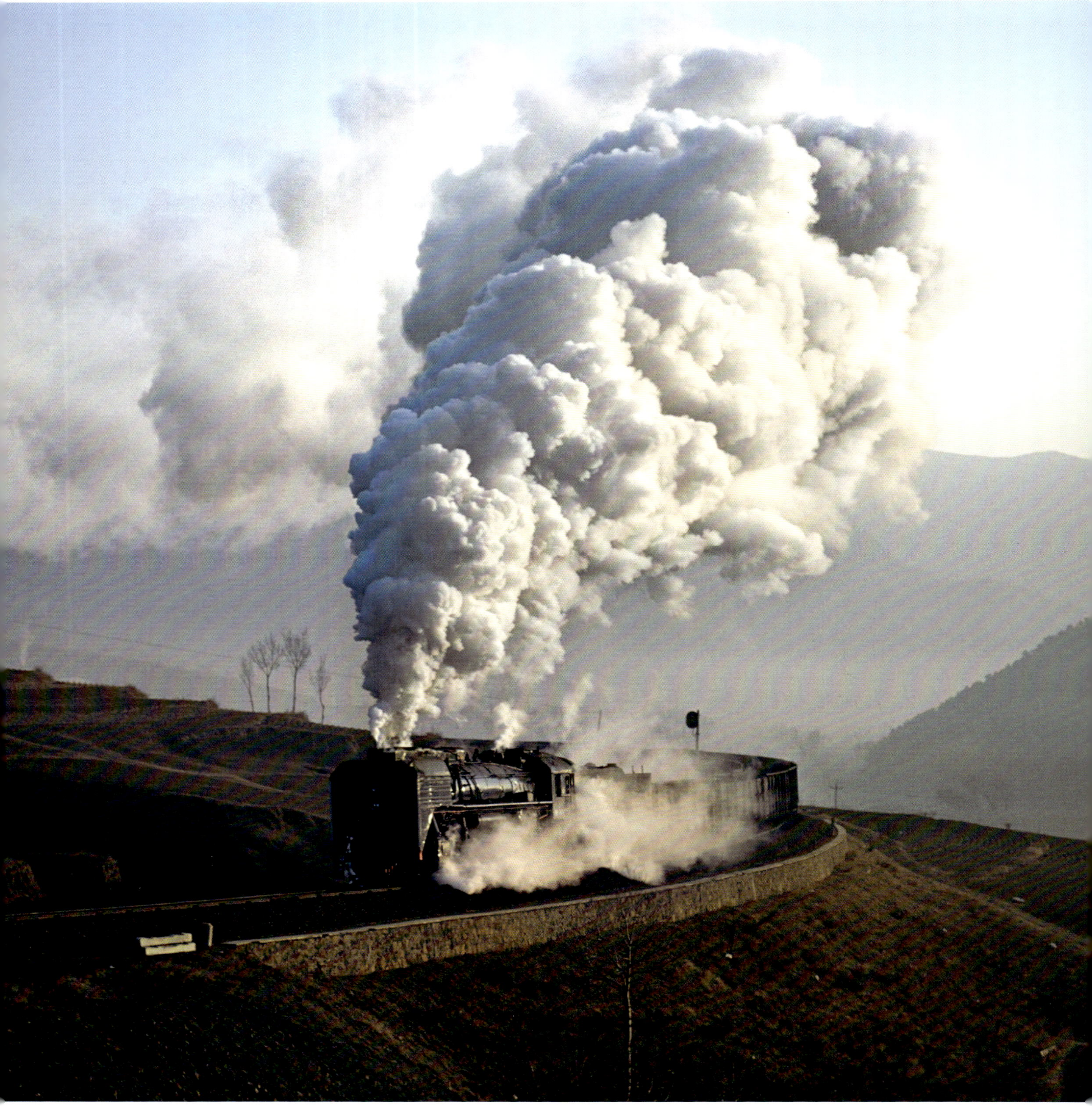

len Kilometern Wanderung entlang der Strecke in unsere Bahnhofspension zurück. Ich wollte mich zur Inspektion der Etagendusche aufmachen, als es an der Tür klopfte. Als ich öffnete, stand eine ganze Delegation vor der Tür: Mit einer Mischung aus Unbehagen und Verwunderung baten wir sie herein. Was war geschehen? War Yebaishou vielleicht gar nicht zugelassen für Ausländer? Ein Herr mit grauem Anzug zeigte uns seinen chinesischen Ausweis, was natürlich ebenso zwecklos war wie einen Blinden nach der Beschreibung der Farbe Rot zu fragen. Er blätterte in unseren Pässen und versuchte in wechselnder Lautstärke mit uns auf Chinesisch eine Konversation zu beginnen. Erst eine herbeigerufene Übersetzerin brachte Klarheit: Die Pension sei ausschließlich Chinesen vorbehalten und wir hätten hier nicht übernachten dürfen.

Wir entgegneten, dass wir bereits für mehrere Tage bezahlt hätten und wir uns hier tags darauf auch mit einem Freund verabredet hätten, der etwas später anreiste. Schon aus der Länge der anschließenden chinesischen Konversation zweifelten wir, ob unsere Gegenüber den Sachverhalt wirklich verstanden hatten und insistierten nochmals. Zu unserem Erstaunen stornierte die Bedienstete der Pension die Rechnung unbürokratisch und ohne weitere Diskussion und brachte uns das Geld zurück – in China, wo Ausländer sonst bei jeder sich bietenden Gelegenheit über's Ohr gehauen werden, ein einmaliger Vorgang!

Schließlich wurden wir mit dem Streifenwagen direkt ins ‚Binguan' gefahren. Wir witzelten bereits, ob die Polizisten uns andertags auch an die Strecke bringen würden, aber unsere

FRÜHES AUFSTEHEN und der Weg zu diesem Standpunkt haben sich gelohnt, als diese QJ im ersten Licht des Tages bei Shinao das Tal hochstürmt. 12.1996 (links, MF)

EIN BESUCH DER JINGCHÁ (Volkspolizei) im ‚Lüguan' verheißt normalerweise nichts Gutes. Hier ist der Polizeijeep jedoch unser Taxi. Der Fahrer hat dank persönlicher Beziehungen zur Polizei, die modernere Fahrzeuge erhalten hat, diesen Jeep übernehmen können. Reshui, 3.1998 (MF)

FÀNDIÀN – Restaurants finden sich überall im Land an fast jeder Ecke. Chinesische Köche zaubern in kürzester Zeit Gerichte hin, die man beim ersten Anblick kaum erwarten würde. Die beiden Köche freuen sich über die Fremden, welche bei ihnen eingekehrt sind. 13.1.1995 (MB)

FREUEN TUT SICH auch dieser Gast über die charmante Bedienung. Selbst größere Sprachschwierigkeiten lassen sich durch nonverbale Kommunikation überbrücken. 13.1.1995 (MF)

TIELU-LÜGUAN – Die Eisenbahn-Herberge, von weitem schon als solche erkennbar am Symbol der chinesischen Eisenbahn, bietet Übernachtungsmöglichkeiten für Anspruchslose. Wegen der unmittelbaren Nähe zum Bahnhof benutzen wir sie aber gerne. Chengde. 24.10.1997 (MB)

DIE VEREINTE ZUG-
KRAFT ZWEIER
QJ MIT JE 3000 PS
und das Können der
Lokmannschaft sind
erforderlich, um mit den
schweren Kohlezügen
aus Pingzhuang die
unscheinbare, aber
steile Rampe von
Shahai zu meistern. Die
letzten Meter vor dem
Brechpunkt schaffen die
Loks im Schritttempo
und vollführen dabei
ein Spektakel, das für
das frühe Aufstehen
und Ausharren in der
Kälte entschädigt.
12.1996 (rechts, MF)

Begeisterung über den uneigennützigen ‚Service' der Volkspolizei verging, je länger wir fuhren: Das Hotel war in der vom Bahnhof weit entfernten Stadt gelegen. Zudem stellte sich die Frage, wo wir nun unseren Freund treffen sollten. Natürlich war das ‚Binguan' ungleich teurer; einen solchen Budgetposten hatten wir beim Geldumtausch bei der Einreise nicht eingerechnet. Und eine Bank, die in nützlicher Frist Dollars oder gar D-Mark tauschte, war im ländlichen China 1995 kaum denkbar. Dann erblickte ich das vertraute Visa-Logo an der Rezeption. Glücklich, das teure Hotel wenigstens per Kreditkarte bezahlen zu können und so aus dem Schneider zu sein, streckte ich meine Karte hin. Die Dame am Empfang, die vorher kein Wort Englisch verstand, erwiderte zu meiner Verblüffung: „Sorry, only cash!" Es stellte sich heraus, dass bargeldlose Bezahlung nur für Kunden mit einem Konto bei der Bank of China möglich war.

Unseren Freund trafen wir tags darauf tatsächlich. Er wurde direkt ins ‚Binguan' gelotst. Später erfuhren wir, dass man der Eisenbahnpension eine saftige Buße aufgebrummt hatte, weil sie uns aufgenommen hatte – Ausländer waren dort fortan tabu.

„Zum Reisen gehört Geduld, Mut, guter Humor, Vergessenheit aller häuslichen Sorgen, und daß man sich durch kleine widrige Zufälle, Schwierigkeiten, böses Wetter, schlechte Kost und dergleichen nicht niederschlagen lasse."
‚Über den Umgang mit Menschen',
Adolph Freiherr von Knigge, 1788.

EINFACHTRAKTION ist auf günstig trassierten Hauptstrecken selbst bei schweren Güterzügen, die oft 70 km/h erreichten, die Regel. Im Nordosten sind die Güterzüge 1994 auf vielen Strecken noch mit Dampf bespannt. Nancha, 3.1994 (MF)

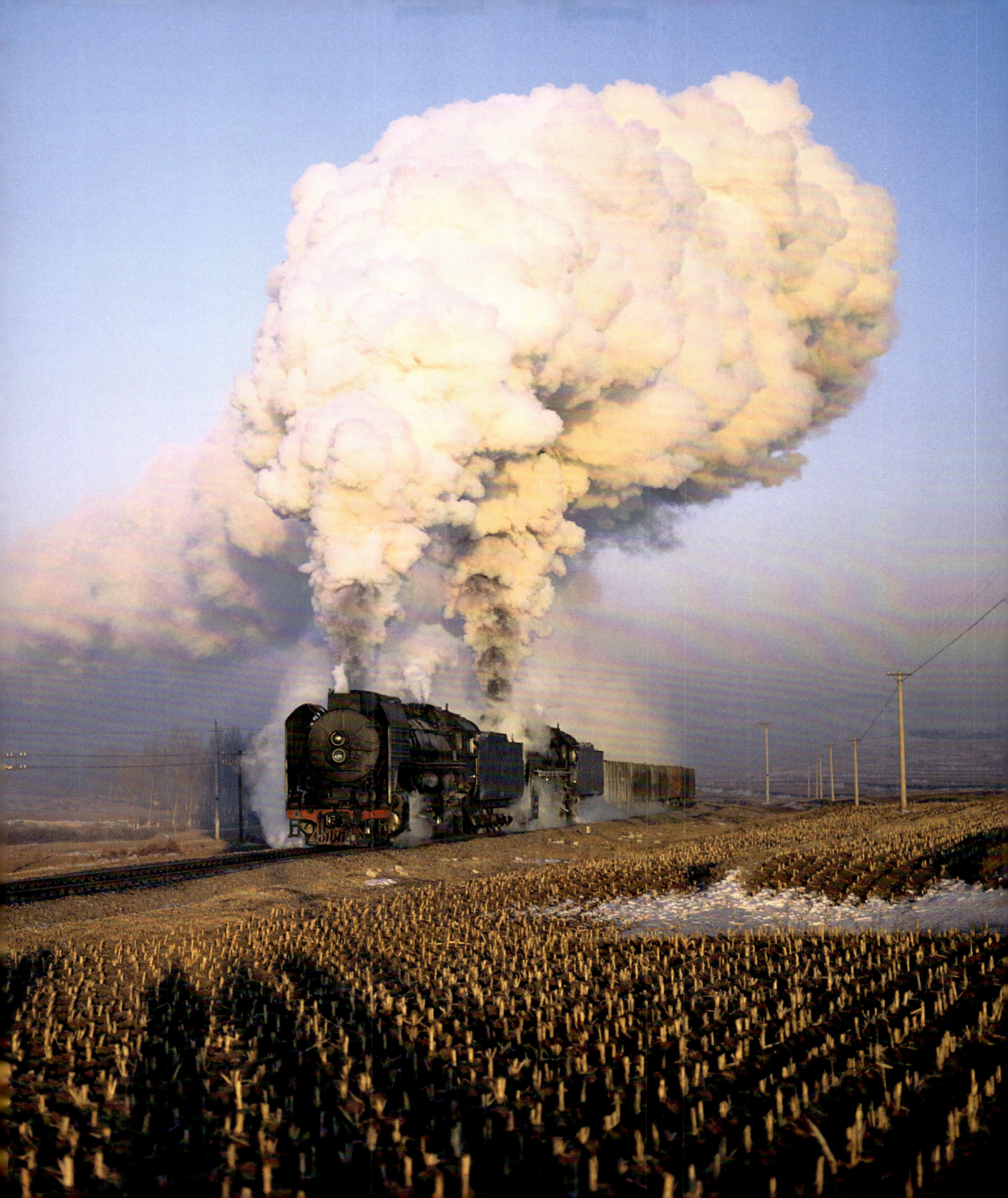

GEBIRGE ÜBERWINDEN alle drei Bahnstrecken, die aus Yebaishou herausführen, einem bedeutenden Eisenbahnknoten in der Provinz Liaoning. Die Kohleminen in Pingzhuang oder Yuanbaoshan an der Strecke nach Chifeng sorgen für einen lebhaften Betrieb mit interessanten Bespannungen. Um bei der Rückfahrt mit den schweren Kohlezügen ‚richtig herum' verkehren zu können, werden die benötigten Loks auf der Hinfahrt Tender voraus eingereiht. Bei Shinao treffen wir auf diese Dreifachtraktion mit QJ 3345, 6417 und 3339. 26.10.1997 (MB)

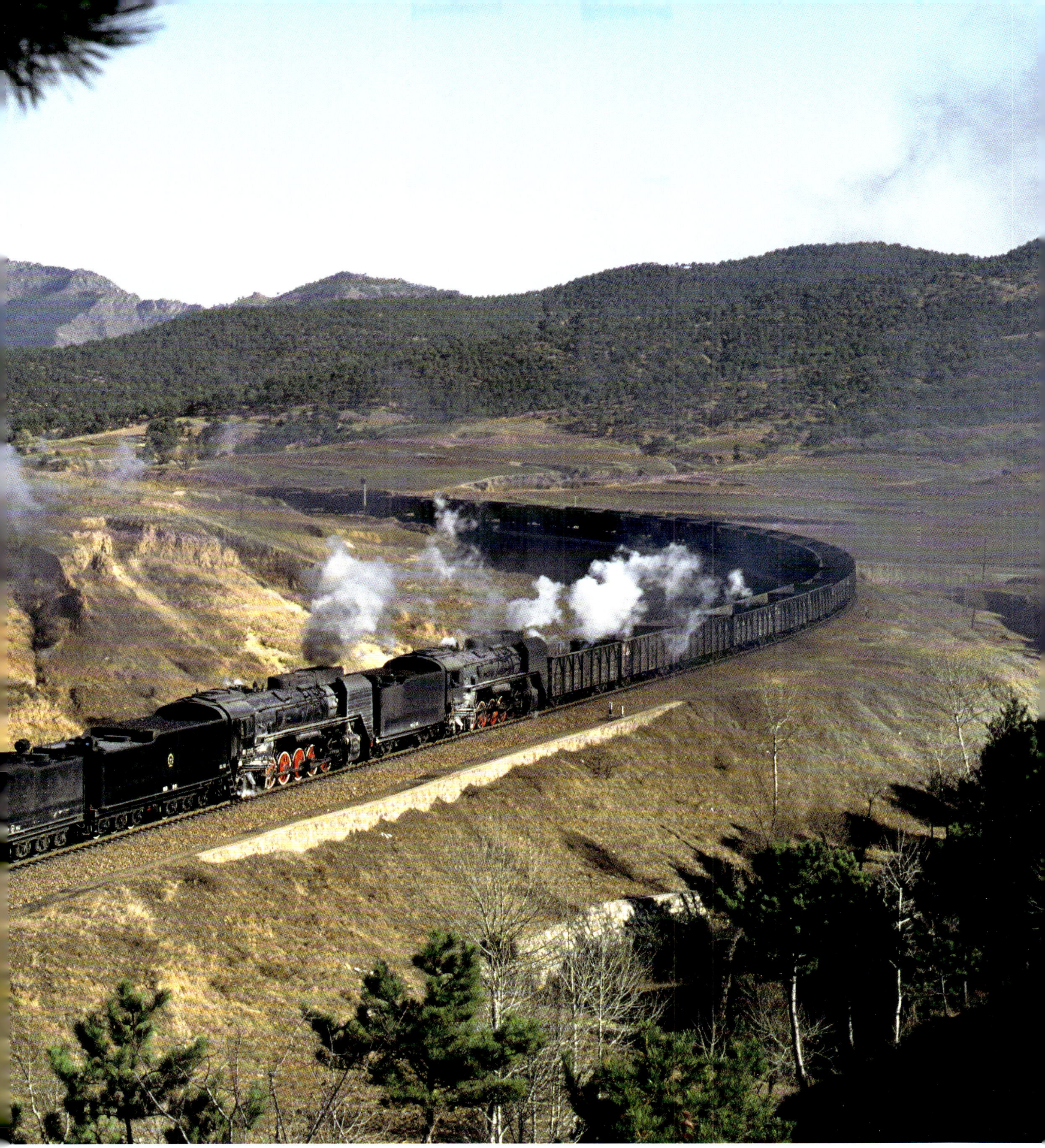

Verbotene Früchte
TUMEN

Etwas seltsam fühlte ich mich schon in meinem olivgrünen, knielangen Parka aus chinesischer Produktion und mit der Pelzmütze mit Ohrenklappen auf dem Kopf. So hockte ich auf dem Schlackehaufen, der sich am Rande des Bahnbetriebswerks von Tumen durch die Reinigung unzähliger Dampfloks angehäuft hatte und wartete auf das Objekt meiner Begierde. Von Matthias Büttner

Ich war nicht allein. Etwa ein halbes Dutzend Chinesen, meist ältere, bucklige Frauen, durchsuchten in meiner Nähe den Schlackehaufen nach brauchbaren Kohlestücken, um ihre bescheidene Behausung zu beheizen. Sie bemerkten mich nicht. Es zeichnete sich schon im Januar 1995 ab, dass die Schere zwischen Arm und Reich in China weiter auseinanderdriften würde. Die Kohle suchenden Frauen waren wohl die Verliererinnen der neuen Gesellschaftsordnung im Reich der Mitte.

Das Objekt meiner Begierde war eine nordkoreanische Dampflok. Ob und welche Baureihe kommen würde, wusste ich nicht genau. In Eisenbahnzeitschriften wurde berichtet, dass in der Grenzstadt Tumen die Möglichkeit bestand, Dampfloks der ‚Koreanischen Demokratischen Volksrepublik' zu Gesicht zu bekommen. Im Jahreswechsel waren die chinesischen bzw. nordkoreanischen Staatsbahnen für die Bespannung der weni-

DAMPFLOKS AUS NORDKOREA konnte man im Grenzbahnhof Tumen fotografieren – vorausgesetzt, man ließ sich nicht erwischen! 13.1.1995 (links, MB)

UNVERBRANNTE KOHLESTÜCKCHEN sucht diese alte Frau im Schlackehaufen. Mit der weißen Gesichtsmaske versucht sie, sich vor dem Staub zu schützen. Auch sonst tragen viele Leute einen Mundschutz – die Luftverschmutzung in vielen chinesischen Städten ist bedenklich. 30.9.2010 (PS)

gen grenzüberschreitenden Güterzüge zuständig. War es im Vorjahr die CNR, so musste jetzt eigentlich eine koreanische Maschine am Horizont auftauchen. Die Berichte zeigten entweder 1'D1'-Maschinen japanischen Ursprungs oder 1'E-Maschinen amerikanischer Herkunft. Natürlich galt für die nordkoreanischen Loks Fotografierverbot, was die chinesischen Organe mal mehr, mal weniger scharf kontrollierten. Ich überlegte, wie ich es anstellen sollte, um zu einem Foto einer solchen Rarität zu kommen. Der Versuch, offiziell im Bahnhof von Tumen danach zu fragen, wäre schon an der Sprachbarriere gescheitert – in der chinesischen Provinz sprach damals kaum jemand mehr als zwei, drei Wörter Englisch, geschweige denn die Angestellten der Staatsbahn.

So kam mir die Idee mit der ‚Verkleidung' als chinesischer Kohlesammler. Den Mantel hatte mein Freund Markus auf unserer vorhergehenden Reise gekauft, um nicht ständig als ‚Langnase' aufzufallen. Er wollte heute ohnehin anderswo Streckenaufnahmen machen. So tauschten wir am frühen Morgen unsere Kleider.

Der Schlackehaufen war keine schlechte Wahl. Zum einen fiel das Warten eines Ausländers hier weniger auf als im Bahnhof, zum andern waren der Standpunkt und die Lichtverhältnisse gut. Immer wenn Bahnarbeiter des nahen Betriebswerks am Schlackehaufen vorbeikamen, tat ich so, als suchte ich nach Kohlestücken. Niemandem fiel etwas auf. Eigentlich müsste die Lok schon da sein. Geduldig kauerte ich auf dem abschüssigen Untergrund, die Kamera schussbereit unter meinem ‚Chinesenmantel' versteckt. Endlich am Horizont ein Dampfwölkchen. Es dauerte noch eine ganze Weile, bis die als ‚Mika' bezeichnete Maschine japanischen Ursprungs angedampft kam, um im Bw Tumen ihre Vorräte zu ergänzen. Frech holte ich nun die Kamera hervor, wartete bis die Maschine bildfüllend vor mir war und drückte ab. Es reichte nur für einen Schuss – der musste sitzen! Als ich mein Auge vom Sucher nahm, hatte mich der

BLICK AUF NORDKOREA: Eine 1'D1' der Nordkoreanischen Staatsbahn DVRK überquert den Grenzfluss mit einem Zug aus Namyang. Mit ihren teilweise leerstehenden, bloß zur Schau gebauten Gebäuden gilt die Stadt als ‚Potemkinsches Dorf'. Nirgends ist Rauch aus den Schornsteinen auszumachen. 13.1.1995 (unten, MB)

203

Lokführer bereits erkannt. Wild gestikulierend fuchtelte er mit seinen Händen in meine Richtung. Ich tat, was alle Asiaten in solchen Situationen tun: ich grinste ihn einfach an. Die Lok rollte an mir vorbei, und ich hatte nur noch eins im Sinn: nichts wie weg!

Ich war froh, meine Aufnahme im Kasten zu haben. Beeindruckt war ich in der Kürze des Augenblicks von den übergroßen Windleitblechen, die die Koreaner der in China als Baureihe JF bezeichneten Maschine verpasst hatten. Außerdem fiel der gute Pflegezustand der Lok auf, was offensichtlich repräsentative Gründe hatte in einem Land, wo Mangel allgegenwärtig war und das Eisenbahnwesen noch als Staatsgeheimnis galt.

Ich hatte noch ein weiteres Ziel an diesem Tag. Normalerweise gab es pro Tag vier Zugpaare, welche die Grenze passierten, zwei davon zur Tageszeit. Den Mittagszug wollte ich von einem Hügel am Rande der Stadt aus aufnehmen, sobald er über die Flussbrücke des Tumen Jiang angedampft kam. Der Fluss bildete die Grenze zu Nordkorea. So ging ich gemütlich durch die Stadt, welche etwas über 100.000 Einwohner zählte. Bei uns gilt das als Großstadt, für chinesische Verhältnisse ist es eher überschaubar: Ochsenfuhrwerke quälten sich durch die von zahlreichen Kleinbus-

ZAHLREICHE BRÜCKEN UND TUNNELS
bietet die Strecke Tumen–Yanji. Bei Henan (oben) und Xiaopantun (rechts) warten wir bei eisigem Wind an den Flussbrücken über den gefrorenen Hatong He auf die Züge. Diese wurden damals noch größtenteils von der Reihe QJ geführt.
Auch das Leben auf dem Land hat sich über Generationen kaum verändert – Ochsengespanne sind häufig zu sehen und viele Häuser sind Mitte der Neunzigerjahre noch ohne Strom und Kanalisation. 12./13.1.1995 (oben links MB, unten links BH, rechts MF)

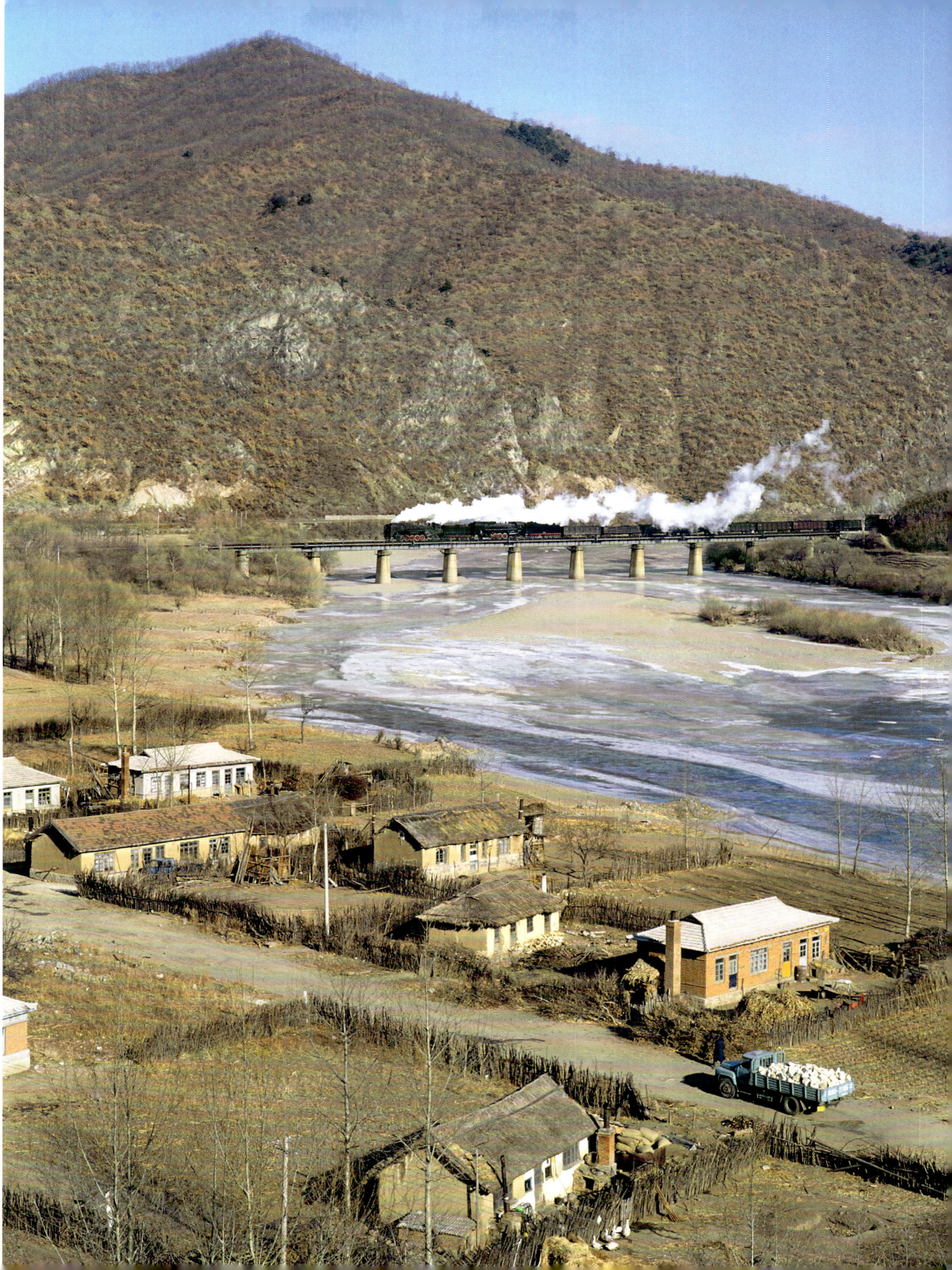

sen und Zweirädern dominierte Hauptstraße. Etliche Garküchen luden zum Essen ein. Auf dem Hügel angekommen, genoss ich den grandiosen Ausblick. Die Temperaturen waren eisig, aber ich fror kaum. Der Chinesenmantel hielt erstaunlich gut warm.

Mir fiel auf, dass es über den Dächern Tumens beinahe aus jedem Schlot und Schornstein qualmte, während die nordkoreanische Seite völlig rauchfrei war. Wie musste die Bevölkerung dort drüben frieren! Ich erblickte einen Schulhof. Durch mein 135 mm-Teleobjektiv konnte ich sogar die uniform gekleideten Schüler beim Appell erkennen.

Irgendwann erschien ein kleines Dampfwölkchen am Bahnhof von Namyang, wie die Stadt auf koreanischer Seite hieß. Bedingt durch die große Distanz zur Brücke, konnte ich völlig entspannt mein Foto machen, als der kurze Güterzug langsam über die große Stahlbrücke rumpelte.

AUSSCHLIESSLICH DIE KLEINEREN 1'D1' DER BAUREIHE JS verkehrten wegen ihrer besseren Kurvengängigkeit auf den von Tonghua ausgehenden Strecken. Ein Personenzug mit einer JS und den typischen Yingzuoche-(Hartsitz-)Wagen dampft bei Dongre Richtung Hunjang. Dass die chinesische Eisenbahn den Personenverkehr eher als lästige Pflicht betrachtet, lässt das Erscheinungsbild der Wagen vermuten. Tatsächlich erwirtschaftet die Staatsbahn den Großteil ihrer Einnahmen im Güterverkehr, welcher den Personenverkehr um ein Vielfaches übertrifft.
10.3.1994 (BH)

ZWEI JS ÜBERQUEREN mit dem Express nach Baihe die Flussbrücke bei Hunjang. Im Hintergrund sind die Dampffahnen weiterer Lokomotiven auszumachen. Eine in den Wintermonaten für viele Städte der Mandschurei typische Dunstglocke liegt über der Stadt, die sich häufig erst gegen die Mittagszeit auflöst. 23.2.1993 (oben, RI)

SHANSHUI – Landschaften mit Wasser und schroffen Bergen – lieben die Chinesen seit Jahrhunderten. Die gleichnamige Kunst, seit 1500 Jahren praktiziert, zählt heute zum Kulturerbe der Menschheit und wird häufig auch als ‚Poesie ohne Worte' bezeichnet. Eine an Shanshui erinnernde Grafik ziert auch das chinesische Kursbuch. 1996/97 (MF)

AB HUNJANG WIRD DER EX 571 nach Baihe planmäßig mit zwei Loks bespannt. Während der Express aus dem winterlichen Dayangcha ausfährt, wird der Güterwagen daneben mit einfachsten Mitteln von Hand beladen. 8.3.1994 (rechts, BH)

DIE PROVINZ JILIN MIT IHREN BEWALDETEN BERGEN und ursprünglichen Dörfern zählt zu den schönsten Regionen des Nordostens. Bei Dongre begegnen wir einem der zahlreichen Kohlezüge. 10.3.1994 (unten, MF)

LEBEN AUF DEM LAND:
Einem Bauernhof bei Wudaojiang vorbei eilt eine JS Richtung Tonghua. Die Winter im Nordosten Chinas sind lang und hart; bis Anfang April liegt hier oft Schnee. 22.2.1993 (rechts, RI)

1994 IST IM BESCHAULICHEN
Dongre in der Provinz Jilin noch wenig vom entfesselten wirtschaftlichen Aufschwung des Landes zu spüren, als JS 5731 mit dem Express Beihe–Tonghua vorbeistürmt. 10.3.1994 (unten, MF)

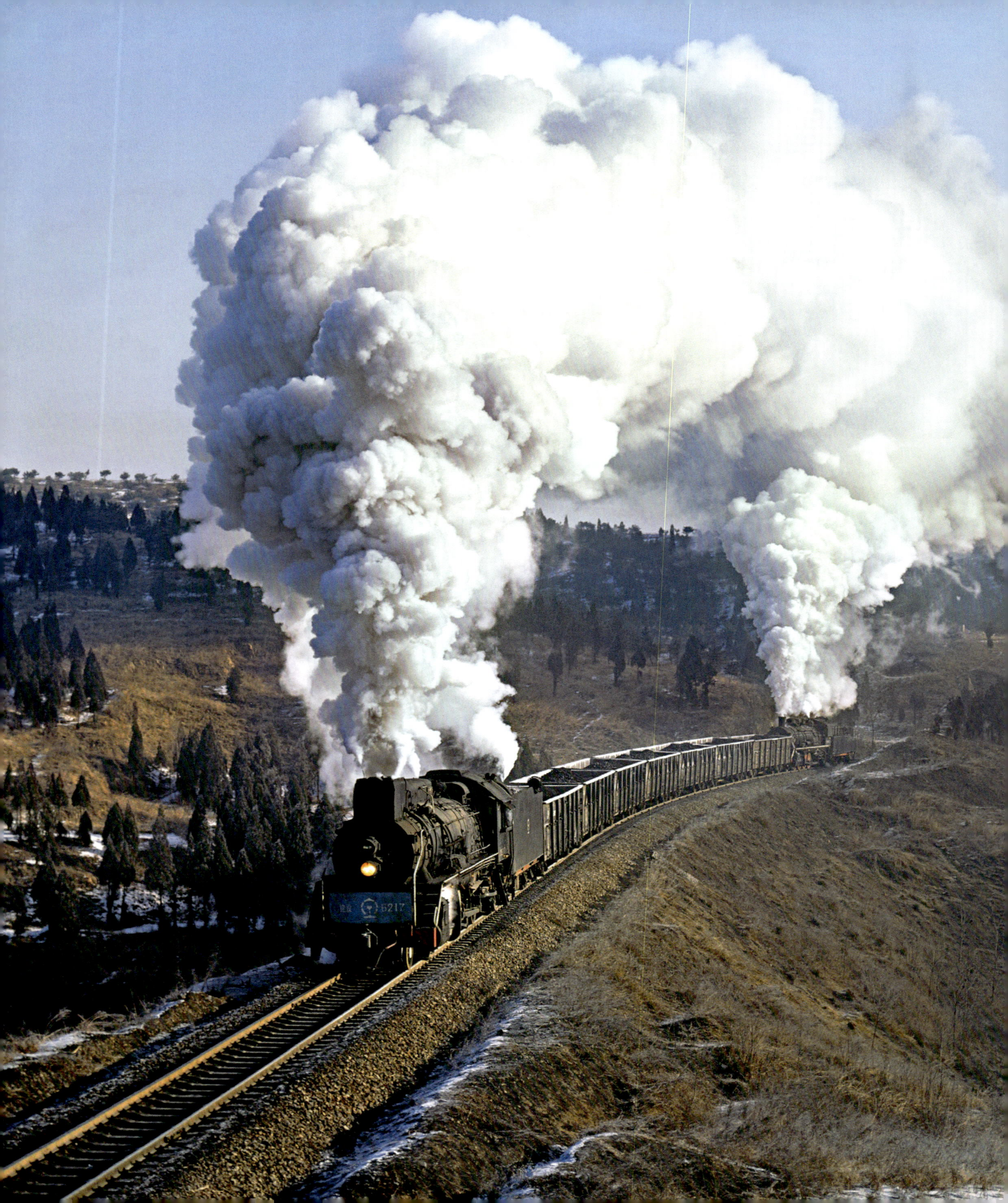
6217

Kaiserpalast und Dampf in allen Gassen
CHENGDE

Was der berühmte Sommerpalast von Chengde mit seinen Tempelanlagen für den normalen China-Touristen bedeutete, verhießen die von hier ausgehenden Strecken für den Dampflokfreund: Programm- und Höhepunkt einer Reise in den Norden, den man keinesfalls verpassen durfte. Von Markus Fischer

Den Auftakt für Chengde stellte schon die dreistündige Zugfahrt von Beijing durch die Provinz Hebei dar. Ab Miyun, rund eineinhalb Stunden nordöstlich der Hauptstadt, wurde die Umgebung interessant. Die Bahn führte, teilweise in Sichtweite zur chinesischen Mauer, durch eine großartige Gebirgslandschaft. Zwar wurde unser Express von einer modernen Diesellok der Reihe DF4 gezogen, aber sämtliche Güterzüge, denen wir unterwegs begegneten, waren dampfbespannt. Sie waren kurz, was große Steigungen ver-

NOCH MITTE MÄRZ IST DER FLUSS WULIE tief gefroren. Halb Chengde scheint sich auf der Eisfläche zu tummeln, als eine SY mit einer Zugladung Kohle für das Stahlwerk vorüberdampft. Dessen immenser Brennstoffhunger sorgt für ständigen Betrieb. 3.1998 (MF)

UNTER AUFBIETUNG ALLER KRÄFTE bezwingen die JS und SY mehrmals täglich die Rampe zum Stahlwerk hoch. Nicht selten bleiben die Züge kurz vor dem Brechpunkt liegen und müssen wieder zurückrollen, um mit neuem Anlauf die Steigung zu meistern. 12.1996 (links, MF)

SOMMERPALAST UND DAMPF: Sowohl den kulturell Interessierten wie den Eisenbahnfreunden bot die Umgebung von Chengde einiges. Bei Lamasi in der Nähe des Sommerpalastes passiert eine JS mit einem Güterzug nach Longhua den Pule-Tempel und die einzigartige Felsformation des Qing Chui Feng Nationalparks. 25.10.1997 (MF)

AUCH DER MORGENZUG nach Longhua ist häufig dampfgeführt. JS 5634 beschleunigt den Personenzug aus dem Bahnhof Chengde. 25.10.1997 (BH)

muten ließ. Nach einer weiteren Stunde Fahrt trafen wir in Dongmaiaohe auf ein Bahnbetriebswerk, wo zahlreiche QJ unter Dampf standen. Die Nacht war mittlerweile hereingebrochen, aber die zahlreichen Viadukte und Tunnels verrieten, dass die Strecke auch hier durchs Gebirge führte.

Wie finden wir unseren Zug?

Dampflokfreunde hatten in Zeitschriften von einer spektakulären Stahlwerkbahn in Chengde berichtet. Dass selbst die Hauptstrecke von Beijing noch größtenteils in der Hand von Dampfloks sein würde, übertraf unsere Erwartungen. Hier mussten wir hin, bloß wie?

Ich begann im chinesischen Kursbuch zu blättern und nach den Schriftzeichen für Beijing, Chengde und Pingquan zu suchen. Im ausschließlich auf Chinesisch publizierten Kursbuch mit allen Personenzügen dieses riesigen Landes kam der Versuch, eine bestimmte Strecke zu finden, der Suche einer Nadel im

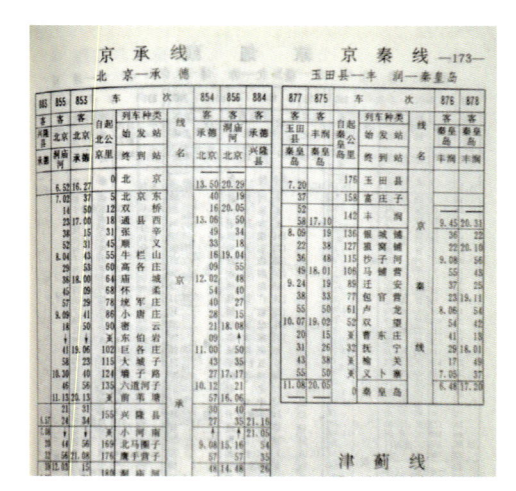

WER IM CHINESISCHEN KURSBUCH einen bestimmten Zug finden will, braucht Geduld. Für die Schnellzugverbindungen ist zwar eine Ausgabe mit lateinischer Umschrift (Pinyin) erhältlich. Wer aber eine Personenzugverbindung benötigt, muss sich mit chinesischen Schriftzeichen auseinandersetzen! (MF)

Heuhaufen gleich. Eine Karte mit Streckennummern gab es nicht. Schließlich wurde ich fündig: Unter 京－承－纹 (Jing–Cheng–Wén, will heißen: Beijing–Chengde-Strecke), war ein Zug 854 aufgeführt, der morgens um 6.33 Uhr Chengde verließ und uns an die Strecke bringen konnte.

Der Tunnel

Am Folgetag saßen wir bereits vor Sonnenaufgang im Zug Richtung Miyun. Als die Dämmerung einsetzte, sahen wir ein abgeschiedenes Tal, in welchem der Zug langsam bergwärts fuhr. Nach einem längeren Tunnel erreichten wir ein Hochtal in einer schroffen Gebirgslandschaft; die Bahn folgte ab hier dem Fluss Liu He.

Wir beschlossen auszusteigen und zu Fuß der Strecke entlang zu wandern. Wanderwege oder Wegweiser suchte man in China natürlich vergeblich. So folgten wir der Strecke, immer Ausschau haltend nach Motiven für die unregelmäßig vorbeifahrenden Güterzüge. Es folgten zwei Tunnels. Ob es eine Alternative gab, diese zu umgehen? Wir sahen, dass selbst die Chinesen die Bahntrasse als Wanderweg benutzen, natürlich ebenso die Tunnels.

Wir warteten, bis ein Zug die Strecke passierte, um einen Tunnel in der folgenden Zugpause zu durchqueren. Als wir

DIE GRANDIOSE GEBIRGSLANDSCHAFT bei Dongyingz lässt alles von Menschenhand Erschaffene winzig und nebensächlich erscheinen; der Zug und das weiße Dampfwölkchen verlieren sich beinahe auf der langen Luanhe-Brücke zwischen Shangbanchengzhen und Chengde. 6.1.1995 (MF)

uns in der Mitte des Tunnels befanden, spürten wir plötzlich einen Luftzug, wenig später das Typhon einer Lok. Offensichtlich hatte man dem letzten Zug wenige Minuten später einen weiteren folgen lassen!

Für eine Tunnelnische war es zu spät. Wir warfen unsere Rucksäcke zu Boden und drückten uns an die Tunnelwand. Das Stampfen der Dampflok steigerte sich, verstärkt durch die Tunnelwände, zu einem infernalischen Getöse. Hoffentlich reichte der Platz zwischen der Lok und der Tunnelwand! Der Zug donnerte an uns vorbei – selbst ein, zwei Minuten danach saß uns der Schrecken noch in den Knochen. Jetzt aber nichts wie raus!

Im schwachen Lichtstrahl des sich nähernden Tunnelportals sahen wir, dass sich gleichzeitig eine ganze Gruppe Chinesen im Tunnel näherte, und zwar mit Fahrrädern und Sack und Pack! Niemand machte den Anschein, als ob die Vorbeifahrt eines Güterzuges im engen Tunnel etwas Besonderes sei ...

NICHTS FÜR ÄNGSTLICHE NATUREN: Mit Volldampf fährt eine QJ in einen Tunnel. Sekunden später wird dieser durch Dampf, Rauch und ohrenbetäubende Auspuffschläge ausgefüllt. Glücklich, wer sich in diesem Moment in einer Tunnelnische in Sicherheit bringen kann! 12.2002 (oben, MF)

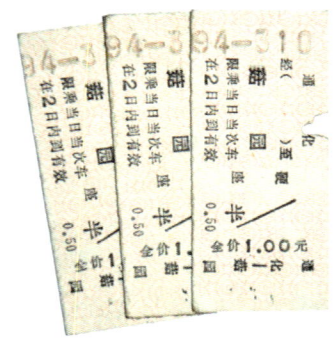

EDMONDSONSCHE FAHRKARTEN für die Fahrt in der ‚Yingzuoche'- (Hartsitz-)Klasse. (Sammlung BH)

UNSERE WANDERUNG ENTLANG DER STRECKE IM TAL DES LIU HE hat in Luanjiadian begonnen, wo wir frühmorgens diesen Güterzug vor einer beeindruckenden Gebirgskulisse aufnehmen können. (rechts, MF) Nach jeder Biegung des mäanderförmig verlaufenden Liu-Flusses ergeben sich neue Ausblicke. (links, MB) 7.1.1995

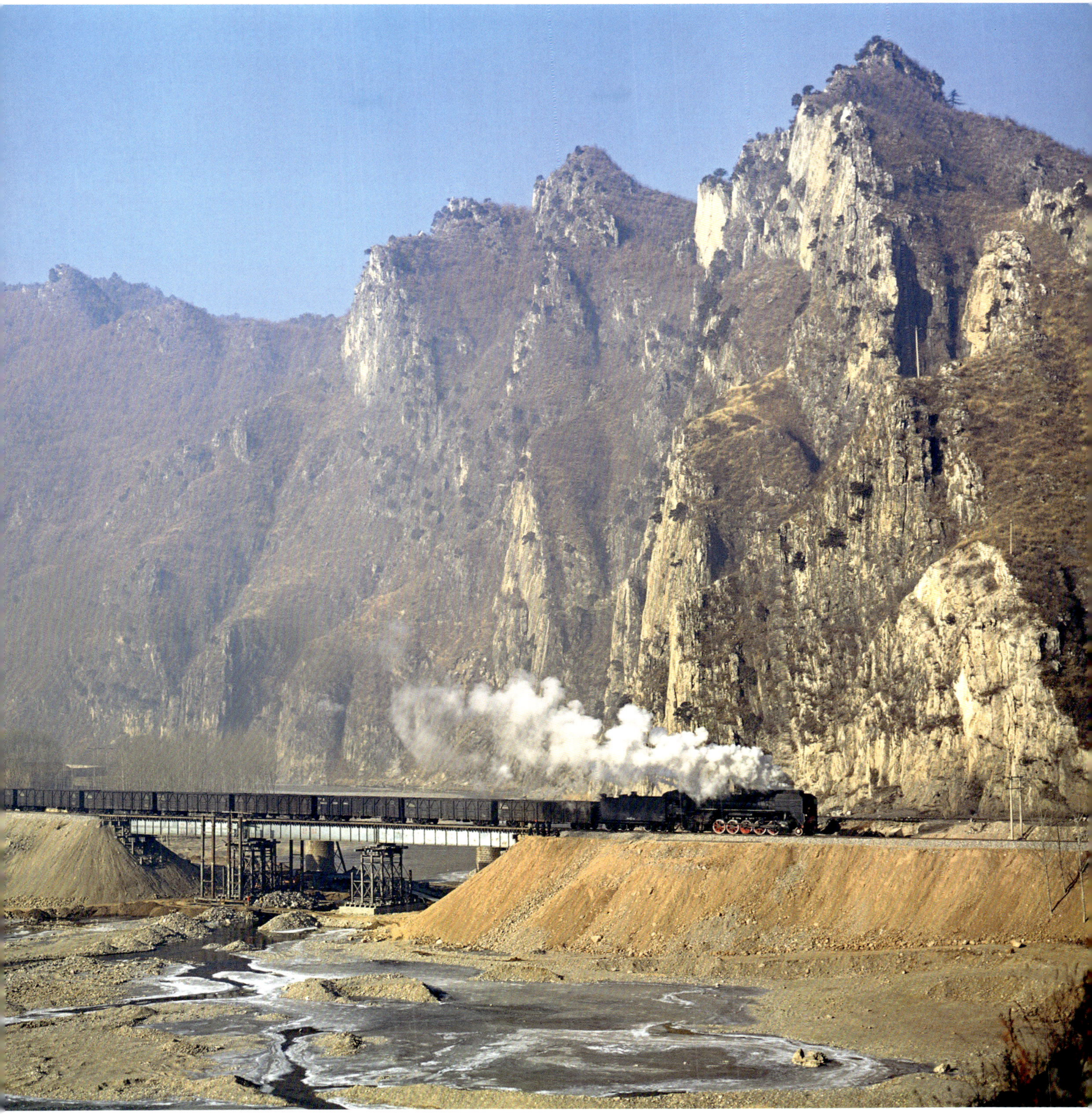

Am Rande der Wüste
NINGXIA

Schon bei der Anreise mit der Bahn erhielten wir einen ersten Eindruck der Provinz Ningxia: Ein dünn besiedeltes, ausgedörrtes, staubiges Land, über welches im Frühjahr die Winde der Wüste Gobi fegten und kaum einen Winkel vom feinen Sand verschonten. Die Bahn folgte auf weiten Strecken dem breiten Tal des Gelben Flusses. An der Grenze zur Provinz Gansu schließlich kletterte sie aus dem Flusstal und überwand einen Gebirgszug. Wer hierhin kam, erlebte Dampfbetrieb der Extraklasse. Von Markus Fischer

Als wir nach 1500 km Bahnfahrt in der kleinen Provinzstadt Zhongwei den Zug verließen, zeigte sich, wie rückständig der Nordwesten war: Nur wenige Autos waren 1994 auf den Straßen zu sehen, neuere Modelle gab es kaum. Fahrräder, Schubkarren und Dreiräder dominierten das Straßenbild. Auch die vielen grünen und blauen Mäntel und Mao-Mützen verdeutlichten, dass hier noch das alte China herrschte. Die Provinz lag Jahre hinter den prosperierenden

EINEM SCHERENSCHNITT GLEICH zeichnen sich die beiden eisernen ‚Drachen' gegen den rötlichen Abendhimmel. Changliushui 27.12.1994 (MB)

NETTE BEKANNTSCHAFTEN IM SPEISEWAGEN: Unverzichtbar für die Konversation ist das kleine Deutsch-Chinesisch-Wörterbuch! (Erstes Bild links, MB)

FÜR ERHEITERUNG bei den chinesischen Mitreisenden sorgt der Autor, welcher sich als Wagenschaffner nützlich macht und den angesammelten Müll im Hartsitzwagen entsorgt. (oben, MB)

217

SELBST DER EXPRESS 43 BEIJING–LANZHOU ist 1994 ab Hohot noch durchgängig mit Dampf bespannt. Wenige Minuten zuvor hat die hervorragend gepflegte QJ 3373 in Zhongwei den Express übernommen und befördert ihn bis Gantang. 9.1.1990 (RI)

ZUGLAUFSCHILD des Express 43 Beijing–Lanzhou, 1994 einer der letzten Weitstreckenzüge mit Dampf überhaupt (RI)

ALLTAG IN ZHONGWEI: Eine Garküche lädt zum Essen ein. Das Transparent sagt ‚qing zhen shi pin' – muslimisches Essen auf Arabisch und Chinesisch, das für die Volksgruppe der Hui in Ningxia typisch ist. 4.3.1994 (rechts, MB)

FAHRRÄDER UND DREIRÄDER prägen das Straßenbild. Obschon der Händler bereits erste ‚Shan di che' (Mountain-Bikes) im Angebot hat, sind es noch immer die alten, schweren Modelle, die Millionen als Fortbewegungsmittel dienen. 4.3.1994 (rechts zweites Bild, MF)

Sonderwirtschaftszonen Shenzhen und Guangzhou zurück, die immer wieder gern im chinesischen Fernsehen gezeigt wurden.

Doch selbst nach Jahrzehnten kommunistischer Planwirtschaft hatten die Chinesen das Handeln und Geschäftemachen nicht verlernt. Die Straßen des Städtchens wirkten wie ein riesiger Bazar, wo alles Erdenkliche angeboten wurde. Etliche Produkte wirkten auf uns, als seien sie moderne Antiquitäten: Gusseiserne Bügeleisen, handbetriebene Nähmaschinen, eiserne Pflugscharen und natürlich die allgegenwärtigen, schwarzen Yongjiu–Fahrräder – allesamt Dinge aus einer längst vergangenen Epoche, die in China noch immer produziert wurden.

Mit dem Fahrrad in die Wüste

Die Richtung Lanzhou führende Bahnstrecke stieg hinter Zhongwei an der Talflanke des Huang He an. Anschließend kletterte sie entlang einer Gebirgskette in mehreren Schleifen auf eine Hochfläche am Rande der Tengger-Wüste. Meist waren zwei, manchmal sogar drei der mächtigen QJ erforderlich, um die schweren Züge übers Gebirge zu schleppen – Anfang der Neunzigerjahre eine der spektakulärsten Dampfstrecken überhaupt.

Da in Zhongwei nahezu jedermann per Fahrrad unterwegs war, mieteten wir kurzerhand bei einem Händler drei Räder. Die Fahrt ins Gebirge war aber beschwerlicher als gedacht. Fünfzehn Kilometer außerhalb des Städtchens war die Straße nur noch eine Sandpiste. Wir sanken ständig ein, sodass wir schieben mussten. Zum Glück tauchte ein blauer ‚Jiefang'-Lastwagen auf. Aus Neugierde über die ‚da bidze' (Langnasen) hielten die Chinesen an. Sie ließen uns auf die Ladepritsche steigen. Die anschließende Fahrt durch die Wüste war jedoch nichts für ängstliche Naturen. Aufgrund der harten Federung wurden wir total durchgeschüttelt und mussten uns mit aller Kraft festhalten, während die Fahrräder auf der Ladepritsche wild auf- und abtanzten und sich ineinander verkeilten. Jedes moderne Fahrrad wäre danach ein Fall für die Werkstätte gewesen. Bei den chinesischen Rädern reichte es, die Kette wieder einzuhängen und ein paar abgefallene Teile anzuschrauben!

Wie unwirtlich die Gegend sein konnte, erlebten wir Stunden später: Ein heraufziehender Sandsturm stellte Mensch und Material auf eine harte Probe. Wir wähnten uns in einer Sandstrahlkabine. Die feinen Körnchen drangen überall ein und hinterließen Spuren an unseren Kameras, Objektiven und Gesichtern. An Fotografieren war an diesem Tag wegen der schlechten Sicht kaum mehr

IM MORGENGRAUEN eines Wintertages kämpft sich ein QJ-Doppel hoch über dem Huang He mit einem schweren Güterzug bergwärts. Über dem Flusstal liegt noch der Frühnebel, der sich allmählich mit dem Rauch des Dampfzuges vermischt. 9.1.1990, (RI)

FAHRT IN DIE WÜSTE: Auf einer abenteuerlichen Reise auf der Ladepritsche dieses alten Jiefang-Lastwagens erreichen wir Mengjiawan. 2.3.1994 (MB)

WENIGER GLÜCKLICH endete die Fahrt dieses LKWs, der offensichtlich von der Piste abkam. 2.3.1994 (MB)

zu denken, sodass wir uns am späten Nachmittag mit unseren Fahrrädern auf den mühsamen Rückweg machten.

Überraschende Neuerungen

Mit welcher Geschwindigkeit Entwicklungen in China selbst in verschlafenen Provinzen vonstatten gehen konnten, realisierten wir, als wir im Dezember des gleichen Jahres erneut nach Zhongwei fuhren. Hatten wir uns im März noch über eine Busladung Chinesen gewundert, die mit Vermessungsgeräten an der Sandpiste auftauchten, war in der Zwischenzeit eine komplett neue, aufwendig trassierte Straße aus dem Boden gestampft worden!

Leider hatte sich auch bei der Eisenbahn einiges verändert: Während im vergangen Jahr die Strecke auf Doppelspur erweitert wurde, arbeiteten die Chinesen nun an der Elektrifizierung der Linie – moderne, hässliche Betonmasten säumten große Teile der Strecke. Bald würden dort, wo sich momentan noch QJ-Doppel mit einem Höllenspektakel über die Rampe kämpften, SS3-Elektrolokomotiven mit 80 km/h übers Gebirge surren.

Abenteuer im HelanshanGebirge

Zum Glück gab es nordwestlich in der Provinz Ningxia an der Grenze zur Inneren Mongolei eine Bahnstrecke, die als Ersatz für das ‚verlorene' Zhongwei gelten konnte: Die Strecke Pingluo–Rujigou. Sie führte durch das Helanshan-Gebirge, das sogar noch eindrücklicher war als die Szenerie bei Zhongwei.

Die Sache hatte allerdings einen Haken: Die Linie lag in einem für Ausländer gesperrten Gebiet. Kaum je verirrte sich ein Besucher dorthin. Man munkelte, dass in den Minen bei Rujigou Strafgefangene arbeiteten.

Um nicht schon auf der Hinfahrt den im Zug patrouillierenden Polizisten in die Hände zu fallen, reisten wir von Yinchuan aus mit einem Lokalbus bis Dawukou am Fuße des Gebirges. Schwieriger war es, von dort zur Strecke zu gelangen. Wir stellten uns einfach an die Straße, wie es Chinesen gewöhnlich tun. Etliche Busse hielten aus bloßer Neugierde über uns ‚da bidze'. Wir fragten nach unserem Bestimmungsort ‚Zawuo'. Nach einiger Zeit kam ein Bus, dessen Beifahrer uns bedeutete einzusteigen. Allerdings bemerkten wir nach kurzer Zeit, dass es ein Bluff war – wir fuhren in die falsche Richtung! Verärgert machten wir dem Fahrer klar, sofort anzuhalten. Es begann eine lebhafte Diskussion unter den Chinesen, von der wir nichts verstanden. Deshalb kritzelte der Fahrer ein paar Schriftzeichen in den Sand am Boden. Dass wir selbst darauf mit ‚Ting bu dong' (Verstehen wir nicht) antworteten, verdutzte sie – die ‚Langnasen' sollten doch wenigstens lesen können!

Geld regiert die Welt, besonders in China, was die anschließende, nahezu filmreife Szene verdeutlichte: Nachdem wir uns mit dem Fahrer auf einen Preis von 30 Yuan für ‚Zawuo' geeinigt und wieder Platz genommen hatten, scheuchte er sämtliche Fahrgäste kurzerhand aus dem Bus, wendete diesen und fuhr Richtung Gebirge!

IN DER MONDLANDSCHAFT BEI MENGJIAWAN eilt der Express 43 über die Steigung. Erst Monate zuvor ist das zweite Gleis in Betrieb gegangen. 3.3.1994 (oben, MB)

Von einem Berg herab nahmen wir einen ersten Zug auf, als er eine Brücke zu Beginn eines engen felsigen Tals überquerte. Kohleminen am Endpunkt der Strecke sorgten für ein stetes Verkehrsaufkommen. Mit unseren chinesischen Mänteln und Mützen fielen wir kaum auf. Einen weiteren Zug wollten wir aus näherer Distanz aufnehmen. Als die Lok an uns vorbeidonnerte, blickten die Personale finster zu uns. Der Lokführer bedeutete uns mittels unmissverständlicher Gesten, dass wir hinter Gitter kämen! Also nichts wie weg!

Nahe der Straße warteten wir geduckt hinter einem Stein auf einen Bus. Erst als sich einer näherte, sprangen wir hervor. Er nahm uns mit. Kurz vor Dawukou folgte ein Checkpoint. „Jetzt bloß unsere Nasen nicht zu weit raushalten!", raunte ich Matthias zu. Wir zogen unsere Köpfe ein; der Bus wurde durchgewunken – Glück gehabt!

Zurück in unserem Hotel, klopfte es an der Tür. Zwei Polizisten standen da und sprachen uns auf Englisch an, was nichts Gutes vermuten ließ. Sie erklärten in einem Ton, der keine Widerrede duldete, dass wir unerlaubtes Gebiet betreten und fotografiert hätten und den Ort spätestens am nächsten Morgen zu verlassen hätten.

Wir waren perplex ob dem Wissensstand und dem schnellen Einschreiten der Staatsmacht. Für einen kommunistischen Polizeichef alter Schule dürfte die Vorstellung individuell in einem Sperrgebiet herumwandernder ‚laowei' (Ausländer), die ihre Nase mal hier, mal dort reinsteckten und knipsten, was ihnen gerade zu Gesicht kam, ein ungutes Gefühl bereitet haben.

Wir hatten Glück. Unsere belichteten Filme blieben unversehrt. Die großartigen Eindrücke vom Helanshan-Gebirge konnte uns ohnehin niemand mehr nehmen!

„DER BAUER WÜNSCHT SICH REGEN, DER WANDERER SONNENSCHEIN", sagt ein chinesisches Sprichwort. In den staubigen Halbwüsten der Provinz Ningxia gibt es nur im Sommer ab und zu Niederschläge, weshalb der Bauer hier Schmelzwasser nutzt, um seine Felder zu bestellen. 3.1994 (unten, MF)

MIT EINEM SCHWEREN KOHLEZUG stampfen zwei QJ bei Mengjiawan die Steigung hoch. Oben rechts nähert sich der Zug vor den Dünen der Tengger-Wüste, im Bild links dampft derselbe Zug vor der Kulisse des Dacaodun-Shan Gebirges weiter bergwärts. Am 9.3.1990 ist die Strecke noch eingleisig. (oben und linke Seite oben, RI)

„ICH WAR GEWARNT WORDEN, dass eine Reise in den Westen öde und langweilig sein würde. Das war sie nicht. Ich begann stattdessen zu realisieren, dass gerade die menschenleeren Regionen Chinas besonders schön sind, und einige davon, wie die Täler, die wir durchfuhren, auch sehr fruchtbar." Paul Theroux, ‚Riding The Iron Rooster', 1988. Ein dreifach bespannter Zug zwischen Mengjiawan und Changliushui. 1.1990 (rechts, RI)

EINE VIERFACHTRAKTION begegnet oberhalb Changliushui einem bergwärts fahrenden Zug. 27.12.1994 (oben, MB)

DIE BAUARBEITER der Volksgruppe Hui, welche damit beschäftigt sind, Masten für die Elektrifizierung zu setzen, freuen sich über die Begegnung mit den Fremden am Bahndamm. 27.12.1994 (links, MB)

VIEL UNVERBRANNTE KOHLE wird durch die schwer arbeitenden Dampfloks ausgestoßen, sodass die Reste wie schwarzer Schnee entlang der Strecke liegen. Zwei QJ bringen einen langen Kesselwagenzug über die Rampe zu den Ölfeldern im Westen des Landes. 9.1.1990 (rechts oben, RI)

QJ IM GOLDENEN STREIFLICHT: Zwischen Yinchuan und Zhongwei donnern zwei QJ aus einem Tunnel. 28.12.1994 (rechts unten, MF)

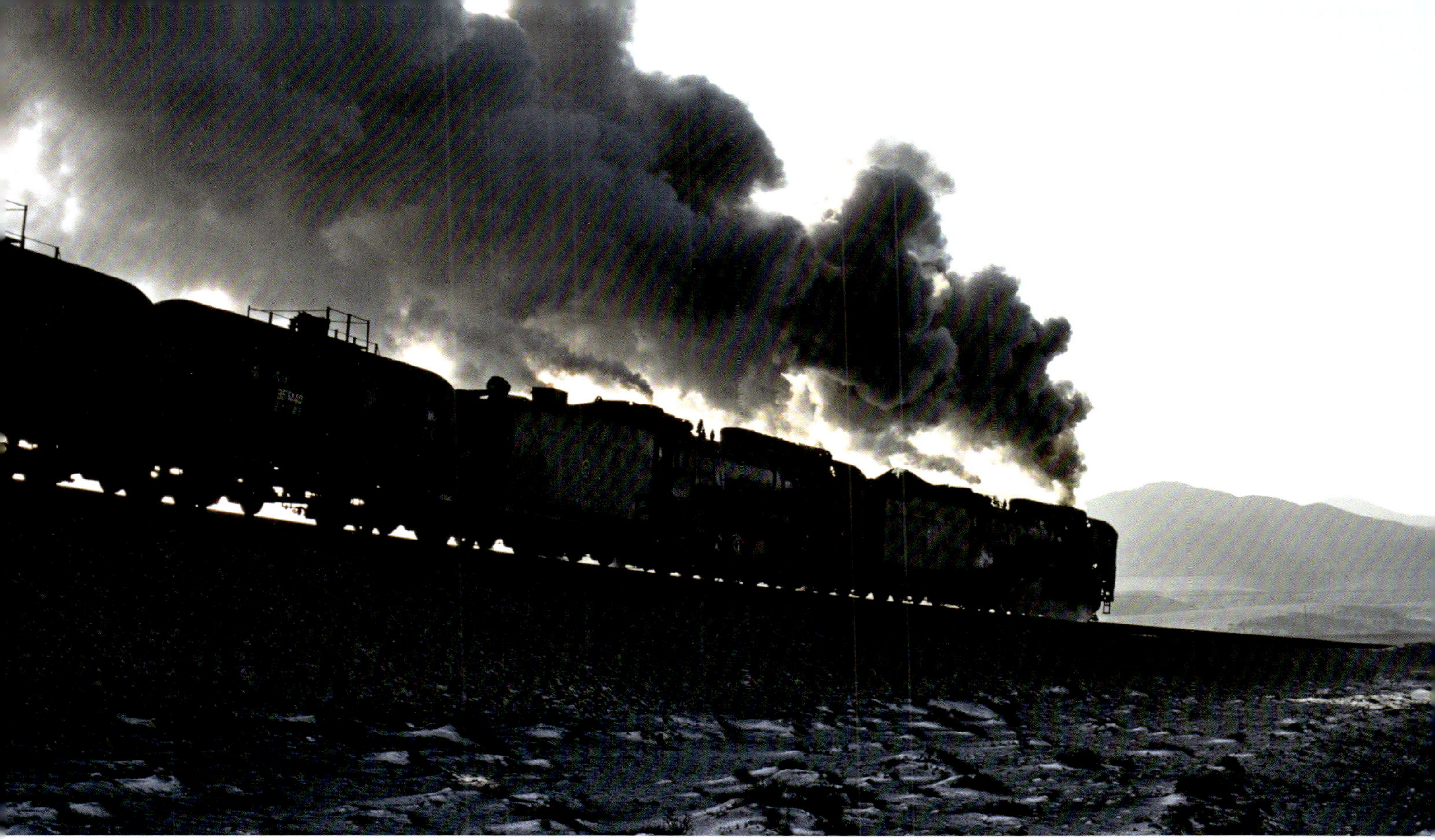

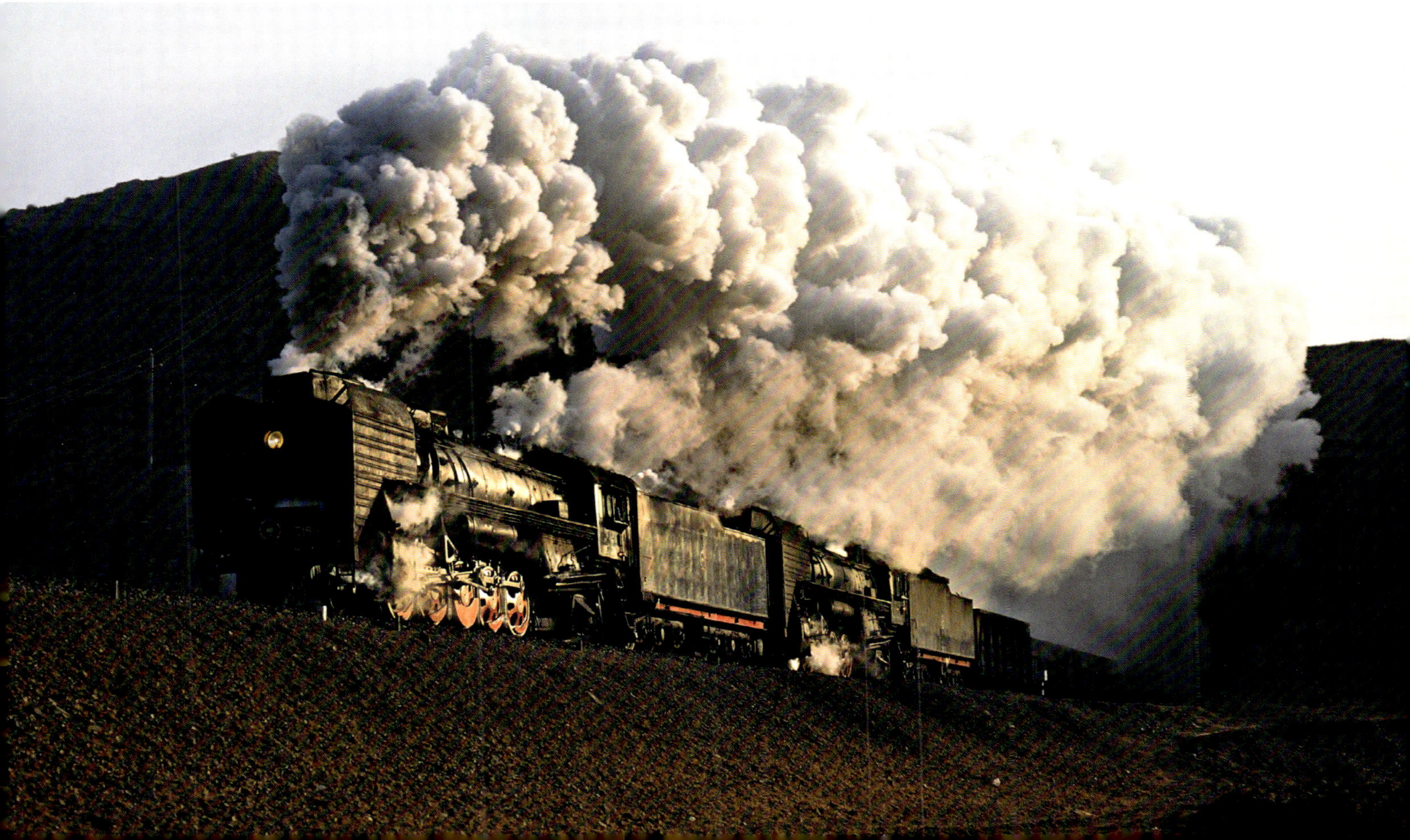

CORPUS DELICTI: Der Aufenthalt von Ausländern an der Strecke Pingluo–Rujigou im Helanshan-Gebirge ist von den Behörden unerwünscht, erst recht natürlich das Fotografieren. Immerhin gelingt uns diese Aufnahme eines bergwärts fahrenden Leerzuges in der großartigen Gebirgslandschaft. 29.12.1994. (rechts, MF)

DEN EXPRESS 43 MIT SEINEN 14 WAGEN befördert die QJ mühelos in Einfachtraktion. 9.1.1990 (oben, RI), 2.3.1994, (BH)

NEUE FREIHEITEN: Im Städtchen Zhongwei verkaufen Bauern ihre Produkte auf dem freien Markt. 10.1.1990 (unten links, RI)

WINTER IN DER WÜSTE: Der Wasserkran in Mengjiawan zeugt von tiefen Temperaturen und davon, dass hier im Januar 1990 noch König Dampf regiert. (RI)

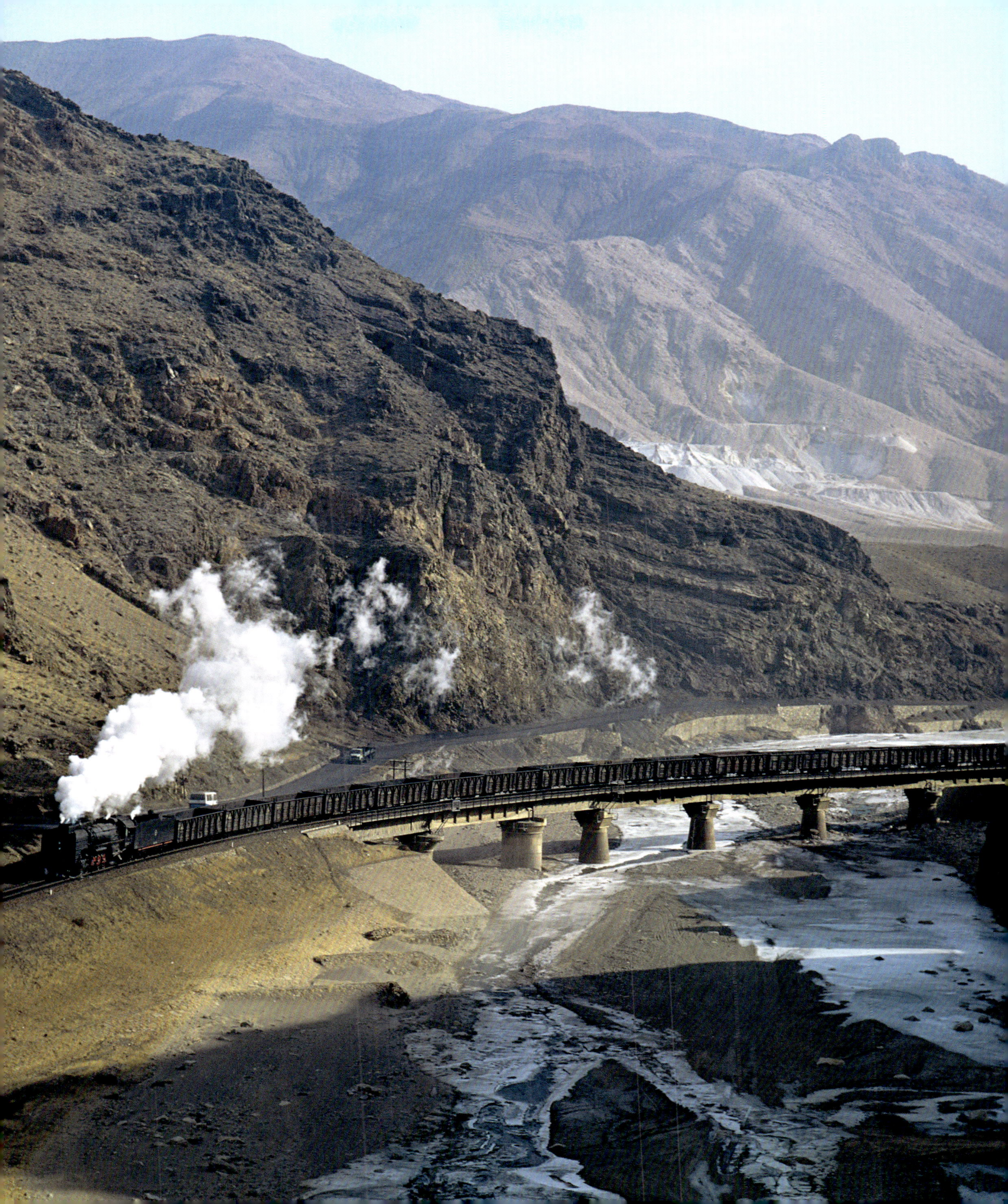

Silvester in Zentralchina

MENGYUAN

Es gibt viele Möglichkeiten einen Silvesterabend zu verbringen. Wie wär's mit einer Party bei Freunden oder, wie in China üblich, einem geselligen Karaoke-Abend? Oder einer Mitfahrt in einem Güterzug in der Winterlandschaft Zentralchinas? Es mag für uns ungewöhnlich klingen, aber in ein solches Abenteuer gerieten wir an Silvester 1994. Von Matthias Büttner

Den ganzen Tag waren wir gewandert, um die von Mengyuan (Provinz Shaanxi) nach Norden verlaufende Eisenbahnstrecke fotografisch zu erkunden. Was hätte das bei Sonnenschein für herrliche Aufnahmen gegeben. Leider blieb es den ganzen Tag hochnebelartig bewölkt, was allerdings in dieser Gegend nichts Ungewöhnliches ist. Die Landschaft im Einzugsbereich des Gelben Flusses faszinierte uns: Die Felder waren terrassenförmig an den Berghängen angelegt und vermittelten den Eindruck, dass jeder Quadratmeter landwirtschaftlich genutzt wurde. In den Dezembertagen lag alles im Winterschlaf. Aber wir konnten uns das 'Gewusel' an chinesischen Bauern und Feldarbeitern vorstellen, das hier im Frühjahr herrschen würde, wenn die Felder zu bestellen waren. Ab und zu kamen wir durch kleine Dörfer, deren Bewohner in einfachsten Lehmhütten wohnten. Manche Dächer waren lediglich mit Stroh- oder Blattwerk gedeckt. Chinesen, die uns sahen, machten sich entweder erschrocken davon oder starrten uns reglos an.

Große Stahlbetonbrücken überspannten tief eingeschnittene Täler – die Streckenführung übertraf unsere Erwartungen. Alle Güterzüge, die uns entgegen kamen, waren mit zwei QJ-Maschinen bespannt und zogen lange Güterzüge weithin hörbar aus dem Tal des Gelben Flusses (Huáng He) über die Steigung auf die Hochebene bei Mengyuan hinauf.

BEGEGNUNG mit einem Bauern mit traditioneller Kopfbedeckung. (MB)

DIE LÖSSLANDSCHAFT entlang des Gelben Flusses in Shaanxi gilt als Wiege der chinesischen Zivilisation. Die seit Jahrtausenden betriebene Landwirtschaft mit den terrassenförmig angelegten Feldern erfordert seit jeher eine gemeinschaftliche Verwaltung von Damm- und Bewässerungsanlagen, was zur Entwicklung staatlicher Strukturen und schließlich zu den ersten Dynastien führte.
Ein QJ-Doppel bezwingt die Rampe aus dem Tal des Huang He mit einem Güterzug. Dunkle Wolken im Hintergrund künden weitere Schneefälle an. 31.12.1994, (rechts, MF)

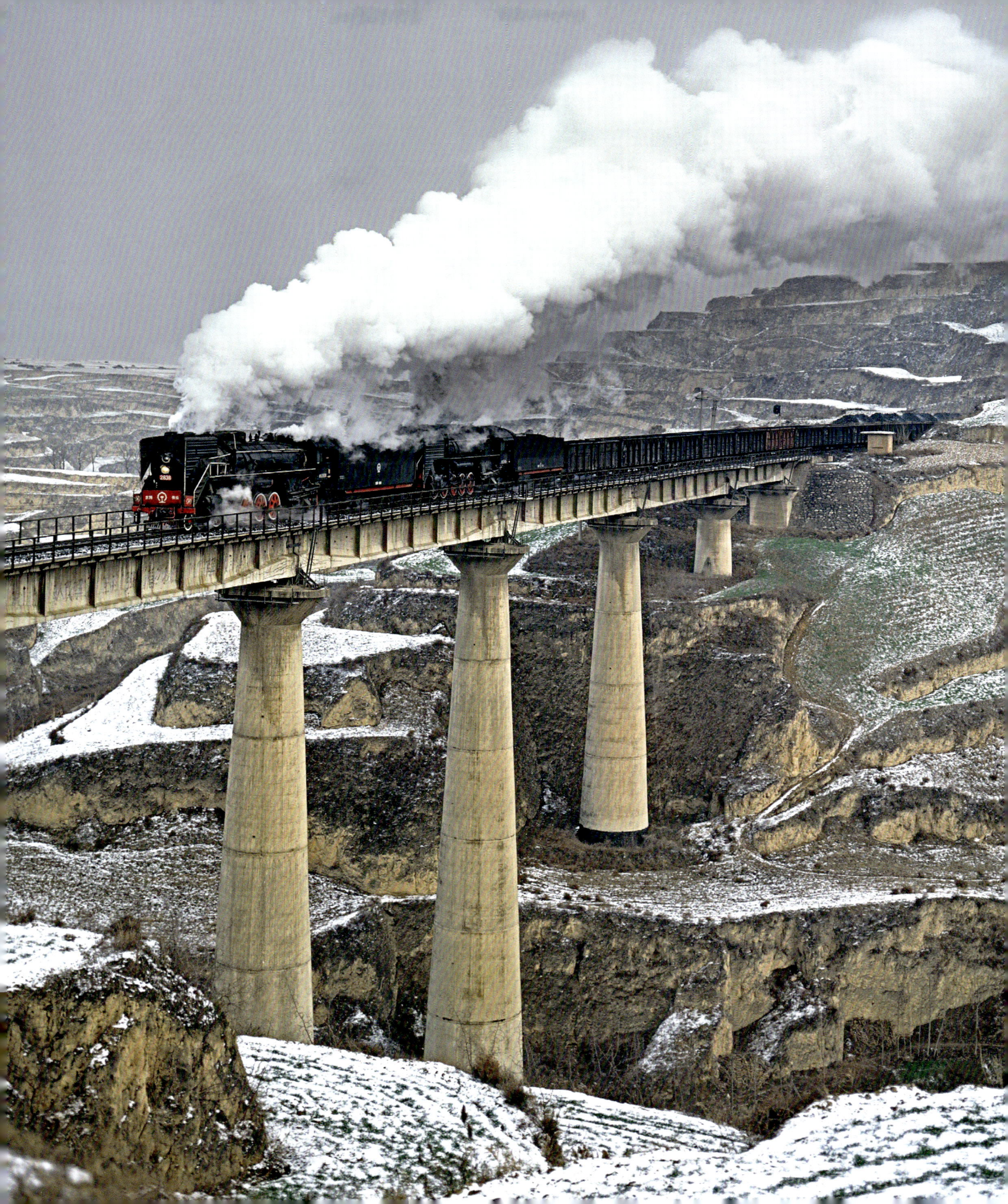

SEIT JAHRTAUSENDEN LEBEN MENSCHEN in den Provinzen Shanxi und Shaanxi in Lehmhütten und Höhlen – das Leben hat sich über Jahrhunderte kaum verändert. Während die Höhlen jegliche Annehmlichkeiten wie fließend Wasser vermissen lassen und selbst die alltäglichsten Dinge draußen erledigt werden müssen, lassen sich die Hütten günstig erstellen und bieten guten Schutz gegen die winterliche Kälte und das schwülwarme Klima im Sommer. Drei Millionen Chinesen leben in Shanxi zur Jahrtausendwende in solchen Höhlen. Shitan, 10.1997 (MF)

马尔酷斯 贝特欧德 马提亚斯

Markus Berthold Matthias

„BITTE TRAGEN SIE IHREN NAMEN AUF CHINESISCH EIN": Dieser Aufforderung auf dem Gästeformular mancher Herberge ließ sich mit entsprechend vorbereiteten Namen schon eher nachkommen. (Kalligraphie: Elis Heck)

Gegen Abend erreichten wir Gankou, eine kleine Station. Wir hatten keine Ahnung, wie wir nach Mengyuan zurückkommen sollten. Aber eines war klar: nicht zu Fuß! Aus dem Kursbuch wussten wir, dass täglich ein Personenzug verkehrte, der hier jedoch nicht hielt. Also beschlossen wir, im Büro des Fahrdienstleiters nachzufragen und uns dumm zu stellen.

Wir betraten den nüchtern eingerichteten Raum, dessen zentraler Bestandteil ein Stellpult bildete, auf dem das Gleisbild und die Signalanlagen der kleinen Station abgebildet waren. Davor stand ein Stuhl mit einem Bahnbediensteten. Er schien über unser plötzliches Auftauchen nicht sonderlich überrascht zu sein, jedenfalls ließ er sich nichts anmerken und begrüßte uns freundlich.

Wir trugen ihm unser Anliegen vor. Wie selbstverständlich deutete er an, dass um 18 Uhr ein Zug kommen würde und wir mitfahren könnten. Es blieb eine gute Stunde Zeit, uns mit dem chinesischen Eisenbahnsicherungswesen vertraut zu machen. Dieses war erstaunlich modern. Sämtliche Weichen und Signale wurden von einem zentralen Stellpult aus ferngesteuert. Der Fahrdienstleiter hatte mit den Lokpersonalen je nach Entfernung Funksprechkontakt. So beobachteten wir das Geschehen, welches betriebsame Aktivitäten entwickelte, wenn ein Zug abzufertigen war.

Es war kurz nach 18 Uhr, als das Funkgerät auf sich aufmerksam machte. Ein Dialog zwischen unserem Stationsvorsteher und dem Lokpersonal folgte. Einige Chinesen kamen in den Raum. So entstand ein munteres Palaver. Nach kurzer Zeit schickten sich die Chinesen an, nach draußen zu gehen. Wir gingen mit. Der angekündigte Güterzug fuhr gerade ein. Wir realisierten, dass er nur mit einer Maschine bespannt war. Ehe wir uns hierüber weitere Gedanken machen konnten, deutete der Stationsvorsteher an, dass wir uns zum Güterzug-Begleitwagen am Zugschluss begeben sollten. Wir nickten ihm dankend zu und liefen am ausrollenden Güterzug entlang. Er wollte überhaupt nicht enden. Ein Ruck ging durch die Wagenreihe und er kam mit dem typisch klirrenden Geräusch der auflaufenden automatischen Kupplungen zum Stehen.

Am Begleitwagen angelangt, kletterten wir auf die Plattform hoch. Die Blechtüre gab dem Druck nur mit Quietschen nach. Wir traten ein. Mindestens zwei Dutzend verwunderter Augenpaare blickten uns an, als ob wir direkt vom Mars gekommen wären. Ein freundliches ‚ni hǎo' löste die Spannung – „Die Fremden ‚Laowài' sprechen sogar ‚Hànyu' (Chinesisch)" – lasen wir aus den verdutzten Gesichtern; einige tuschelten und kicherten, während uns die anderen noch immer ungläubig anstarrten.

Im Güterzug-Begleitwagen saßen überwiegend Frauen und Kinder, nebst zwei Eisenbahnern. Einer war für die Beschickung des kleinen Ofens zuständig, der wohlige Wärme verbreitete. Es dauerte nicht lange, bis ein Pfiff die Abfahrt ankündigte. Ein Eisenbahner zeigte uns, wo wir uns festhalten sollten. Lautes stählernes Klirren verriet, dass sich die Wagenkupplungen spannten und der Zug anfuhr. Da wir am Zugschluss waren, wurden wir mit einem heftigen Ruck mitgerissen, als sich der kleine Begleitwagen schlagartig in Bewegung setzte. Dankend nickte ich dem Eisenbahner zu, denn ohne festen Halt hätte es mich umgehauen. Die freundlichen, aber scheuen Chinesen boten uns von ihren wenigen Habseligkeiten Zigaretten, Sonnenblumenkerne und Pistazien an. Mit Hilfe des Wörterbuchs kam ein rudimentärer Dialog zustande – für die Mitreisenden im Wagen eine willkommene Unterhaltung!

DIE 500 KM LANGE ‚NAN-TONG-PU'-STRECKE Yuci–Mengyuar ist Mitte der Neunzigerjahre eine der bedeutendsten Hauptstrecken mit Dampf. Eine QJ mit einem Kohle-Leerzug begegnet einem Gleisbautrupp. Shitan, 10.1997 (MF)

GÜTERZÜGE IN DICHTER FOLGE verkehren auf der von Norden nach Süden verlaufenden Strecke den Fén He entlang, einen Zufluss des Gelben Flusses. Chinas Eisenbahn gilt als eine der effizientesten der Welt. 1994 beförderte sie 2265 Mrd. Tonnenkilometer – pro Kilometer Strecke rund achtmal soviel wie die Deutsche Bahn! Shitan, 10.1997 (MF)

Beim Blick nach draußen sah ich die starke Steigung, die wir erklommen, um aus dem Tal des Huang He zu kommen. Der Zug fuhr kaum schneller als Schritttempo. Von der schwer arbeitenden Dampflok nahmen wir wegen der enormen Länge des Zuges und dem dröhnenden Geräusch unserer ‚Konservenbüchse' kaum etwas wahr. Nach einigen Minuten wurde das Tempo so langsam, dass wir kaum spürten, ob sich der Zug noch bewegte. Bald bereitete die starke Steigung dem Schauspiel ein Ende. Von der Neugierde gepackt, verließen wir den Begleitwagen und liefen zur Lok. Die Wagenreihe schien unendlich lang. Da es zwischenzeitlich dunkel geworden war, kamen wir nur mühsam voran. Endlich erreichten wir die Maschine. Die Triebwerksbeleuchtung erhellte die massiven Boxpok-Räder und das mächtige Gestänge. Auf und am Führerstand wurde heftig diskutiert und über Funk Verbindung zum Bahnhof gehalten.

Nach einiger Zeit schien die Diskussion zu einer Entscheidung zu führen. Ein weiterer Startversuch sollte unternommen werden.

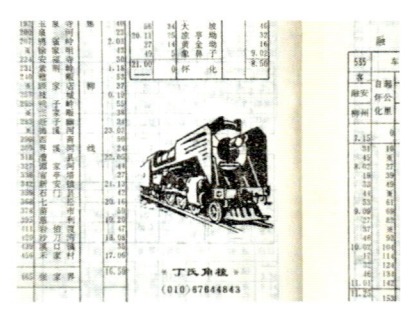

HUOCHE – ‚FEUERWAGEN', ist das chinesische Wort für Zug. Noch Ende der Neunzigerjahre finden sich im Kursbuch Dampfloks zur Illustration. (MF)

Die abblasenden Sicherheitsventile der QJ verrieten die chinesische Taktik: Dampfkochen bis zum Anschlag, um erneut das schier Unmögliche zu versuchen! Das versammelte Personal begab sich wieder auf die Maschine. Da uns klar war, dass dieses Unterfangen zum Scheitern verurteilt sein musste, blieben wir in spannender Erwartung des folgenden Schauspiels an Ort und Stelle stehen.

Ein kurzer Pfiff, der etliche Male an den umliegenden Bergen widerhallte, dann ein langgezogener Zischlaut, der das Lösen der Druckluftbremse verriet. Der Regler wurde aufgerissen und der erste Abdampfschlag hallte in den Nachthimmel. Eine weiße Dampfwolke trat senkrecht aus dem Schlot und hob sich vom dunklen Nachthimmel ab. Dann das bekannte, klirrende Geräusch der sich Wagen für Wagen spannenden Kupplungen, ein zweiter und dritter Auspuffschlag. Die Lokomotive und die ersten Wagen bewegten sich kurzzeitig, ehe ein Stoß verriet, dass sich die Kupplungen bis zum letzten Wagen gespannt hatten. Die Lok zischte und fauchte wie ein wilder Drache, Dampf entwich den Zylindern und umgab alles mit einer weißen Hülle. Der Lärm war ohrenbetäubend, die Szene gespenstisch.

Die Triebräder drehten durch. Zwar schaffte es der Lokführer mit viel Feingefühl, die Räder wieder greifen zu lassen. Die Lokomotive vermochte aber die rund 1000 Tonnen Anhängelast auf der Steigung nicht mehr in Bewegung zu setzen. Der Lokführer schloss den Regler und legte die Bremse an. Es folgten erneut ein heftiger Wortwechsel auf dem Führerstand und ein Dialog über Funk mit der Station.

In Erwartung auf das Kommende machten wir uns auf den Weg zurück zum Begleitwagen.

Kurze Zeit später rollten wir zurück zum Bahnhof Gankou. Dort angekommen, stand bereits ein weiterer Güterzug da, dieser allerdings wie üblich mit zwei Maschinen bespannt. Wir steuerten erst einmal den uns vertrauten Bahnhofsvorstand an. Er zuckte die Schultern und bedeutete uns, wieder in die warme Stube einzutreten. Stundenlang passierte nichts.

Dann endlich kam ein Gegenzug aus Mengyuan. Nun müsste einer ‚unserer' beiden Güterzüge starten. Ehe wir danach fragen konnten, machte uns der Stationsvorsteher mit weitreichenden Gesten klar, dass zuerst der doppelt bespannte Zug nach Mengyuan Ausfahrt erhalten würde. Wir bedankten uns und gingen auf den Güterzug zu. Der Zug

„ES WAR EINE OFFENE HÜGELIGE LANDSCHAFT mit schroffen Erhebungen. Es gab kaum schattenspendende Bäume. Schatten wird als unnötiger Luxus in diesem überwiegend landwirtschaftlich genutzten Land angesehen, der höchstens die Ernte beeinträchtigt. Wo immer die Landschaft es erlaubt, wurde sie vollkommen kultiviert." Paul Theroux, 'Riding The Iron Rooster', 1988. Zwischen Linfen und Houma ‚brettert' eine QJ mit einem 2000-Tonnen-Kohlezug Richtung Süden. Guantan, 10.1997 (MF)

ZWEI KLEINE CHINESEN mit ihrem Reisgericht. Linghsi, 3.1.1995 (MB)

bestand ausschließlich aus vierachsigen Kohlewagen mit ihren hohen, eisernen Bordwänden. Ein Begleitwagen fehlte. Wir sahen, wie dunkle Gestalten über die Bordwände der Kohlewagen kletterten und schickten uns an, das Gleiche zu tun. Die fast zwei Meter hohe Stahlwand zu überwinden, war jedoch leichter gesagt als getan. Mit etwas Geschick fanden sich schließlich Stahlprofile, die als Trittstufen herhielten. Oben angekommen, stellten wir fest, dass der Wagen leer war bis auf einige Kohlereste und eine blaue Plane unter uns. Beherzt sprang Markus als Erster hinab.

Ich bin der chinesischen Sprache nicht mächtig, aber was unter der Plane hervordrang, konnte nur unflätiges Fluchen sein. Damit hatten wir nicht gerechnet. Ich sprang mit ausreichendem Abstand neben die Plane. Verdutzt schauten wir uns im spärlichen Licht der Bahnhofsbeleuchtung an und zuckten die Schultern. Jetzt noch so dreist sein und unter die Plane drängen? In Voraussicht auf die Unmengen von Ruß, die ansonsten auf uns hinab prasseln würden, hoben wir die Plane an.

Zunächst vernahmen wir Hühnergegacker. Aha, noch weitere ‚blinde Passagiere'! Im selben Moment strahlte uns grelles Taschenlampenlicht direkt ins Gesicht. Die Überraschung in den Gesichtern der chinesischen Mitreisenden hätte ich gerne gesehen. Mitten in Zentralchina in einem dreckigen Kohlewaggon zwei ‚dà bídze' (Langnasen) zu begegnen, musste für diese Menschen, die kaum je Ausländer gesehen haben dürften, eine Sensation gewesen sein. „Ni hǎo!" Flexibel wie Chinesen sind, hatten sie sich schnell mit der ungewohnten Situation abgefunden und rückten zusammen, sodass auch wir Platz bekamen. Wir sahen nicht, wie viele Chinesen unter der Plane kauerten, da es stockdunkel war, jedenfalls quatschten sie auf uns ein, was wir mit „shì", „hǎo" und „mmhhh" quittierten.

Der Zug hatte sich in Bewegung gesetzt. Der Auspuffschlag der beiden Maschinen war in der Ferne zu hören, ansonsten dominierte das hohle Dröhnen im Resonanzkörper des Güterwagens.

Die Chinesen schienen uns verziehen zu haben, denn sie boten uns Zigaretten und Sonnenblumenkerne an. Ein kurzer Tunnel gab uns einen Vorgeschmack auf das, was uns vor Mengyuan erwarten würde. Wir wussten, dass ein langer Tunnel folgte. Es wurde schnell warm und stickig. Den Hustenreiz durch den beißend schwefelartigen Rauch konnte ich durch ein längeres Anhalten der Luft unterdrücken, ehe wir der Röhre entflohen waren und ich wieder tief durchatmen konnte.

Ab und zu schob ich die Plane beiseite und realisierte die Umgebung: Über mir hingen der schwarze Nachthimmel und die weißen Dampfschwaden, die in unregelmäßiger Form und Größe über uns hinweg huschten, dazu die blechern hohle Akustik im Zentrum des stählernen Klangkörpers, untermalt von der Musik zweier Kraftpakete mit 6000 PS Leistung an der Zugspitze. Abgesehen von der unbequemen Kauerhaltung fand ich durchaus Gefallen an dieser nächtlichen Fahrt durch die Berglandschaft Zentralchinas!

Wir hatten uns bereits auf eine Überlebensstrategie für den langen Scheiteltunnel abgestimmt. Es dauerte nicht lange, da ertönte der erwartete Achtungspfiff. Es wurde erneut warm und stickig. Die Plane vorsorglich über uns gezogen, steckten wir Mund und Nase in unsere Pullover, die so als Luftfilter dienen sollten. Aber ein Kilometer Länge bei Schrittgeschwindigkeit konnte eine verdammt lange Zeit

EINE ALTE STRASSENBRÜCKE ÜBER DEN FÉN HE südlich der Station Tongquan bildet die Kulisse für einen kurzen Übergabegüterzug Richtung Norden. Solch historische Bauwerke sind im heutigen China nur noch selten anzutreffen. Allzu gerne würde man selbst diese durch moderne, gesichtslose Zweckbauten ersetzen. Für Sentimentalitäten ist in einem Land, wo wirtschaftliche Entwicklung und Modernisierung über allem stehen, kein Platz. 3.1.1995 (rechts, MF)

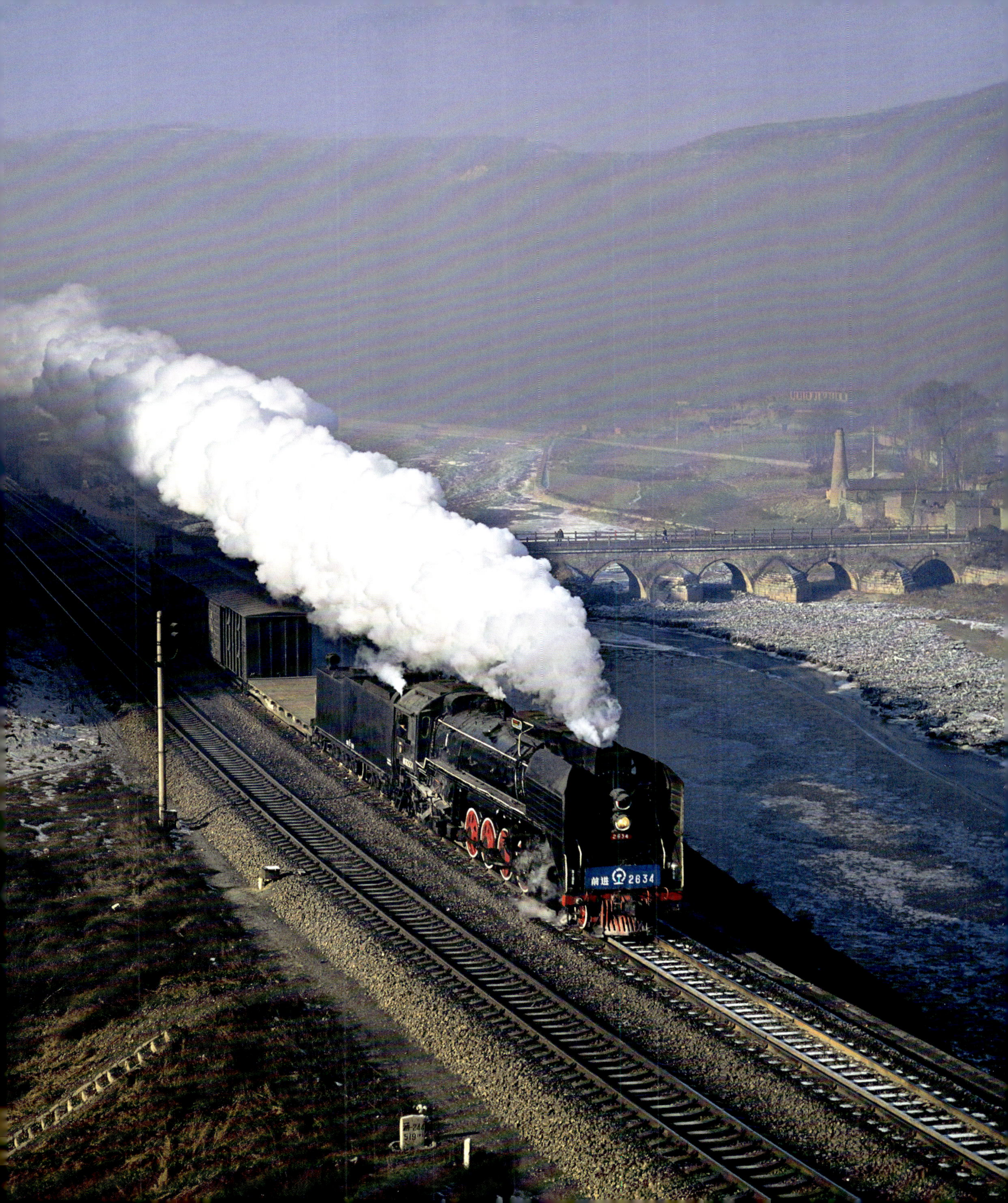

2634
前进 2634

NÄCHTLICHER EINSATZ: Die chinesische Eisenbahn fährt 365 Tage im Jahr rund um die Uhr. Chabuga, 28.1.2002 (PM)

IM LETZTEN LICHT EINES WINTERTAGES dampft eine QJ das Tal des Fén He hinauf. Zwischen Fujiatan und Lengquan 3.1.1995 (unten, MF)

sein! Wir versuchten, langsam und ruhig durch den Stoff zu atmen. Unsere chinesischen Reisegefährten waren bereits kräftig am Husten. Die Augen hielten wir vorsorglich geschlossen. Es reichte, den schwefelhaltigen Rauch durch die Nase aufzunehmen. Mir schien, dass der Auspuffschlag unserer beiden Lokomotiven noch langsamer geworden war. Jetzt nur nicht stehenbleiben, schoss es mir durch den Kopf!

Die Luft war mittlerweile durchsetzt von den schwefelhaltigen Abgasen, dazu kam der stechend heiße Abdampf aus den Zylindern. Sekunden wurden zu Minuten und Minuten zur Ewigkeit!

Das Husten meiner Reisebegleiter wurde immer beängstigender. Auch bei mir begann ein erstes Hüsteln.

Endlich spürten wir einen frischen Luftzug – unsere beiden Dampfloks hatten es geschafft, wir waren dem Inferno entkommen! Die Plane wurde aufgerissen und wir atmeten die frische Winterluft ein. Unsere Mitfahrer husteten noch bei der Einfahrt in den Bahnhof Mengyuan, räusperten sich und spuckten ununterbrochen.

Aus dem Wageninnern die Bordwand hochzuklettern, stellte sich als schwieriger heraus als das Einsteigen. Die Wände waren auf der Innenseite ohne jegliche Trittmöglichkeit. Aber unsere chinesischen Mitreisenden zeigten uns, wie es ging. Zwei mitgeführte Holzbalken wurden auf der längsseitigen Bordwand schräg aufgelegt und in der Ecke zwischen Wagenboden und Wand abgestützt. Flux kletterten die Chinesen die schräge Ebene hoch. Wir taten es ihnen gleich. Oben angekommen blieb keine Zeit zum Nachdenken: Wie runter? Es blieben nur ein rückwärtiges Hinablassen und ein beherzter Sprung in die Tiefe.

„Na Markus, alles klar?" Ein kurzes Nicken zeigte mir, dass er unten heil angekommen war. Rücksicht auf mitgeführtes Fotomaterial konnte man in solchen Situationen nicht nehmen. Das mussten die Kameras aushalten!

Wenn das Mitfahren von Einheimischen in Güterzügen der Chinesischen Staatsbahn von den ‚Organen' gerade noch toleriert wurde, so sorgten zwei Langnasen als blinde Passagiere

‚BLINDE PASSAGIERE' im Kohlewaggon. Zwischen Baotou und Dongsheng 6.11.1997 (rechts, MB)

in einem für Ausländer gesperrten Gebiet sicherlich für Aufruhr. Also nichts wie weg! Zwischen anderen Passagieren, Rangierern und Güterwagen entflohen wir dem hell beleuchteten Bahnhofsareal. Unerkannt verschwanden wir am Ende des Gleisfeldes zwischen einigen Lehmhütten. Die engen, matschigen Gässchen waren kaum beleuchtet. Überall Hundegekläff! Als wir eine beleuchtete Straße erreichten, musste ich lachen, als ich Markus' rußverschmiertes Gesicht sah. Allerdings konnte ich mir vorstellen, dass ich selber kaum einen anderen Anblick bot.

Sollten wir zu unserer Absteige gehen um uns frisch zu machen oder gleich 'was essen gehen? Der Magen knurrte und in unserer Unterkunft, einem einfachen Lüguan, gab es um diese Unzeit kein Wasser mehr. Ich blickte auf die Uhr. Es war zehn Minuten vor zwölf! Und, ach ja, fast hätten wir es vergessen – Silvester ist ja auch noch!

Ein kleines Straßenrestaurant war rasch gefunden. Sogleich waren zwei Gläser Bier bestellt. ‚Ganbei Yuándàn' – Prost Neujahr!

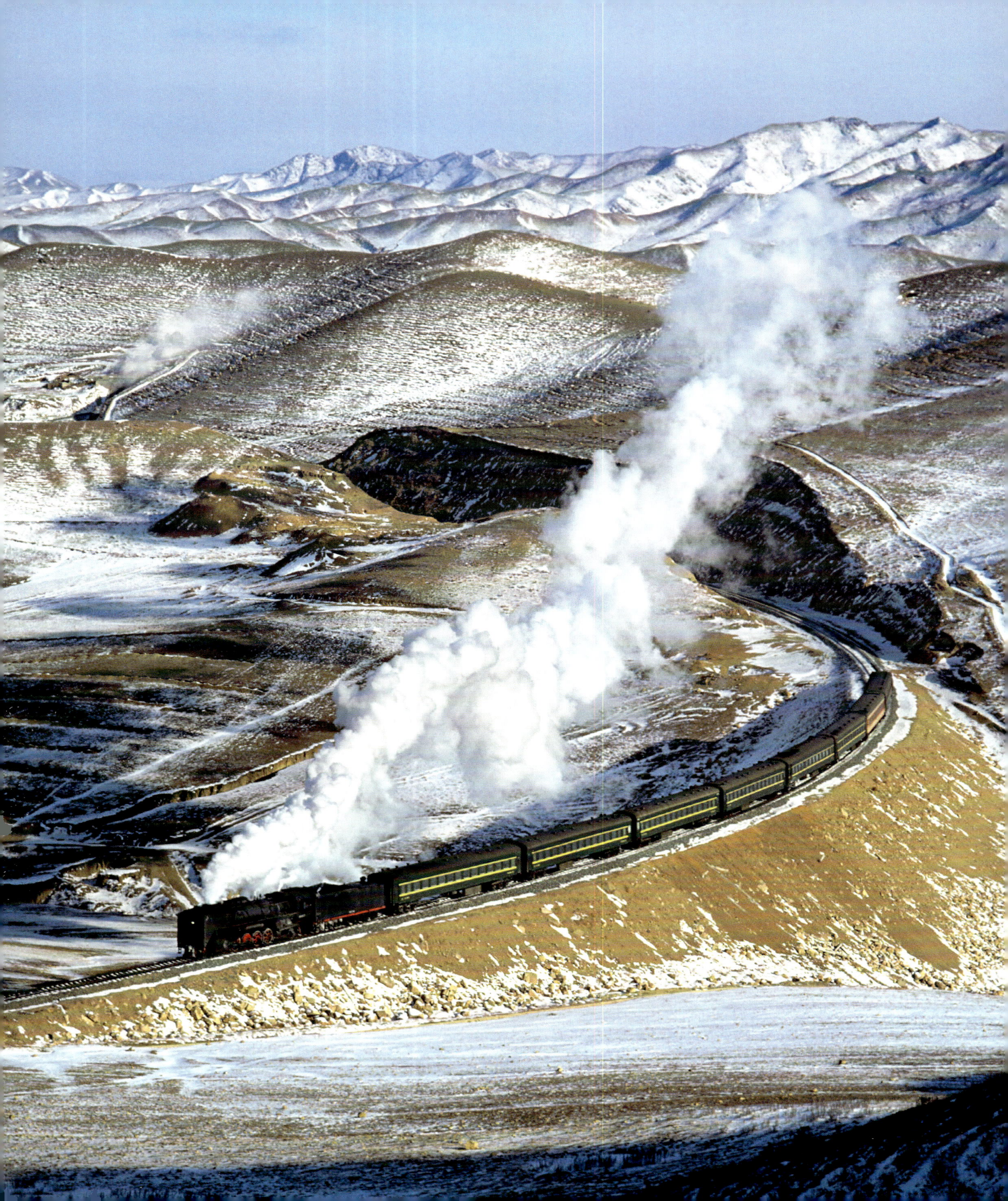

Mit Dampf ins 21. Jahrhundert
JI-TONG

"Gerade als Du dachtest, dass alles vorüber sei in der Welt der Dampftraktion und spektakuläre Einsätze ein Ding der Vergangenheit, kommt die Neuigkeit über eine neu gebaute Hauptstrecke mit fantastischem Dampfbetrieb in Nordchina. Lass Deine Kamera überholen, nimm das Angebot für eine Frühpensionierung an, verschiebe die Heirat oder trenne Dich von Deiner Geliebten, werfe sie hinaus und mach' Dich auf nach Jiningnan–Tongliao!" Von Berthold Halves (Teil 1) und Markus Fischer (Teil 2)

Als diese Schlagzeile mit ihrem typischen britischen, humoristischen Unterton 1996 im englischsprachigen ‚World-Steam' erschien – damals die Informationsquelle für Dampflokeinsätze schlechthin – war uns klar: Dort müssen wir schnellstmöglich hin. Nachdem die chinesischen Eisenbahnen ihre Strecken im Eiltempo auf Diesel- oder Ellokbetrieb umstellten, konnte ein Bericht bereits nach wenigen Monaten Makulatur sein. Es galt, keine Zeit zu verlieren.

Ein paar Monate später saßen wir in einem klapprigen Bus und fuhren von der Provinzstadt Chifeng – eine Tagesfahrt von Beijing entfernt – Richtung Westen in die Innere Mongolei.

NACH TAGEN MIT HEFTIGEN SCHNEESTÜRMEN zeigt sich der Neujahrstag versöhnlich: Zwar immer noch bei bitterer Kälte, aber bei herrlichem Sonnenschein passiert der Personenzug Tongliao–Jiningnan die dritte Talstufe von Reshui. 1.1.1997 (links, MF)

Der Bericht im ‚World-Steam' hatte nicht zu viel versprochen: Die von der Provinzregierung der Inneren Mongolei finanzierte Strecke von Jiningnan nach Tongliao (Ji-Tong) mit dem Gebirgsabschnitt zwischen Galadesitai und Jingpeng mit Kehrschleifen, Tunnels und Viadukten gehörte zum ultimativen Dampflokerlebnis der Jahrtausendwende. Fans aus der ganzen Welt strömten in die abgelegene Provinz im Norden. Dass dadurch auch die eine oder anderen Ehekrise ausgelöst wurde, ist nicht auszuschließen!

Den ganzen Tag waren wir bei eisigem Wind und entsprechenden Temperaturen im Freien unterwegs. Für jeden Zug kraxelten wir in der gebirgigen Landschaft zwischen Galadesitai und Jingpeng bergauf und -ab, immer auf der Suche nach neuen, interessanten oder kreativen Fotostandpunkten.

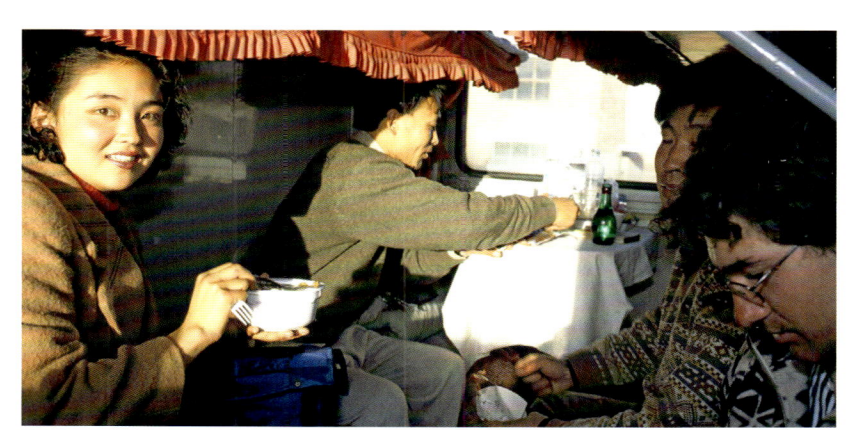

IN KONTAKT MIT CHINESISCHEN Mitreisenden kommt der Fremde bei Reisen mit der Bahn unweigerlich – die Neugierde der Chinesen ist meist größer als ihre Schüchternheit. Im ‚Passenger' der Ji-Tong Bahn treffen wir diese charmante Mitreisende. 11.1997 (oben, MB)

GESCHAFFT! Der Zug hat soeben den Scheitelpunkt bei Shangdian auf 1273 m erreicht. 28.12.2002 (MF)

Gerade stampfte ein mit zwei QJ geführter Güterzug an uns vorbei. Im goldenen Streiflicht gelang uns zum Tagesabschluss ein letztes Bild an der Strecke. Keine fünf Minuten später verschwand die Sonne hinter den Bergen. Jetzt war Feierabend – Zeit für den gemütlichen Tagesausklang in einem kleinen Restaurant in Reshui. Uns interessierte nur noch die Frage: Was gibt's zu essen?

Im kleinen Speiseraum hatte es gerade mal fünf runde Tische. Mitten im Raum stand ein kleiner Kanonenofen. Sein gebogenes Abluftrohr verlief unter der Decke bis zur Wand. Der Wirt schickte sich an, ihn anzuheizen. Die Bedienung brachte uns gleich drei ‚Chifeng-Pijou', das Bier der Region, und die Speisekarte.

„Was wollt Ihr bestellen?" Die Bedienung entnahm unseren ratlosen Gesichtern, dass die chinesischen Schriftzeichen auf der Speisekarte für uns Langnasen wenig hilfreich waren und grinste verlegen. Matthias holte sein Wörterbuch hervor und suchte nach den passenden Schriftzeichen – ein mühsames Unterfangen. Der Magen knurrte, sodass guter Rat teuer war.

Nach kurzer Diskussion nahm mich das Mädchen mit in die Küche. Der Koch stand am offenen Feuer und lächelte verwundert. Mit den Händen gestikulierte ich und versuchte klarzumachen, dass wir etwas Warmes essen wollten. Er verstand und ging mit mir in die Speisekammer. Dort lagen Kartoffeln, Lauchgemüse, Rüben, Bohnen und Knoblauchzehen. Die Fleischstücke waren an

IN DEN GLITZERNDEN SCHNEEFLÄCHEN zeichnet sich der Schattenriss eines bergwärts fahrenden Güterzuges. Tuodi, 24.12.2002 (MF)

DER WIRT DES ‚FÀNDIÀN' (Restaurant) heizt den Ofen in der Mitte des Raumes kräftig ein – die ‚Langnasen' sollen bei ihm nicht frieren müssen! 11.1997 (BH)

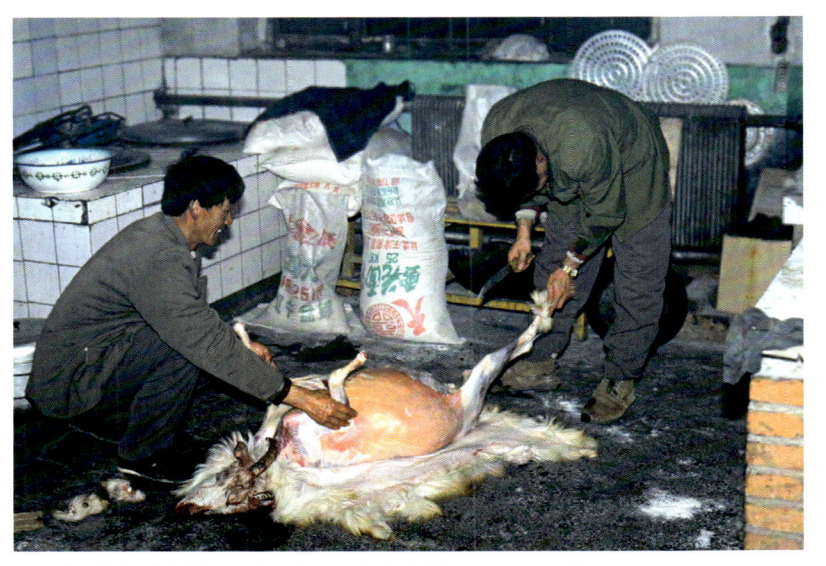

FRISCH ZUBEREITET WERDEN DIE SPEISEN, wie ein Blick in die Küche bestätigt. (BH)

EIN WEIHNACHTSGESCHENK:
Am 25.12.2002 klappt, was zuvor unzählige Male gescheitert ist: Ein Bild vom Erdi-Viadukt. Tage zuvor hat es geschneit. Es ist bitterkalt, wolkenlos und windstill. Um 05.30 Uhr ist ein Zug in Haoluku abgefahren. Er müsste uns hier im ersten Licht erreichen. Tatsächlich – Punkt 9 Uhr kündigt sich eine lange, weiße Rauchfahne an. Minuten später donnern die Maschinen um die Kurve. Die Wagen sind von einer dicken Schicht Raureif überzogen. Erst nachdem der Zug im anschließenden Tunnel verschwunden ist, lösen sich die Dampfwolken langsam auf. Wenige Minuten später setzt der ewig von den mongolischen Steppen her wehende Wind ein. (oben, MF)

KURZ VOR SONNENAUFGANG
treffen in Shangdian zwei Züge mit vier QJ aufeinander. In Winternächten können die Temperaturen bis zu -40°C abfallen. Dann friert die Kohle auf dem Tender fest, sodass sie mühsam mit einer Spitzhacke gelockert und von Hand hervor geschaufelt werden muss. Während es auf der Bergfahrt in den Tunnels heiß und stickig wird, erreicht der Führerstand auf der Talfahrt Außentemperatur. 24.12.2002 (rechts, MF)

Metzgerhaken aufgehängt. Eigentlich alles wie bei uns zuhause – es kommt nur darauf an, was man daraus macht! Neben dem Herd lag eine geschlachtete Ziege auf dem Boden. Zwei Männer waren damit beschäftigt, ihr das Fell abzuziehen und sie zu zerlegen. Kühlschränke gab es keine – die tiefen Temperaturen machten sie überflüssig.

Schnell war ich mit dem Koch einig: ‚Huā shēng mi', frittierte Erdnüsschen, als Vorspeise. Zum Hauptgang ‚guo bā ròu', mariniertes Schweinefleisch, das zu einem unserer Lieblingsgerichte avanciert war, dazu Bohnen und ‚tǔdòu' – Kartoffeln. Zum Dessert einigten wir uns auf ‚basi pingguǒ', heiße Apfelschnitze in kandiertem Zucker. Mit zwei Holzstäbchen in der Hand mühten wir uns mit den Erdnüsschen ab. Manche spickten auf den Boden. Aus dem Wok frisch und heiß serviert, waren sie ein ‚Gedicht'. Für die übrigen Gäste waren wir natürlich die Attraktion. Alle interessierten sich dafür, wie den Langnasen die Gerichte mundeten. Die Chinesen lachten

„EINFAHRT FREI" in Shangdian sagt das Signal kurz vor dem Scheitelpunkt. Die Maschinen bezwingen diesen letzten Abschnitt vor dem Pass kaum schneller als im Schritttempo. 29.12.2002 (MF)

über unseren Umgang mit den Stäbchen. Im Stillen fragte ich mich, wie sie wohl mit Messer und Gabel fertig werden würden …

Nach einer Weile hielt vor dem Lokal ein schwerer Lastwagen. Vier Mongolen kamen in den Speiseraum und bestellten. Sie waren in dicke, olivgrüne Parkas gekleidet. Die Bedienung stellte mit dem Bier sogleich eine Flasche Schnaps auf den Tisch. Am Boden der Schnapsflasche saß eine in Alkohol eingelegte braune Kröte. Ob sie der Männlichkeit zuträglich sein sollte? Während die Männer aßen, tranken sie ihr Bier und die ganze Flasche Schnaps leer. „Ganbei" – Prost – die Gläser klirrten. Dazu rülpsten die Mongolen lautstark; ein Zeichen, dass es ihnen schmeckte. Kaum hatten sie aufgegessen und ihre Zeche bezahlt, verschwanden sie wieder in ihrem Lastwagen und fuhren davon. Eine Alkoholkontrolle hätte für die Vier schlimme Folgen gehabt. Ob es solche in der Inneren Mongolei überhaupt gab? Wir machten Pläne für den nächsten Tag. Sollten wir die Stelle am Simingyi Viadukt erneut aufsuchen oder diejenige mit dem Talblick hoch über Tuodi? Zu „analogen

„KAUM RAUCH KAM AUS DEN KAMINEN. Der Grund war einfach. Die genügsamen Chinesen gingen selbst in dieser bitterkalten Gegend äußerst sparsam mit Brennstoff um, und fanden ein gewisses Vergnügen, in einem kalten Haus zu wohnen. Warum Kohle verschwenden, sagten sie sich, wenn doch alles was man wirklich braucht eine zusätzliche Schicht lange Unterwäsche ist?"
‚Riding The Iron Rooster', Paul Theroux, 1988.

Erdi, 27.12.2002 (MF)

Zeiten" wusste man nie genau, ob ein Bild auch wirklich perfekt ‚im Kasten' war oder nicht. Ob Belichtungszeit und Blende stimmten oder ob ein Windstoß im entscheidenden Augenblick alles zunichte gemacht hatte.

Zurück im Hotel warfen wir vom warmen Bett aus einen Blick aus dem Fenster. In der Dunkelheit erblickten wir auf der gegenüberliegenden Bergseite den Feuerschein zweier bergwärts fahrender Dampflokomotiven. Wir öffneten das Fenster und hörten, wie sich diese in der nächtlichen Stille im Schritttempo den Berg hochkämpften. Dieser Moment ließ sich nicht auf Zelluloid bannen. Aber gehören nicht gerade solche Erlebnisse zu den schönsten und unvergesslichsten? (BH)

Chinesische Gastfreundschaft

„Wo xiăng qĭng ni chifàn" – „Ich möchte Sie gerne zum Essen einladen", sagte Herr Wu lächelnd zu uns. Seit einer Woche war er unser Fahrer. In China ist die Pflege von ‚Guanxi'

„LASST UNS DIE JI-TONG BAHN VORANBRINGEN", sagen die Schriftzeichen auf der führenden QJ. Soeben hat der Zug den Scheiteltunnel verlassen. Shangdian, 29.12.2002 (oben, MF)

MIT OHRENBETÄUBENDER GERÄUSCHKULISSE kämpfen zwei QJ zwischen Tunnel zwei und drei mit einem schweren Zug gegen die 12‰-Steigung an. Selbst auf dem kurzen Abschnitt zwischen den Tunnels wird gefeuert, um den Kesseldruck nicht abfallen zu lassen, wie am Rauch erkennbar ist. 24.12.2002 (rechts, MF)

前进 6577

STELLWERKE, FORMSIGNALE, BEDIENTE BAHNHÖFE UND DAMPFBETRIEB rund um die Uhr: Die Ji-Tong-Eisenbahn, 1995 mit fabrikneuer, jedoch längst antiquierter Bahntechnik eröffnet, war im Grunde ein Anachronismus. Gleichzeitig war sie Ausdruck des typisch chinesischen Pragmatismus: Die Technik mag zwar veraltet sein, aber wen stört das, solange sie dem Fortschritt dient? Bei Galadesitai fährt QJ 6577 an einem mechanischen Formsignal amerikanischer Bauform vorbei. Außer an der Ji-Tong Strecke sind diese in China kaum mehr anzutreffen. 3.1998 (links, MF)

KEIN WEG IST ZU STEINIG oder zu steil für Herrn Wu und seinen Minibus. Galadesitai, 11.1997 (BH)

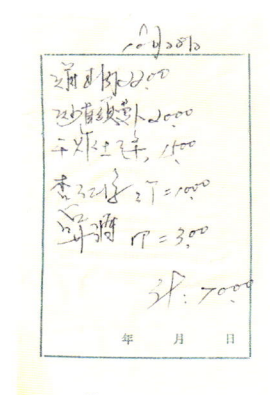

FLEISCH, KAROTTEN MIT EI, frittierte Kartoffeln, Aprikosensaft und Bier: Mit 70 Yuan (ca. 9 US$) für drei Personen sind wir sicher nicht übers Ohr gehauen worden. 28.10.1997 (MB)

(Beziehungen), ohne die im Alltag kaum etwas geht, ein jahrhundertealtes, gesellschaftliches Lebenselixier. Ein gemeinsames Essen ist weit mehr als gemeinsame Nahrungsaufnahme. Es ist eine Freundschaftsbekundung, ein Zeichen von Wertschätzung und eine Gelegenheit, Kontakte zu pflegen oder Geschäfte anzubahnen.

Natürlich freuten wir uns über die Einladung. Herr Wu, mit dem wir schon bei vergangenen Reisen am Jing-Peng Pass unterwegs waren, war für uns weit mehr als ein gewöhnlicher Taxifahrer. Ob wir frühmorgens auf der Station nach den Fahrzeiten der Züge fragen wollten oder den besten Weg suchen, um unsere Fotostelle mit dem Talblick hoch über Tuodi zu erreichen: Stets stand Herr Wu mit Rat und Tat zur Seite. Er kannte die Örtlichkeiten wie seine eigene Hosentasche und fuhr uns mit seinem Minibus ohne auch nur mit einer Wimper zu zucken über ausgewaschene, zerfurchte Wege, wo andere Fahrer längst aufgegeben hätten.

Als wir bei Herrn Wu und seiner Familie eintrafen, wurde uns bewusst, in welch einfachen Verhältnissen die meisten Menschen im ländlichen China immer noch lebten: Ein einziger länglicher, kleiner Raum in einem einstöckigen Häuschen aus Ziegel- und Lehmwänden, an dessen hinterem Ende sich die Küche befand und unmittelbar daneben ein vermutlich ebenso winziger Raum zum Schlafen. Herr Wu lebte hier mit seiner Frau und einem kleinen Sohn – die staatliche Ein-Kind-

ZWEI QJ REFLEKTIEREN DAS LICHT der untergehenden Sonne, als sie auf dem Simingyi-Viadukt talwärts rollen. In der eisigen Kälte ist selbst bei talwärts fahrenden Maschinen eine Dampfwolke zu sehen. 27.12.2002 (unten rechts, MF)

„GEGENSEITIGE HILFE MACHT SELBST ARME LEUTE REICH", sagt ein chinesisches Sprichwort. Die chinesischen Eisenbahner waren uns gegenüber meist offen und hilfsbereit. So ließ uns dieser Wärter zwischen den Zügen in seinen geheizten Dienstraum kommen und versorgte uns mit heißem Tee, Zugnummern und Fahrzeiten der nächsten Züge. Vorschriftsgemäß posiert er vor seiner Wärterbude und beobachtet den durchfahrenden Zug. 27.12.2002 (oben, MF)

Politik sah kinderreiche Familien nicht vor.

Schon auf früheren China-Reisen wurde uns klar, wie sehr sich die gesellschaftlichen Etiketten zwischen China und dem Westen unterscheiden: Nahezu alles, was bei uns zum guten Ton gehört, kann in China ein absoluter Fauxpas sein. Die Fettnäpfchen, in welche der unbedarfte Ausländer gerne tappt, beginnen schon bei den Gastgeschenken: Eine Armbanduhr etwa bedeutet, dass die Zeit des Beschenkten ‚abgelaufen'

ist. Blumen für die Gastgeberin, mit denen man bei uns grundsätzlich nie falsch liegt, werden in China mit Trauer und Tod in Verbindung gebraucht. Außer bei einer Beerdigung sind sie unangebracht. Süßigkeiten oder dekorative Dinge sind dagegen immer gern gesehen. Herr Wu freute sich denn auch redlich über die Schokolade und den Kalender mit Alpenmotiven, die ich für solche Gelegenheiten aus der Schweiz mitgebracht hatte.

Erst wurde Tee gereicht, dann ‚èr guō tóu', wörtlich übersetzt

‚zweifache Destillation', ein hochprozentiger Schnaps ähnlich dem berühmten ‚Mao Tai'. Da der ‚èr guō tóu' jedoch bloß einen Bruchteil davon kostet, erfreut er sich im Reich der Mitte großer Beliebtheit. Wir stießen an. Der Trinkspruch ‚ganbei', wörtlich übersetzt ‚das Glas trocknen', war durchaus auch wörtlich gemeint: Wir versuchten, es in einem Zug auszutrinken, wie unser Gastgeber es uns vormachte. Als er sah, wie das ‚Feuerwasser' in unseren Körpern seine Wirkung

BESONDERS GEPFLEGT waren die im Personezugdienst eingesetzten Loks. Der ‚Passenger' benötigt für die 900 km lange Fahrt knapp 24 Stunden und ist 1997 durchgehend dampfbespannt. QJ 6631 passiert das Einfahrvorsignal von Liudigou. Einige Minuten zuvor hat sie die untere Talstufe mit der Brücke befahren. 1.11.1997 (oben, MB)

‚MINIBAR' im Zug. Das dekorative, rote Transparent im Hintergrund sagt: „Es ist verboten, leicht entzündbare, explosive oder giftige Stoffe im Zug mitzuführen!" 21.12.2002 (rechts, MF)

DABAN IST DAS BETRIEBLICHE Zentrum der Ji-Tong Eisenbahn. 44 Dampfloks der Reihe QJ sind hier beheimatet; weitere 15 aus Chabuga wenden hier und werden restauriert. „Neue Ideen hervorbringen, sich mit konkreter Arbeit befassen und den Aufschwung der Ji-Tong-Bahn vorantreiben", sagt das rote Spruchband der QJ 6311 rechts, und die blaue Frontplatte der vorwiegend im Personenzugdienst eingesetzten Maschine lobt die Lokmannschaft für „vorbildliches, sauberes Arbeiten". 1.1.2003, (links, MF)

‚**DAMPF IN ALLEN GASSEN':** Ein selbstfahrender Dampfkran wieselt hin und her, um die eintreffenden Loks zu versorgen – in Daban herrscht ein ständiger Betrieb. 1.1.2003 (unten, MF)

MIT ABBLASENDEN SICHERHEITSVENTILEN wartet die QJ 6981 auf ihren nächsten Einsatz. Ein Rangierer schickt sich an, die Vorspannlok an die Zuglok zu kuppeln. 1.1.2003 (rechts, MF)

WENIG SPÄTER hat sich QJ 6981 mit einer Schwesterlok vor einen Güterzug gesetzt. Nach der Bremsprobe und dem Eintreffen eines Kreuzungszuges erhält sie Ausfahrt. Rund drei Stunden anstrengende Bergfahrt bis Shangdian und vier weitere Stunden bis Haoluku liegen vor Maschinen und Personal. Daban, 1.1.2003, (rechts, MF)

entfaltete und wir rot anliefen, musste er lachen. Bevor sich unsere Kehlen erholt hatten und wir auch nur etwas sagen konnten, hatte er uns bereits nachgeschenkt. Was wir arbeiteten, ob wir verheiratet seien und Familien hätten wollte Herr Wu wissen. Und was wir denn über China dächten und ob wir chinesisches Essen mochten. Zum Glück konnten wir diese immer wiederkehrenden Fragen mithilfe unseres Deutsch-Chinesisch-Wörterbuchs mühelos beantworten. Schließlich fragte er uns, wie viel wir verdienten. Dass dies für uns ein Tabuthema ist, können Chinesen kaum verstehen. Tags zuvor hatte uns ein Bauer, den wir zufällig an der Strecke trafen, die gleiche Frage gestellt.

Kurz darauf wurden ‚bāozi' – gefüllte Teigtaschen – gereicht. Weil einer meiner Kollegen weniger Appetit hatte, sah ich mich aus Höflichkeit gedrängt, auch seine Portion aufzuessen.

„FÜR DIE JUGEND VORBILD SEIN" steht auf der Frontplatte der dekorierten QJ 6301. Zusammen mit der Schwesterlok 6639 kämpft sie vor einem schweren Schotter- und Kesselwagenzug gegen die Steigung. Kurz zuvor hat der Zug den Simingyi-Viadukt im Hintergrund und den anschließenden Kehrtunnel passiert. Hadashan, 1.11.1997 (rechts, MF)

‚HEAVY METAL': QJ 7112, gezeichnet vom harten Wintereinsatz, wartet in Galadesitai auf einen Gegenzug. 30.12.2002 (unten, MF)

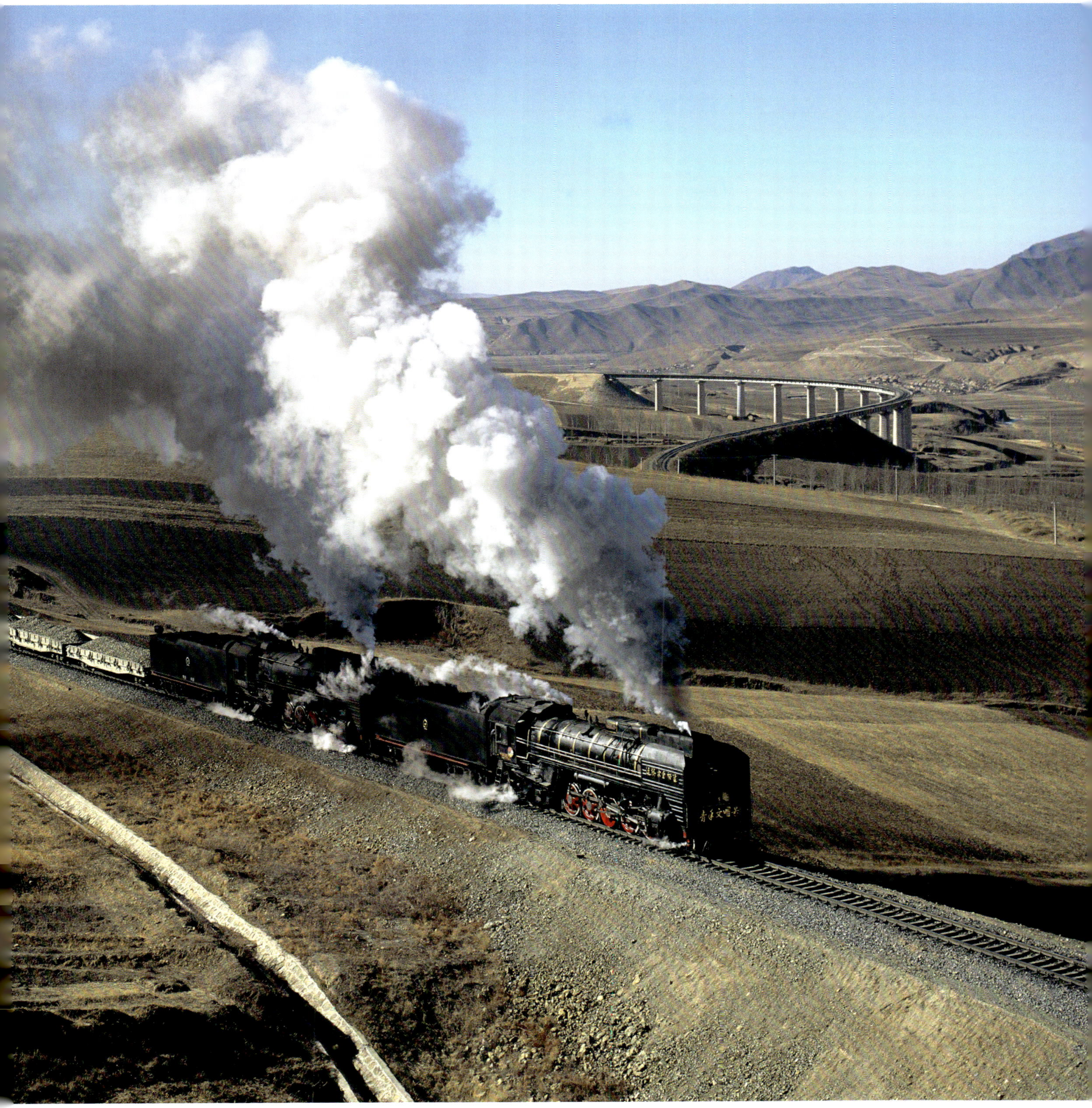

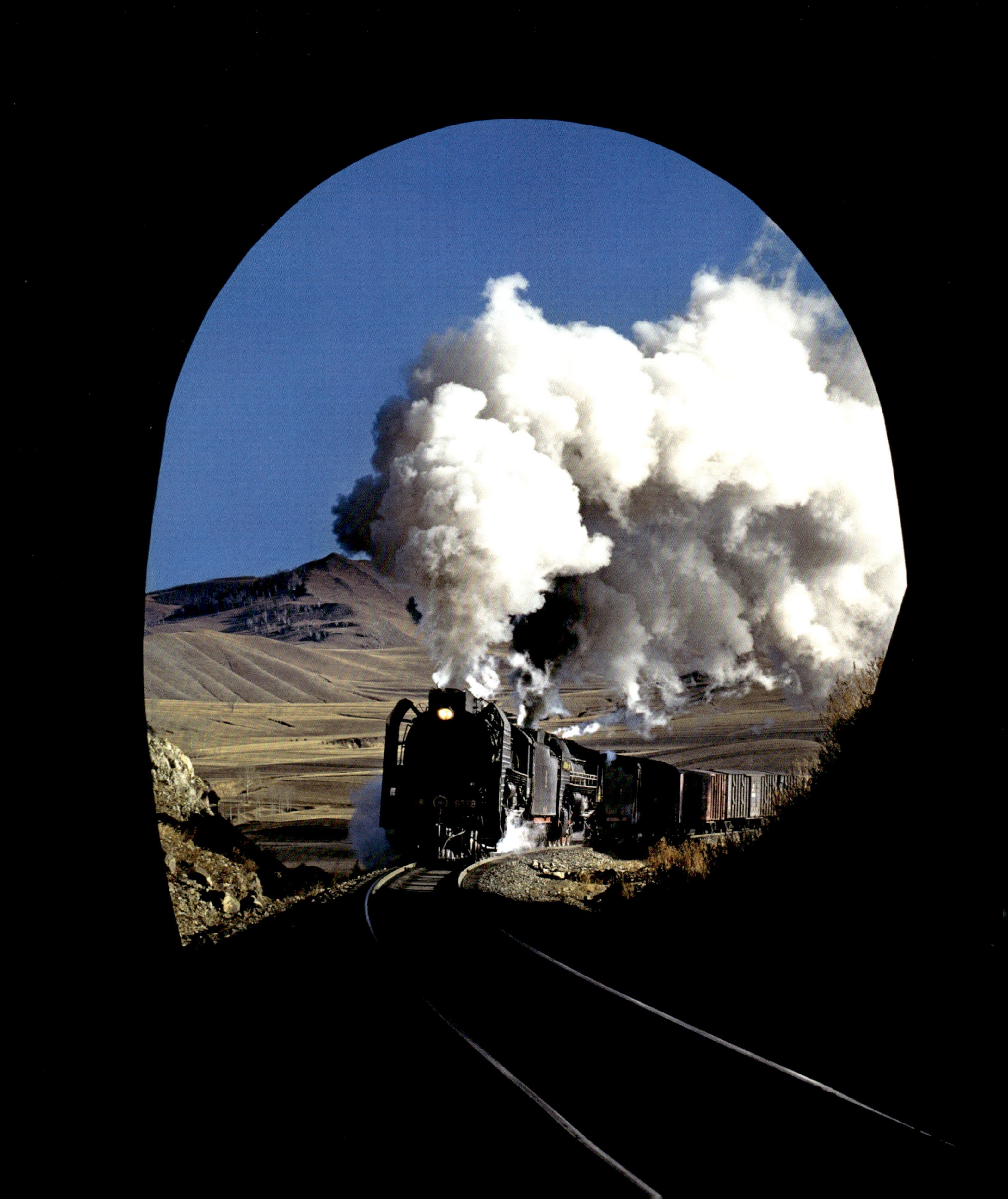

DIE MEISTEN MENSCHEN der Region leben von der Landwirtschaft. Einfache Bauten aus gebrannten Ziegeln ersetzen allmählich mit Stroh gedeckte Lehmhütten. Ein Zug passiert Daba auf der dritten Talstufe an der Ostrampe. 4.1.2005 (PM)

旅客之家

‚SICH WIE ZU HAUSE FÜHLEN' sagt die Unterschrift dieser Grafik aus dem chinesischen Kursbuch von 1997. (MF)

Allerdings machten die nun folgenden Gerichte klar, dass das, was bei uns durchaus ein sättigendes Hauptgericht hätte sein können, hier bloß als Vorspeise gedacht war. Die Vielfalt und die schiere Menge der Speisen übertraf unsere Erwartungen. Es war mehr, als wir beim besten Willen hätten vertilgen können. Mit guten, europäischen Manieren erzogen, versuchten wir dennoch aufzuessen, was immer man uns brachte. Immerhin reichten meine wenigen Wörter Chinesisch aus, um dem Gastgeber „hěn hǎo chī" zu sagen und so auszudrücken, dass mir das Essen vorzüglich schmeckte. Nach ein paar weiteren Runden ‚èr guō tóu' verabschiedeten wir uns. Kaum noch in der Lage, uns zu bewegen, machten wir uns auf den Weg zu unserer Pension.

Erst später wurde mir klar, dass wir in eines der vielen Fettnäpfchen getreten waren. Ein Gast in China sollte keinesfalls den ganzen Teller aufessen, denn dies impliziert, dass es zu wenig gab. Nichts wäre peinlicher für einen Gastgeber. Er wird deshalb versuchen, ständig noch mehr Speisen aufzutischen und seine Gäste erst gehen zu lassen, wenn sie wirklich nichts mehr runterkriegen. Ein chinesisches Sprichwort sagt denn auch: „In der Familie sei sparsam, doch Gästen gib reichlich." (MF)

IN WENIGEN SEKUNDEN werden die beiden Loks den Fotografen in eine Wolke aus Rauch und heißem Dampf hüllen. Diese löst sich durch die Sogwirkung des Zuges aber rasch wieder auf. Weniger gemütlich ist es auf den Führerständen, wo die Männer mit Putzwolle vor der Nase ausharren, bis die Maschinen wieder das Freie erreichen. 3.11.1997 (links, MF)

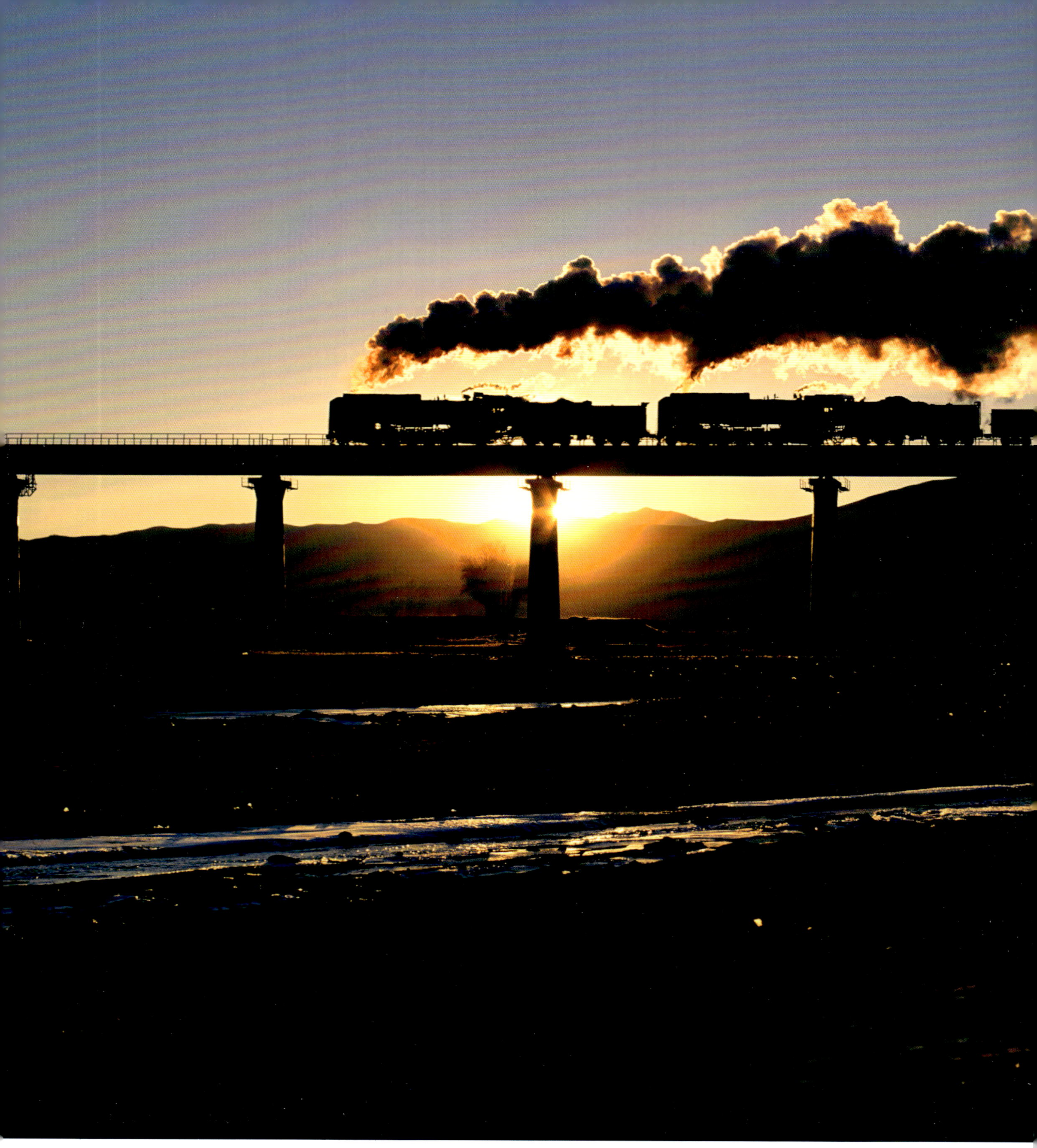

„AUF REISEN GLEICHEN WIR
einem Film, der belichtet wird.
Entwickeln wird ihn die Erinnerung",
sagt ein Zitat von Max Frisch.

Nicht das profane Jagen
und Sammeln oder die Idee,
Momentaufnahmen für eine
Nachwelt festzuhalten, ist das Ziel
einer Reise. Vielmehr ist es das
Erfahren und das Erleben mit allen
Sinnen: Etwa die Vorbeifahrt dieses
Güterzuges vor der untergehenden
Sonne auf der Ji-Tong-Bahn. Die
Wahrnehmung, wie die Finger in
der bitteren Kälte kaum mehr die
Kraft aufbringen, den Auslöser
der Kamera zu betätigen. Das
Schauspiel der zwei schwer
arbeitenden Maschinen, die
vorüberziehen und langsam in
der Dämmerung entschwinden,
während ihre Dampfwolken noch
minutenlang den Fahrtverlauf
nachzeichnen.

Reisen als Symphonie der Sinne, als
Quintessenz von Erfahrungen, die
sich unauslöschlich im Gedächtnis
festhalten. Reshui, 30.10.1997 (MF)

DIE AUTOREN

Markus Fischer

Jahrgang 1969, Wirtschaftstechniker, arbeitet als Consultant für Energiemanagementlösungen in der Schweiz. Die Eisenbahn hatte ihn schon als kleiner Knirps fasziniert. Als Jugendlicher begann er, die Bahnen in der Schweiz und im angrenzenden Ausland auf eigene Faust zu erkunden. „Bahn und Landschaft, aber auch die Romantik der alten Eisenbahn standen für mich seit jeher im Mittelpunkt."

Inspiriert von der Qualität der Arbeiten anderer Fotografen stieg er schon früh auf Mittelformat um und arbeitete lange Zeit mit einer Mamiya 645.

2003 kam der Wechsel zur digitalen Fotografie. „Für mich war klar, welch' enormes Potenzial in der Digitaltechnik steckt und welch kreative Möglichkeiten sich mit ihr eröffnen."

Über Digitalkameras verschiedener Hersteller kam er zur Canon 5D Mark III.

„Kameras und Technologien sind jedoch bloß Werkzeuge. Was wirklich zählt ist die Entwicklung der eigenen Kreativität und die Fähigkeit des fotografischen Sehens – ganz im Sinne des Werbespruchs von Leica: Wer Sehen kann, kann auch Fotografieren. Sehen lernen kann allerdings lange dauern".

Matthias Büttner

wurde 1964 in Villingen geboren. Während seines Studiums zum Maschinenbauingenieur wohnte er vier Jahre lang in Konstanz, wo er Berthold kennenlernte.

„Das Thema Eisenbahn beschäftigte mich schon als Kind. Wenn ich mit meinen Eltern im Interzonenzug zu unserer Verwandtschaft in die DDR fuhr, wollte ich immer wissen, welche Lok unseren Zug zog." Später kam das Interesse an fremden Ländern und Kulturen sowie an der Fotografie hinzu. Von seinem Vater bekam er mit zehn Jahren dessen Voigtländer Vito CL geschenkt. Mit dieser machte er seine ersten Gehversuche. Später ergab sich die Gelegenheit, eine gebrauchte Minolta-Ausrüstung zu erwerben mit dem Herzstück, einer SRT-101 Spiegelreflexkamera. 1995 kam eine Minolta XE-1 mit Leitz-Lamellenverschluss hinzu. „Mit dieser Kamera fotografiere ich heute noch sehr gerne, wenngleich die analoge Fotografie stark in den Hintergrund getreten ist. Meist fotografiere ich mit meiner DSLR Nikon D90. Wichtiger als die Kamera finde ich jedoch den Blick und das Gespür fürs Motiv; zur richtigen Zeit am richtigen Ort zu sein und viel Geduld und Muße zu haben".

Berthold Halves

ist gelernter Textilbetriebswirt und führt ein Bettenfachgeschäft in Konstanz. Hier wurde er 1961 geboren. „Als Kleinkind fuhr mich meine Oma im Kinderwagen regelmäßig an den Bahnhof Kreuzlingen. Dort dampfte es bei der Schweizer Mittel-Thurgau-Bahn noch kräftig. Durch das Erlebte wurde ich schon damals mit dem Virus Eisenbahn infiziert".

1974 kam die Fotografie mit einer kleinen Kodak Kamera dazu. Erste Bilder entstanden bei Sonderfahrten mit den letzten P8 der DB. Als die Möglichkeiten ausgereizt waren, erwarb sich Berthold 1981 eine Leica R3 Kleinbild-Spiegelreflexkamera mit einigen Festbrennweiten-Objektiven. „Diese Kamera begleitete mich über viele Jahre. Ich war äußerst zufrieden mit ihr."

Mit der politischen Wende kam der Wunsch nach weiter entfernten Reisezielen. Auf einer Gruppenreise nach Polen im Jahr 1990 lernten sich Berthold und Markus kennen. Unzählige Reisen folgten. Viele Hobbykollegen wechselten auf digitale Fotografie. 2008 entschloss sich Berthold für die neue Technik. Nach einigen Jahren mit der Nikon D300 wechselte er zur D800 mit Vollformatsensor und Zoomobjektiven.

DIE FASZINATION DER DAMPF-LOKS ließ die Autoren über zwei Jahrzehnte zu immer neuen Reisezielen aufbrechen, um die letzten Refugien des Dampfbetriebs zu erleben. Hier stellvertretend zwei QJ der Ji-Tong Eisenbahn. Jingpeng, 4.1.2005 (PM)

DAS AUTORENTEAM beim Abendessen in der chinesischen Provinz. Ob Reisen auf eigene Faust in die entlegensten Winkel Chinas oder die Realisierung dieses Buchprojektes – unser eingespieltes Team machte beides erst möglich. Von links nach rechts: Markus, Matthias und Berthold. Reshui, 11.1997 (MF)

UNSER DANK

Zum Gelingen dieses Werkes haben viele beigetragen. Zuallererst bedanken wir uns bei unseren geduldigen Ehefrauen Angela, Irmgard und Lucy. Sie erteilten uns immer wieder ‚Reisevisa' für die Besuche der letzten Dampflok-Refugien dieser Welt. Auch dieses Buchprojekt konnte nur dank des Wohlwollens unserer Gattinnen entstehen.

Was unsere Reisen selbst betrifft, so geht unser Dank an all die Unterstützer vor Ort: Taxifahrer, die mit uns von Sonnenaufgang bis Sonnenuntergang von Zug zu Zug eilten, stoisch unsere Ungeduld und unser Fiebern nach dem nächsten Fotomotiv über sich ergehen ließen und mit ihren Autos sicher über so manche Staub- oder Schotterpiste ‚bretterten'. Wirte und Hoteliers, die schon mal um fünf Uhr aufstanden, um uns mit einem Frühstück und Kaffee zu versorgen.

Unser Dank gilt den Menschen bei der Eisenbahn, die für unsere Anliegen fast immer ein offenes Ohr hatten: Lokpersonale, die uns Mitfahrten im Führerstand ermöglichten, unterwegs wie auf Bestellung passenden Rauch produzierten oder die Abfahrt ihres Zuges auch mal so lange hinauszögerten, bis jeder seine gewünschte Position eingenommen hatte. Depotchefs, die uns einen Blick hinter die Kulissen des Betriebes werfen ließen. Und so manches Bild wäre nicht entstanden ohne die Fahrdienstleiter, die uns verrieten, welche Züge angesagt waren oder die Lokleiter, welche uns in die Einsatzplanung ihrer Maschinen blicken ließen.

Daneben gilt unser Dank den Menschen links und rechts des Schienenstrangs, die zu besonderen Fotomotiven beitrugen: Bauern bei der Feldarbeit, Forstarbeiter auf der Waldbahn oder Hirten bei ihren Tieren.

Unseren Freunden und Fotografen René Iseli, Dietmar Kramer, Peter Minder, Günter Oczko, Peter Semmelroch, Bernd Schurade, Steffen Tautz und dem ‚Weltensammler' danken wir herzlich für ihre Unterstützung mit Bildern aus ihren Archiven. Ohne diese wären viele Kapitel nicht in der vorliegenden Ausgewogenheit möglich gewesen. Für die redaktionelle Unterstützung und das Lektorat bedanken wir uns bei Martin Bennett. Schließlich geht unser Dank an die Verlagsgruppe Bahn, welche das Erscheinen unseres Reiseerlebnisbuches in dieser Form ermöglichte.

März 2019,
Matthias Büttner, Hechingen
Markus Fischer, Zürich
Berthold Halves, Konstanz

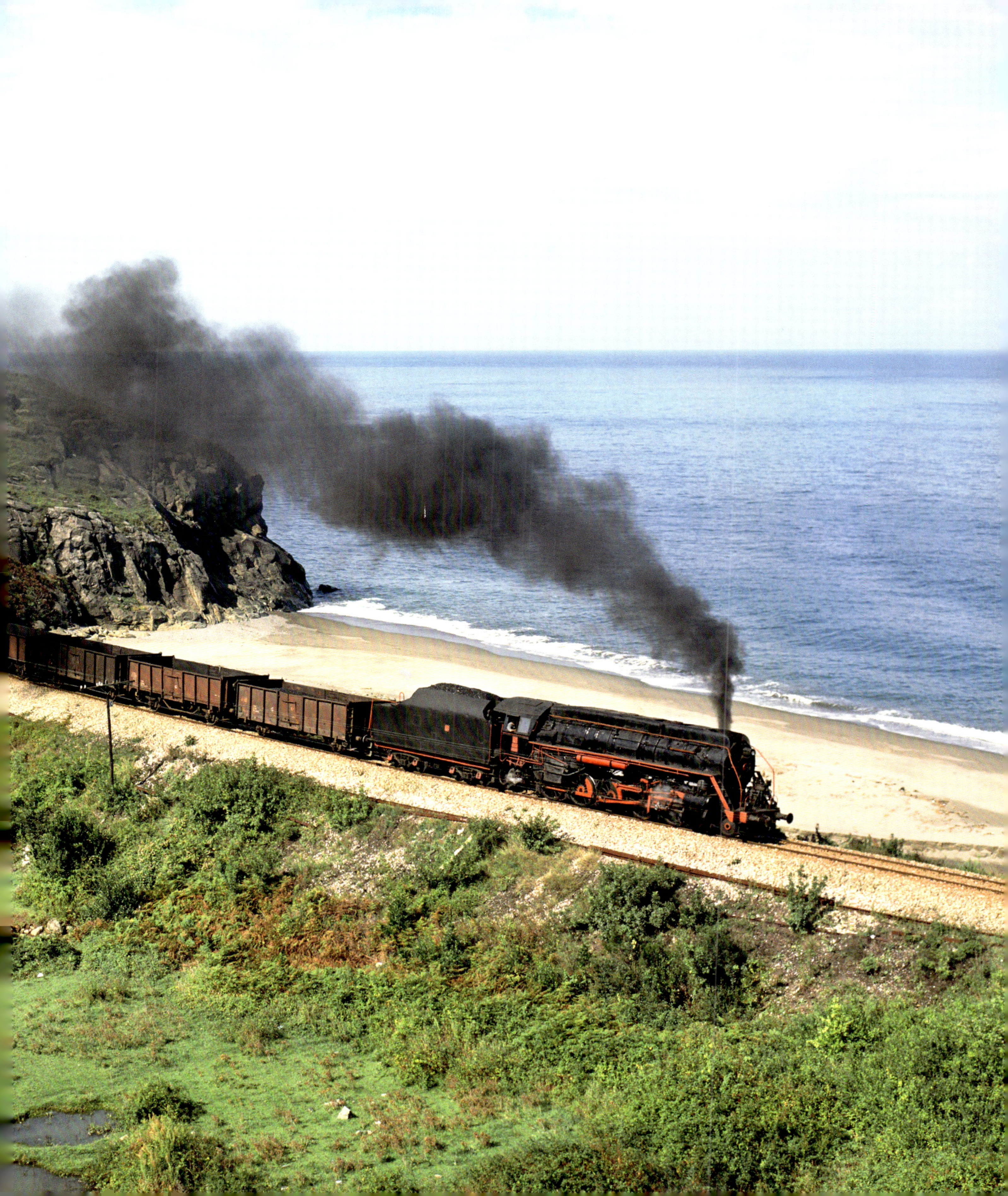

BILDNACHWEIS

Die Bilder in diesem Buch stammen, wo nicht anders erwähnt, von den folgenden Fotografen:

Matthias Büttner, Hechingen	(MB)
Markus Fischer, Zürich	(MF)
Berthold Halves, Konstanz	(BH)
Rene Iseli, Basel	(RI)
Dietmar Kramer, Braunschweig	(DK)
Peter Minder, Wimmis	(PM)
Günter Ozcko, Ruppichteroth-Winterscheid	(GO)
Bernd Schurade, Gifhorn	(BS)
Peter Semmelroch, Shanghai	(PS)
Steffen Tautz, Jena	(ST)
‚Weltensammler', Hamburg	-

„FOTOGRAFIEREN ist wie schreiben mit Licht, wie musizieren mit Farbtönen, wie malen mit Zeit und sehen mit Liebe" (Almut Adler). Wenige Minuten nach Sonnenaufgang dampft die Ty 2-239 bei Przystań durch die Weiten Masurens im Nordosten Polens. 5.1991 (ST)

VORHERIGE DOPPELSEITE: Eine der schönsten Strecken der Türkei ist der Abschnitt entlang der Schwarzmeerküste zwischen Zonguldak und Hisarönü. 56.359 mit einem Fotosonderzug. Hisarönü, 9.2000 (DK)

LITERATUR UND QUELLEN

- R.R. Bhandari, Exotic Indian Mountain Railways, Ministry of Railways, New Delhi, 1984

- Benno Bickel, Karl-Wilhelm Koch, Florian Schmidt, Dampf unterm Halbmond – Die letzten Jahre des Dampfbetriebes in der Türkei, Röhr, Krefeld 1987

- Jürgen Court, Hubertus Schmidt, Dampfbahnen in Polen, Transpress Verlag, Berlin 1991

- Friedrich Wilhelm Hackländer, Reise in den Orient, 1840, e-Book-Ausgabe

- Daiman Harper et al., China, 12th edition, Lonely Planet Publications, May 2011

- Jürgen Lodemann, Mit der Bagdadbahn durch die unbekannte Türkei. Tagebuch einer preiswerten Reise. Edition Isele, Eggingen 1990

- Karl-Ernst Maedel, Bekenntnisse eines Eisenbahnnarren, Transpress Verlag, Stuttgart 1997

- Karl May, Von Bagdad nach Stambul, 1892, e-Book-Ausgabe, Feedbooks

- Karl May, Durchs Wilde Kurdistan, 1892, e-Book-Ausgabe, Feedbooks

- Keith Chester, The Narrow Gauge Railways of Bosnia-Hercegovina, Stenvalls, Malmö, Sweden, 2006

- Helmuth von Moltke, Unter dem Halbmond, Aus den „Briefen über Zustände und Begebenheiten in der Türkei aus den Jahren 1835 bis 1839", e-Book-Ausgabe

- Rudolf Reichel, Hans Hufnagel, Wälder und Dampf, 1000 km auf den Waldbahnen Rumäniens, Eigenverlag, Wien 1993

- Florian Schmidt, Bernd Seiler, Cyrill Basler, Tales of Asian Steam – the last decade, Dampferlebnis Asien – das letzte Jahrzehnt, EK-Verlag, Freiburg, 2001

- Torsten Sewing, Eric Langhammer, Mit Volldampf durch China – Den letzten Dampfloks auf der Spur, Brandenburgisches Verlagshaus, 1996

- Paul Theroux, Riding The Iron Rooster – by Train through China, Ballantine Books, New York, 1989

- Paul Theroux, The Great Railway Bazaar, Penguin Books, New York, 1995

- Chinesisches Kursbuch, diverse Ausgaben 1994-1997, China Railway Publishing House

VERWENDETE ABKÜRZUNGEN

Bw	Bahnbetriebswerk
CNR	China National Railway, Chinesische Staatsbahn
DHR	Darjeeling Himalayan Railway
DRG	Deutsche Reichsbahn Gesellschaft (1918-1945)
GmP	Güterzug mit Personenbeförderung
PKP	Polskie Koleje Państwowe, Polnische Staatsbahn
SLM	Schweizerische Lokomotiv- und Maschinenfabrik
TCDD	Türkiye Cumhuriyeti Devlet Demiryollari, Türkische Staatsbahn

AM ENDE EINER EPOCHE. Die Ji-Tong-Linie in China war die letzte Hauptbahn dieser Welt mit Dampfbetrieb. Wenige Monate nach dieser Aufnahme im Dezember 2002 begann Dieselloks aufzutauchen und irgendwann sind wohl auch diese beiden QJ den Weg des alten Eisens gegangen. Was bleibt sind die Bilder, die Erinnerung und die Faszination für Dampf. Simingyi.